출판인 汎友 윤형두 탐색 ❶ - **수필문학**
고독한 독수리의 삶

출판인 汎友 윤형두 탐색 ❶ - **수필문학**

고독한 독수리의 삶

임헌영 외

범우

차례

고독한 독수리의 삶

- 윤형두의 수필 탐구 -

임헌영 任軒永, 문학평론가·중앙대 교수

1. 서론 ; 출판인이 수필가가 된 시대적 배경

윤형두 회장의 필생의 천직은 출판업이다. 그는 고서점 삼우당
(1962년 개점)을 3년여 동안 경영해 본 경험밖에 없는 거의 적수공권의
처지에서 1966년, 서른한 살 때 범우사를 창립한 이후 오로지 출판업
에 일로매진해 왔다. 대학 강단에도 섰지만 강의는 주로 출판관련 과
목을 맡았고, 엄청난 저서를 출간했지만 출판에 관한 글도 상당하다.
일제 식민지 말기부터 한국전쟁에 이르는 혼란기에 청소년기를 보낸
세대들 중에는 도서 판매업에서 출판으로 직종을 바꾼 예가 많은데
그 중 윤형두 회장도 포함된다.

범우사 창립일은 1966년 8월 3일, 윤 회장이 31세 때였다. 5·16군

사쿠데타가 사월혁명을 갈아엎어버린 채 제3공화국으로 변신하여 출범한 지 3년째인 이 무렵의 한국은 분단 이후 엄청난 사회적인 격변이 진행되던 시기였다. 한일협정과 월남파병(둘 다 1965년)으로 신중산층이 대두하면서 우리 사회는 본격적인 주간지의 등장과 이에 따른 저급한 대중문화의 확산, '마이 카'란 술어의 등장, 골프 선망 등등으로 알 수 있듯이 이른바 군부독재가 정착되어 가던 시기였다.

이때 청소년시절의 꿈이었던 이상주의적인 정치에 대한 환상을 접은 윤 회장은 출판업에 투신, 일생을 바쳐 왔다.

그럼에도 불구하고 정력을 바쳐 해온 일의 연조로 보자면 그는 출판업보다는 글쟁이 경력이 더 오래임을 간과해서는 안 된다. 그는 1956년(21살) 월간 《신세계》에 기자로 들어간 이후 일생을 붓과 더불어 살아왔다. 막강한 민주당 인사들이 포진했던 이 잡지(주간이 김대중 전 대통령)에서의 경력은 그에게 일생 동안 비판적 자세로 살도록 만든 인맥과 계기가 되었다.

장담하건대, 출판업이 생계의 방도로서의 직업이라면 글은 그에게 삶의 애환을 담아내는 존재 가치로서 가장 매력 있는 활동영역이었을 것이다. 햇수로 따지면 글쟁이가 출판업보다 무려 10년이나 더 길다. 등산이나 여행 등 여러 취미생활에도 불구하고 그에게 가장 기쁨을 선물한 것은 글쓰기였을 것이고, 그의 전 생애에 걸쳐 가장 큰 보람을 느끼며 남기고 싶은 것 역시 글일 것이다.

뿐만 아니라 범우사란 이름으로 낸 첫 책이 《사향(思鄕)의 염(念)》(1967. 12)으로, 양주동 등 당대 유명 정치인 등의 수필 모음집이라는 점도 윤형두 회장과 수필문학의 운명적인 예시가 느껴진다.

이 글은 바로 이런 윤 회장의 글쓰기, 그 중 수필가로서의 활동에만 국한해서 살펴보려 한다.

윤 회장은 1972년 12월 월간 《수필문학》을 통해서 〈콩과 액운〉이란 작품으로 등단했다. 등단의 계기는 수필가 박연구의 권유가 가장 크게 작용했던 것으로 알려져 있다.

그가 수필이란 형식의 글쓰기에 매료당한 계기는 여러 요인들이 복합적으로 겹쳐 있지만 가장 큰 동기는 1970년대의 한국사회일 것이다. 경부고속도로가 개통(1970.7.7.)된 사실을 이 시대의 획기적인 변화로 꼽는 근대화론자들의 요란스러움에서 한 눈만 돌려보노라면 남정현의 〈분지사건〉에 대한 선고유예(1970.4)에 연이어 김지하의 〈오적〉 사건(1970.7)이 터졌고, 이어 전태일 열사 분신(1970.11.13.)이 있었다.

당시의 사회적인 정황을 좀 더 자세히 일별할 필요가 있겠다. 1969년 3선 개헌으로 재집권의 길을 연 박정희는 1971년 대통령 선거를 앞두고 사회적인 갈등을 폭력으로 진압하면서 노골적인 야당 탄압을 자행하기에 이르렀다. 집권 세력의 예상은 좀 물렁한 정치인이 야당 대통령 후보가 되기를 바랐고 실지로 그렇게 되도록 정치공작을 펼쳤지만 야당이 예상을 뒤엎고 강경파 김대중 대통령 후보를 선출하자 군부독재 세력은 긴장했다. 김대중 후보의 홍보 전략은 김상현 의원의 주도로 월간 《다리》가 주축이 되어 진행되었는데, 이에 대한 감시와 회유와 탄압은 점점 노골화되어 갔다.

윤 회장의 범우사는 그때 《다리》사와 같은 방을 썼다. 뿐만 아니라 실질적인 《다리》의 모든 일은 윤 회장이 전적으로 무한 책임을 지고 있었고, 거기에다 김대중의 《내가 걷는 70년대》, 《희망에 찬 대중의 시대를 구현하자》,《빛나는 민권의 승리를 구가하자》등등의 저서를 범우사 명의로 출판했다. 여기에다 당시 강경파 김수한 의원의《이런 장관은 사표를 내라》는 초강경 국회 발언록까지 냈는데, 당시의 출판계 풍조로는 상상할 수 없는 반골의 돌출이었다.

여기에다 기름을 부은 것은《다리》지였는데, 처음에는 〈너와 나의 대화의 가교〉로 창간했던 이 잡지가 1971년부터는 전위적인 비판 이론지로 부상하여 국내 비판적인 지식인의 본거지가 되어갔다. 함석헌, 지학순, 조향록 등 종교계, 이병린, 이병용, 한승헌 등 법조계, 김동길, 리영희, 조용범, 장을병, 박현채 등 학계, 천관우, 송건호, 유근일 등 언론계, 남정현, 김지하 등 문학계 여러 인사들이 주요 필진으로 참여했던《다리》지는 학원가와 노동, 운동권(그때는 이런 술어가 생기지도 않았다)에서 광범위한 독자층을 형성해 가고 있었다. 그때 비판적인 잡지로는《창조》와《씨알의 소리》등이 있었는데, 가장 현실 정치적으로 비판한 것은 역시《다리》였다.

바로 이 잡지에 실린 문학평론가 임중빈의 글 〈사회참여를 통한 학생운동〉을 빌미로 당국은 윤형두 사장과 필자를 구속(1971년 2월)했는데, 그해 4월 27일이 대통령 선거라는 사실을 기억한다면 이 사건이 무엇을 뜻하는지는 쉽게 알 수 있을 것이다. 1974년 대법원으로부터 무죄판결을 받은 이 사건은 유신독재 직전의 정치 탄압 필화사건으로 평가받고 있는데, 여기에 대해서는 윤형두 회장의 글 〈언론·출판 탄압에 대한 최초의 무죄사건〉(한승헌 변호사 변론사건 실상《분단시대의 피고들》범우사 1994.게재)을 참고하는 게 좋을 것 같다.

투옥은 윤형두 사장에게 더 뚜렷한 인생관과 역사관을 심어준 듯

하다. 이후 범우사의 출판 방향이나 이념은 일관된 휴머니즘에 기초하게 된 것으로 볼 수 있다.

이 무렵 범우사의 출판은 냉전에서 화해를 끌어내기 위한 사회과학서적과 국내의 인권관련 책이 주종을 이뤘다.

범우사가 출판사로 자리 잡기 시작한 것은 1972년 10월 유신 이후로 볼 수 있다. 그 전에는 《다리》지와 사무실을 함께 하면서 윤 회장 자신도 두 쪽 사장 역할로 분주했었는데, 정작 10월 유신 선포 이후 김상현 의원은 투옥당해 버렸고, 윤 회장은 각박한 현실로 돌아와 출판에 매달렸다.

1970년대는 흔히들 유신독재 혹은 긴급조치 시대라고 부른다. 정확하게는 비상계엄령과 국회 해산을 포함한 특별선언이 박정희의 쉿소리로 전파를 탔던 1972년 10월 17일 오후 7시부터 궁정동에서 총성이 울려 퍼진 1979년 10월 26일 오후 7시 40분경까지를 특칭한다.

이 시기는 편의상 긴급조치 1호(1974.1.8.선포. 헌법에 대한 일체의 논의 비판 금지 및 유언비어 금지), 4호(4.3.선포. 전국민주청년학생총연맹 관련 활동 금지)를 전반기로 구분하고, 1·4호에 의한 구속자들이 대폭 석방된 1975년 2월 15일 직후인 5월 13일 긴급조치 9호(유신헌법의 부정, 반대, 왜곡, 비방, 개정 및 폐기를 주장하거나 청원·선동 또는 이를 보도하는 행위 일체 금지)를 선포한 이후를 긴조 9호 시기, 즉 유신통치 후반기로 나눈다.

유신통치란 공식적으로는 1979년 12월 7일 긴급조치 9호 해제나, 1980년 10월 27일 개정 헌법 공포까지로 볼 수 있으나, 사실상 박정희의 죽음으로 종막을 고했다.

이 시기를 리영희는 우상의 시대, 한승헌은 위장시대, 양성우는 겨울 공화국 혹은 노예 수첩의 시대라고 표현했다. 악몽 같은, 홍역 같은, 지옥 같은, 질곡 같은 감시와 협박과 형벌과 해직의 연대였다.

2. 한국 수필의 르네상스 시기

이 무렵의 한국 문단은 1930년대의 일제 식민통치 때처럼 저속한 대중소설이 범람하는 한편으로는 민중의식이 고양되기 시작했다. 시와 소설에서는 현실고발과 민족사에 대한 각성의 주제가 급증하는 한편 비판적인 명 칼럼과 함께 통기타와 청년문화가 풍미하기도 했다.

그러나 중산층의 확산으로 인한 소시민 계층의 삶을 담아내는 형식의 수필문학은 점점 시들어가고 있었다. 이 때 기사회생의 수필문학 구조대 3인방이 등장했는데, 그게 김승우(金承禹) 김효자(金孝子) 부부와 수필계의 검정말 박연구(朴演求)였다.

그들은 월간《수필문학(隨筆文學)》에서 발행인 김승우, 편집인 김효자, 주간 박연구 체제로 의기투합했다. 1972년 3월에 창간된 이 월간지는 1982년 3월 창간 10주년 기념호(통권 109호)로 종막을 고했는데, 이 10년간 한국 수필문학은 르네상스였다.《수필문학》의 많은 업적 중 가장 중요한 점은 당대 일급의 문사들을 수필가로 재편시킨 것이다.

기성 수필계의 원로 김소운(金巢雲)을 필두로 한흑구(韓黑鷗), 조경희(趙敬姬), 윤재천(尹在天), 언론인 조풍연(趙豊衍), 의사수필가 최신해(崔臣海), 박문하(朴文夏), 철학자 김태길(金泰吉), 외국문학자 차주환(車柱環), 박승훈(朴承薰), 허세욱(許世旭), 고전문학자 장덕순(張德順), 서정범(徐廷範), 문학평론가 김우종(金宇鍾) 등을 '수필계'라는 울타리 안으로

유인해 낸 것은 엄청난 업적일 것이다.

　그 이전에는 학계와 언론계, 사회 각계의 저명인사들이 썼던 모든 잡문을 수필문학으로 너그럽게 간주해 오던 풍토를《수필문학》이 창간되면서 문단에서 본격적인 수필계가 형성되는 계기가 되었다.

　이 잡지의 주간을 맡았던 박연구는 1976년 '범우에세이문고'를 출간하도록 기획한 장본인으로 수필을 필생의 업으로 삼았던 꼿꼿한 문사였다. 그의 인생의 목표는 김소운이나 피천득 혹은 법정처럼 명수필가가 되는 것이었는데, 그들보다 수필 문단의 발전에 기여한 공로는 오히려 더 크다고 하겠다.

　박연구는 범우사에서 오랫동안 근무했을 뿐만 아니라 윤 회장과는 막역한 친분이었기에 수필계의 르네상스를 위해서는 윤형두 같은 인물을 끌어 들여야 한다는 의무감이 작용했을 것이다. 이런 여러 시대적인 조건을 고려해 보면 1972년 3월에 창간한《수필문학》의 12월호에 등단한 윤형두 수필가의 문운(文運)은 이미 탄탄대로에 오른 것으로 수필 르네상스의 공동 운명체가 된 셈이라고 볼 수 있다. 윤형두 작가는 등단과 더불어 바로 당대 대가급 수필가들과 함께 수필문단의 공동체의 비중 있는 구성원으로 편입하게 되었고, 여기에다 범우 수필문고를 성공적으로 펴내면서 수필가들의 선망의 대상으로 부상했다.

　윤형두 작가는 1974년 한국문인협회에 입회했고, 이어 국제펜클럽 한국본부 회원에다, 1987년에는 민족문학작가회의 창립회원(작가회의에는 수필가 회원이 매우 희귀하다)으로 참여했다. 현재까지 윤 작가는 몇몇 수필문학 단체의 임원이나 회원이기도 하고, 수필가로서 여러 문학상을 받기도 했다.

그는 등단 이후 창작활동에 뒤지지 않게 수필문단의 발전에도 일정한 기여를 했는데, 개인적으로는 박연구가 창간한 《수필공원》《에세이문학》전신)에 상당한 기여를 했으며, 《에세이 21》의 이정림 수필가와도 막역한 친분이었다. 뿐만 아니라 월간 《한국산문》은 창간(2006.5) 때 제호가 《에세이 플러스》로 그 발행인이 윤형두, 사무실 또한 범우사 내에 있었다.

이렇듯 수필계와 밀접한 관계를 맺으면서 가장 다작에 속할 정도로 창작 활동에도 맹활약해서 많은 수필집을 펴냈는데 그 목록은 아래와 같다.

(1) 《사노라면 잊을 날이》(1979)

(2) 《넓고 넓은 바닷가에》(1983)

(3) 《아버지의 산 어머니의 바다》(1995)

(4) 《잠보 잠보 안녕》(1995)

(5) 《책이 좋아 책하고 사네》(1997)

(6) 《연처럼》(2002)

(7) 《산사랑, 책사랑, 나라사랑》(2003)

(8) 《한 출판인의 중국 나들이》(2004)

(9) 《한 출판인의 일본 나들이》(2005)

(10) 《지나온 세월 속의 편린들》(2006)

(11) 《5사 상 29방》(2009)

(12) 《한 출판인의 여정일기》(2010)

(13) 《한 출판인의 자화상》(2011 초판)

이 많은 수필집들은 1983년부터 《범우 윤형두 문집》이란 제목 아래 순차적으로 묶어 펴냈는데, 현재(2016년 8월)까지 총 10권이 출간된 상태다. '윤형두 전집'으로 볼 수 있는 이 〈문집〉에는 수필문학의 범주가 아닌 출판전문 논문들을 비롯해 이미 출간한 기존의 수필집들도 포함되어 있어 이 글에서는 되도록 이 〈문집〉을 텍스트로 삼고자 한다. 전 10권 중 수필문학의 이해를 위하여 참고 삼아야 할 대상은 아래와 같다.

문집 1.《넓고 넓은 바닷가에 – 자전 에세이》(초판 1983)

문집 2.《책의 길 나의 길 – 책이 있는 에세이》(1990 초판)

문집 3.《아버지의 산 어머니의 바다 – 자전 에세이 2》(1995 초판)

문집 5.《산사랑 책사랑 나라사랑 – 산 에세이/산행 일지》(2003 초판)

문집 6.《한 출판인의 중국 나들이 – 여정일기》(2004 초판)

문집 7.《한 출판인의 일본 나들이 – 여정일기》(2005 초판)

문집 8.《지나온 세월 속의 편린들 – 자전 에세이 3》(2006 초판)

문집 10.《한 출판인의 여정 일기》(2010 초판)

이 목록은 제목만으로도 알 수 있듯이 겹치는 경우도 있고 비슷한 소재가 이 책 저 책에 중복 게재되기도 하는 등 다소 혼란스럽지만 그럼에도 불구하고 연구를 위해서는 텍스트로 삼을 수밖에 없다. 따라서 이 글은 이상 8권을 중심 텍스트로 삼아 윤형두 회장의 수필세계를 일별하는 형식을 취한다. 별도 인용 출처가 없는 것은 다 이 텍스트에 의한 것이며, 인용 방법은 문집 권수를 편의상 아라비아 숫자로 표기

한 뒤 인용 쪽수를 쓰기로 한다.

3. 수필 문학에 대한 편견과 그 극복

1970년대 이후 수필 르네상스가 광범위하게 추진되어 왔음에도 불구하고 한국 문단에서 수필에 대한 편견과 경시는 이미 오랜 관습으로 굳어져 있다.

1930년대부터 이 문제는 불거져 나왔는데, 수필문학의 구세주처럼 자주 인용하고 있는 김기림의 〈문단 시평〉 중 서두인 〈수필을 위하여〉(《신동아》 1933.9)는 "잡문으로 천박한 저널리즘의 부산물"이라는 수필에 대한 편견을 향하여 "아무것도 주지 못하는 한 편의 소설을 읽는 것보다 나는 오히려 함부로 씌여진 느낌을 주는 한 편의 수필은 인생에 대하여 문명에 대하여 어떻게 많은 것을 말하는지 모른다고 생각한다"는 유명한 구절에 이어, 제임스 조이스의 "《율리시즈》나 올더스 헉슬리의 소설은 이미 소설이라고 부르는 것이 좋을까 말까 하는 의론조차" 있다고 지적한다. 바로 현대문학에서의 장르 해체의 출발을 적시한 이 대목은 요즘 젊은 세대의 소설에도 그대로 대응된다. 어쩌면 소설가들이 수필을 경시하는 풍조는 자신들의 활동이 수필의 본령에 깊숙이 침범한 죄의식에서 비롯한 것인지도 모른다. 김기림은 수필에 대하여 이렇게 정의 내린다.

향기 높은 유머와 보석과 같이 빛나는 위트와 대리석같이 찬 이성과 아름다운 논리와 문명과 인생에 대한 찌르는 듯한 아이러니와 파라독스와 그러한 것들이 짜내는 수필의 독특한 맛은 이 시대의 문학의 미지의 처녀지가 아닐까 한다.

앞으로 있어질 수필은 이 위에 다분의 근대성을 섭취한 가장 시대적인 예술이 되지나 않을까?

— 김기림 〈수필을 위하여〉

이 대목은 김기림이 광복 후 수필집《바다와 육체》(평범사 1948)의 〈머리말〉 후반부에다 그대로 옮겨 실어 널리 회자되는 계기를 만들었다. 그는 이 〈머리말〉에서 "문학의 정의야 어찌 되었던 간에 제2급 3급 이하의 어린애 장난 같은 소설이나 시쯤은 더러 잃어버려도 좋다. 그러나 나는 몽테뉴의《명상록》, 파스칼의《광세》, 아랑의《단상》,《노자》《장자》《한비자》 등은 잃어버리고 싶지 않다"는 유명한 발언을 했는데, 이건 수필문학의 개념과 범위가 얼마나 광망한가를 시사하는 대목이기도 하다.

그간 수필문학을 낙관론으로 보며 옹호한 모든 글들은 예외 없이 기존 수필작단에 대해서는 비판적이면서 잃어버린 수필 본령으로서의 문학적인 참 모습 되찾기를 격려하고 있다는 점은 주시할만하다.

수필문학을 위하여 보다 강도 높은 옹호와 그 중요성을 역설한 논객인 민병휘(閔丙徽)도 예외가 아니다. 공교롭게도 김기림의 글이 실렸던《신동아》같은 호에서 그는 〈수필문학의 유린에 대한 감상-다시 A군에게 보내는 일편 서신〉에서 프랑스와 일본 문단에서 수필문학이 얼마나 중요한 역할을 하는가를 언급하면서 신문 잡지 편집자들이 기껏해야 "봄이 되면 '봄날의 수필', 여름 되면 '납량기사', 가을 되면 '추창 만감(慢感)’, 겨울이 되면 ‘눈 오는 날의 추억’ 등등”이나 요구하는 문화풍토를 질타하면서 세계 문단에 등장하는 넓은 의미의 수필문학을 살려 나가야 한다고 주장한다.

민병휘는 “우리는 가끔 어떠한 사건을 추억하게 되거나 또는 목도하게 된다. 그리고 또는 생각하게 된다! 그러나 이것이 널리 전달하지 않으면 아니 된다. 사회적인 사건일 때에는 필연히 문자로서의 표현을 하는 충동을 받는다. 그러면, 그 표현 형식을 어떤 방식으로 할까? 할 때에 적지 않은 형식에서의 구속을 받는 것이다”고 적시하며, 수필은 어떤 형식에도 구애받지 않는 문학적 양식으로 널리 활용되어야 한다고 강조한다.

수필문학의 옹호론은 다시 이어져 작가 현동염(玄東炎)은 〈수필문학에 관한 각서〉(《조선일보》1933. 10. 21-24)에서 민병휘가 지적한 편집자들의 안이한 수필 기획 태도를 비판함과 동시에 수필가 자신의 신변잡기 위주의 센티멘탈리즘적 풍조도 아울러 힐난한다.

“수필은 문자 그대로 수상수감(隨想隨感)으로 자기의 사실 기록을 써내는 것인데 그들은 그처럼 할 말이 없을까? 소설과도 달라 수필은 그 형식이 자유로운 것이며 또는 취재가 광범한 것인데, 그리고 수필하면 벌써 어떠한 실감을 보여주는 글인 만큼 짤막한 글 속에서도 감명 깊은 인상을 주는 것인데 그들의 쓴 수필문학은 이런 맛이 하나 없다”고 당대의 수필계를 비판한다. 그러나 이어 현동염은 소설과 비평도 수필이 아니면 안 될 요인들, 즉 소설에서는 추상적이고 유형적인 인물만 창조한다든가, 비평에서는 난삽한 관념어로 독자를 혼란시키는 현상을 공격하면서 두 장르가 다 수필적인 명증성과 대중성을 수용할 것을 권고하는데, 이 대목은 매우 중요하다. 구체적인 예로 그는 비평에서 대화체를 활용하여 쉽게 풀어쓰는 형식을 수필의 원용으로 보면서 이미 몇몇 비평가에 의하여 활용되고 있는 것을 긍정적으로 평가하고 있다.

이어서 널리 인용하고 있는 김광섭의 〈수필문학 소고〉(《문학》 1934.1)를 만나게 된다. 그는 수필이 다른 장르에 비하여 우수하다는 주장은 허황되다고 노골적으로 시인한 뒤 다만 그 특성을 중시하는데, 이를 두 가지 측면에서 찾고 있다. 첫째는 형식에서 시, 소설, 희곡과는 달리 형식에 완전히 억매이지 않는 자유형이란 점이며, 둘째는 내용에서 인간성을 가장 진솔하게 반영하는 것으로 보면서 이렇게 진단했다.

> 인간의 생활이란 요컨대 수필의 심경에서 원만(圓滿)된다. 그러므로 수필을 써보지 못하고 문필을 끝마친 문인이 있다면 나는 그를 인간성으로 보아 불행하다 하고 싶고 또한 문학 성격의 전면으로 보아 일면적이라고 하고 싶다. 생활은 시와 산문의 조화에서 원만 된다. 그것이 문학으로 보아 곧 수필이다. 그러므로 수필의 성격은 인간의 성격이라 하면 타당할 것이다.
>
> — 김광섭 〈수필문학 소고〉

수필의 보편성을 역설한 이 글은 평론가 김동석에 의하여 재현되었다. 그는 수필집 《해변의 시》(박문출판사 1946)의 〈발문〉에서 "수필은 생활과 예술의 샛길이다. 시도 아니요 소설도 아닌 수필-이것이 소시민인 나에게 가장 알맞는 문학의 장르다"고 수필의 특성을 규정했다.

　이상이 근대 이후 한국 문단에서 수필문학을 이해해온 개요이다. 이후에는 오히려 이런 치열한 추궁조차 사라진 듯 천착의 열기가 식은 반면 엄청난 수필가들이 등장하여 창작의 풍년을 이뤄 왔다.

　이런 일련의 수필문학에 대한 편견과 그 처방전은 현대 수필가 대부분이 절감하고 있는 문제점이자 그 출구전략을 고심하고 있는 상태이다.

　수필가 윤형두는 이 문제에 대하여 뭐라고 회답할까?

　"진실은 인간이 가장 귀중히 여겨야 할 정신적인 토양이다. 작가가 희로애락애오욕의 일곱가지 정을 담아내고 자기 자신을 표현하는 최종적인 목적은 더욱 높은 차원의 진실을 갈망하고 추구하기 위해서다. / 그런데 수필은 진실을 담아내는 영혼의 그릇이다"고 정의 내리면서 아래와 같이 말한다.

　　나는 미래를 설계하면서 글을 쓴다. 지난 과거와 현재보다 더 의미 있고 보람 있는 일을 다짐하기 위해 글을 쓴다. 그 다짐을 먼저 예시하고 그것을 따르기 위해 나는 노력한다. 나는 자신을 연마하고 채찍질하며 가능한 한 선한 길을 걸어가게끔 하는 스승의 역할을 해줄 수 있는 글을 쓰려고 노력한다.

　　그래서 내가 쓸 글이 과연 위선이나 과장 없이 진실 그대로인지 그리고 글에서 쓴 것 같은 삶을 살고 있는지, 지난날에 대한 확인과 오늘에 대한 점검, 거기에다 내일에 대한 다짐을 하기 위해 글을 쓴다. 그러므로 나는 진실을 말하고 진실을 옹호하기 위해 수필을 쓴다.(〈문학, 나는 왜 수필을 쓰는가〉, 8권-261-262쪽. 이하에서는 숫자로만 표기함).

여기서 윤형두 작가의 문학관 내지 수필관을 살펴볼 순서를 맞게 된다.

4. 윤형두의 수필관

위에서 보았듯이 작가 윤형두는 수필창작의 근본을 진실 찾기라고 해명했다. 그러나 진실 찾기란 비단 수필문학만이 아니라 모든 학문이나 예술, 종교, 교육, 언론 등 인간이 탐구하는 것은 다 이 범주에서 벗어날 수 없는 너무나 보편적인 현상이다. 그럼에도 불구하고 윤작가는 진실 찾기를 최우선으로 삼겠다는 결의를 다진 것이겠는데, 이를 더 정교화시켜 보면 "사람에게 문장이란 나무에 꽃이 피는 것과 같다(人之有文章猶草木之有榮華耳)"라고 갈파한 다산 정약용의 문학관의 연장이 아닐까 싶다.

문학예술의 꽃 이론은 흔히 거론하는 대목이지만 다산의 주장에서 돋보이는 건 그 꽃을 아름답게 피울 수 있도록 가꾸는 조건들이다. 뿌리와 줄기가 바로 서서 진액이 오르도록 해야만 된다는 점을 들어 사람에게 그런 사항은 자기 몸을 수양하고 학식을 넓히며 기교를 연마하는 것이라고 풀이한 점은 특히 수필문학에 가장 들어맞는 충고일 것이다.(정약용, 〈爲陽德人邊知意贈言〉).

꽃을 피운다는 것은 한 인간의 모든 활동을 총체화해서 그 정화를 추출해 내는 영혼의 정수를 상징하는 언어일 것이다. 실로 문학예술이란 인간 영혼의 정수임은 누구도 부인하기 어렵다. 그러나 다산의 위대성은 여기에 그치지 않고 그 영혼의 정수가 제대로 발휘되려면 성정과정에서 건전한 조건을 갖춰야 한다는 것인 바, 그것은 곧 진실을 추궁하는 인본주의적인 사상을 상징하는 것으로 풀이할 수 있다.

윤형두 작가는 자신의 수필창작 행위를 고해성사라고 한다.

> 나는 수필을 써왔다. 고해성사처럼 글을 썼다. 수필은 진실의 문학, 고백의 문학, 예지의 문학이란 뜻에서 솔직하게 과거를 돌아보고 앞날의 진로를 설계하는 심정으로 글을 썼다. 과거는 한 자, 한 획도 돌이킬 수 없는 것. 지나온 그대로를 밝혀 후손들에게 삶을 살아가는 지침으로 삼기를 바라는 것이요. 미래에 대한 나의 꿈과 희망을 후손들이 내가 이룩해 놓지 못한 것을 가꾸고 메워주기를 바라는 것이다.(〈문집으로 엮으면서〉, 1-335).

그런데 말하기 좋아서 진실 밝히기지 대체 그 진실이란 무엇일까? 여기서 다시 다산 정약용의 문학관에 귀를 기울여보지 않을 수 없다.

> 나랏일을 걱정하지 않으면 시가 아니요, 어지러운 시국을 가슴 아파하지 않으면 시가 아니요, 옳은 것을 찬양하고 악한 것을 미워하지 않으면 시가 아니다. 그러므로 사상이 확고하지 못하고 학문에서 바른 길을 찾지 못하며, 인간의 진리를 알지 못하고, 백성을 걱정하는 마음이 깊지 못하면 시를 쓸 수가 없다.(不愛君憂國 非詩也 不傷時憤俗 非詩也 非有美刺

勸懲之義 非詩也 故志不立 學不醇 不聞大道 不能有致君澤民之心者 不能作詩)

—《우리 겨레의 미학사상》, 보리, 2006, 번역은 337쪽, 원문은 455쪽.

여기서 시란 문학예술의 총칭이라 수필도 당연히 포함된다. 다만 우국사상만이 문학이라는 전제조건은 현대식으로 풀이하면 역사와 민족의식으로 봐야 할 것이며, 그런 주제나 소재만 써야 한다는 주장이 아니라 문학인으로서의 자세가 그래야 한다는 것으로 받아들이면 좀 더 유연해질 것이다. 물론 여기에도 동의하지 않는 문인들이 있겠지만 윤형두 작가의 문학정신은 바로 이런 다산의 문학관에 초석을 삼고 있기에 이와 연관 지어서 언급할 수밖에 없다.

사실 윤 작가의 수필 작품 중 압도적인 다수는 계몽과 설교성을 띠고 있는데, 그 바탕에는 이와 같은 다산의 문학관이 전제되어 있는 탓이라 보면 좋을 것이다.

비록 설교이긴 해도 윤 작가의 수필세계를 지배하고 있는 작가적인 자세는 고백의 형식을 취하고 있음을 간파한 것은 작가와 막역지간인 한승헌 변호사이다. 한 변호사는 윤 작가의 수필 속에는 "고백의 정직성"이 버티고 있는데, 그것은 "수채화처럼 차분하고 겸손한 글이면서도 자석처럼 사람을 끄는 인력을 갖는다"고 그 비의를 파헤쳐 준다. 글은 "정직하게 써야 한다는 약속이 전제되어야" 하는데, "글을 통한 위선이 범람하는 세상에서 그만큼 담백한 글을 쓴다는 것"을 강점으로 부각시켜 주면서 진정한 글쓰기가 무엇인가를 아래와 같이 밝혀 준다.

여기에는 글재주의 문제가 아니라 도덕성의 문제가 보다 크게 작용한다. 그는 온갖 격랑과 인고(忍苦) 속에서 한 시대를 보는 안목을 가꾸어 왔으며 그러면서도 거창한 소리 대신 겸허한 목소리로 일관해 왔다. 이 점이 그의 매력이요 강점이다.

— 한승헌(〈序 1, 뜨겁고 정직한 고해〉, 1-7).

이런 지적 역시 다산의 문학관과 닿아 있다. 사실 그의 수필은 고백이기에 심장으로 써진 글들이 많다. 그의 글은 바다가 보이는, 가파르지 않은 언덕길을 산책하는 외로운 사나이를 연상케 한다. 사실 고백은 고독한 인간의 표상이 아닌가.

고독자로서의 글쓰기를 윤 작가는 이렇게 실토한다.

고독하기 때문에 글을 썼다는 혜세처럼 나도 고독했기 때문에 글을 썼다. 그러나 누구에게 보이기 위해서 쓴 것은 아니다. 자위(自慰)의 방편으로 썼기 때문에 나에게는 문장작법이나 문장의 기교 같은 것은 필요가 없었다. 그리고 시나 문장을 표절하여 몇 마디의 어휘를 바꾸어 나의 것으로 만들어보고 운(韻)을 빌려 읊어 보기도 했다. 그러나 남의 것을 빌려 써놓고 보면 내 것보다 나은 것 같은데도 내 육신과 같은 친근감이 가지 않고 몸에 맞지 않는 비단옷을 걸친 것 같아 어색하기만 하다.

내 자작(自作)은 좀 촌스럽고 유치하긴 하나 몸에 딱 맞는 남루한 코르덴 작업복처럼 볼수록 따뜻한 정이 간다.(〈변(辯)〉, 1-138-139)

그의 고독이 글로 전환한 계기는 "고등학교를 졸업할 때까지 나 나름대로 수십 편의 시와 몇 편의 소설"을 쓴 데서 찾을 수 있다. 어느 누구에게도 보이지 않았던 그 작품들은 "백초(白草), 백사(白砂), 일민 (一民), 민암(民庵), 돌산(突山)" 같은 필명으로도 분출됐고, 문학 서클 활동으로도 나타났으며, 《새얼》이라는 프린트본 잡지 발간으로도 이어졌다.

그런데 그 동인지마저 문학작품류의 시 한 편 골라 넣지 못하고 〈삼대국회(三代國會)의 공과〉라는 이상한 글을 격에 맞지도 않게 게재할 정도로 문학작품에는 자신이 없었다.

나는 왜 그렇게 문학에 대한 공포증에 걸렸었는지 모른다. 용기를 내어 좋지도 않은 목청으로 노래자랑이나 약한 담력에다 힘을 주어 웅변대회 등에는 서슴지 않고 나가면서 습작품을 남에게 보이는 것만은 무척이나 부끄러워하고 자신이 없었는지 모르겠다. 벌거벗은 나 자신을 보이는 것 같은 수치심, 내 무식한 치부(恥部)의 핵(核)이 노출되어버릴 것 같은 두려움이 언제나 마음속에 도사리고 있었던 것이다.(〈변(辯)〉, 1-139).

이 습작시대, 고백조차도 공중 앞에서 공개적으로 못한 채 독백형태로 움추려 들었던 시기가 그에게는 문학수업 시대 즉 문학청년 시절에 해당된다. 이 문청 시절인 고교 3학년 때 그는 학도호국단 문예부장에 임명되어 "오랫동안 선배들이 창간하지 못한 교지(校誌)를 꼭한 번 발간"하려고 "원고 뭉치를 싸들고 순천시(順天市)의 인쇄소와 프린트사 이곳저곳을 드나들었다."

"붓으로 쓴 향림(香林)이라는 제호의 글씨마저 닳아버린 원고 뭉치를 1년간 애태우며 들고 다니다 (고교를) 졸업"한 것이 1954년, 바로 휴전 이듬해였다.(2-39 참고).

그로부터 18년 후인 1972년 그는 수필가로 등단, 이후 어떤 작가에도 뒤지지 않을 정도로 엄청난 다작을 해왔다. 독백보다 대중 앞의 고백이 더 편하고 익숙한 수필가로서의 활동은 이내 수필문학을 "만인의 문학"이라고 칭송하게 되었다.

"시는 시인이 쓰고 소설은 소설가가 쓰지만 수필은 수필가가 아니라도 쓸 수 있다"라고 주장하는 윤 작가는 "자유로운 산문으로 관찰과 사색의 산책에서 얻은 알뜰한 내용을 담아 독자와 공감해보는 것이 수필이며, 수필을 시필(試筆)"이라고 규정했다. 이런 시필에 대한 용기는 어디서 분출할까? "원래 인간은 고독한 것이며, 그 고독 속에서 타인과 공감하고 합일할 수 있다는 나 나름대로의 사유(思惟) 때문에 나는 고집스럽게 또 한 편의 시필을 써보는 것이다" 라는 게 윤 작가의 변이다. 이렇게 다작을 하면서도 그는 시종 겸허한 자세를 유지하면서 이렇게 회의하기도 한다.

그러나 글을 쓴다는 것이 그렇게 쉬운 것은 아니다. 나의 글을 읽는 분에게 얼마나 공감을 주었으며 내가 하고픈 이야기를 얼마만큼 용기 있게 하였는지!

글을 쓴다는 것, 그것은 자유다. 그러나 글답지 않은 글을 발표하는 것은 남에게 노고를 끼치는 악덕이라고 말한 어느 친구의 말이 어쩐지 나를 두고 한 것 같아 마음이 무겁다.(〈변(辯)〉, 1-140).

작가의 겸허함을 엿볼 수 있는 대목이지만 모든 작가들이 수시로 느끼는 자책이기도 하다. 누구나 자신의 작품에는 자신이 없는 것이다.

그럼에도 불구하고 윤형두 작가는 현실적으로 한국 수필계의 한 봉우리를 형성, 그 계곡마다에 풍성한 작품을 성장시켜 나가고 있다.

그를 가리켜 교육자 김태환은 아래와 같이 재치 넘치게 규정하고 있다.

윤형두의 수필에서는 짭조름한 미역 냄새가 난다. 해조음(海潮音)이 들린다.

그의 수필은 아담한 수족관(水族館)이다. '밀쨍이, 볼락, 놀래미, 각시고기'들이 헤엄치는 그의 바다에선 언제나 '갈뫼봉'이 보이고, '물이랑'을 스치는 '하늬바람'이 불고, '아기섬'쪽에 '가오리연'이 '하느작거린다'. 그의 바다는 해동(海童)들의 놀이터요, 교실이다. 그의 바다는 드뷔시의 관념적인 바다가 아니다. 오히려 벤자민 브리튼의 4개의 간주곡 같은 바다다. 생활의 바다다. 그에게 모든 것을 가르쳐 준 바다, 참을성도 노여움도 가르쳐준 그런 바다다.(김태환, 〈윤형두의 수필세계〉, 1-319).

윤형두 작가는 흘러간 옛 노래를 부르며 하늘과 바다를 번갈아 바라보곤 성실하게 살아온 자신의 삶과 허망함, 그리고 좌절과 갈등을 되새김질한다. 이 가을의 사나이는 장년기 때부터 유난히 흰 머리칼을 갈대처럼 바람에 휘날리며 차마 못다 한 한을 찾고 또 찾아 우리 모두에게 위안거리를 제공해준다.

윤형두의 수필은 다양하다. 어린 시절의 회고담부터 사회문제를 거쳐 세계여행과 각종 진기한 역사문화탐방과 출판인으로서의 역할 등등 종횡무진으로 그의 삶과 지적인 탐구욕과 사회활동상이 글 속에 묻어난다.

5. 잔디밭 인생론

수필문학의 중핵은 단연 인생론이며, 인생론의 중핵은 삶의 고뇌다. 문학인 중 고뇌의 경중으로 따지면 단연 금메달급은 톨스토이겠다. 죽음 앞에서 그는 맏딸 타냐에게 《인생이란 무엇인가》중 10월 28일(그가 가출한 날)자의 항목을 읽어달라고 당부했다. 인간의 고통과 고뇌에 대한 잠언들로 그득한 이 날자 맨 앞에는 "고통의 감각이 우리 육체의 보전에 없어서는 안 되는 조건인 것처럼, 마음의 고뇌는 우리 영혼의 보전에 없어서는 안 되는 조건이다"라는 자신의 말이 나온다. 쇼펜하우어와 마르쿠스 아우렐리우스의 그럴듯한 충고에 이어 톨스토이는 "고뇌는 활동에 대한 박차의 역할을 한다. 그리고 우리는 그 활동 속에서 생명을 느낀다"는 칸트의 말을 인용한다.

파스칼은 "인간의 위대함은 그가 자기의 비참함을 알고 있다는 점에서 위대한 것이다. 나무는 자신의 비참함을 알지 못한다."(《광세》397)고 말한다. 이어 그는 "그러므로 자신의 비참을 깨닫는 것은 비참한 것이다. 한편으로는 자신이 비참하다는 것을 깨닫는다는 것은 위대한 일이기도 하다"고 덧붙인다.

비참함을 느끼기, 거기서 고뇌의 단계로 접어드는 과정은 사람마다 다르지만 108번뇌에서 벗어나지 않으며, 그 번뇌, 사단칠정(四端七情)의 인생살이가 엮어진 게 수필임은 더 논의할 필요도 없다. 수필문학의 아버지 몽테뉴조차도 이렇게 충고한다.

맨 처음 내가 글을 쓰고 싶다는 생각을 가져본 때는, 몇 년 전 내가 스스로 찾아든 고적한 생활에서 슬픈 심정으로, 따라서 내 천품과는 반대되는 아주 우울한 기분에서 시작한 일입니다. 그리고 어떤 다른 재료라고는 하나도 갖지 않았고 속이 비었기 때문에 나는 '내 자신을 논거와 제목으로 스스로에게 제시해 보았습니다.(몽테뉴,《수상록》중 〈부성애에 대하여〉)

고적, 슬픔, 우울, 고뇌 등을 씻고자 글을 쓰려 하나 이론적이고 논리적이며 과학적인 어떤 자료나 근거, 혹은 멋진 사례조차 없었기 때문에 "내 자신을 논거와 제목"으로 삼았다는 취지의 이 말은 근대 이후 수필문학의 영역 구획에서 금과옥조처럼 동원되고 있다.

"이 세상에서 레프 톨스토이만이 아닌 많은 사람들이 매일 번민하고 있다"고 한 건 바로 톨스토이 자신이다. 아스타포보 역장 관사에서 죽음을 하루 앞두고 했던 말이다.

그래서 고뇌가 풀어졌을까? 풀어졌다면 기필코 철학과 문학이 사라지고 말았겠지. 어떤 위대한 성인이나 종교가, 철학자와 문학인도 풀지 못했던 문제이기에 누구나 다 자신만의 방법으로 해답을 추구하고 있으며 그 추구가 곧 인생론 문학이 된다.

작가들의 인생론에서 가장 큰 지분을 차지하는 것은 대개 신앙문제이다. 근본적으로 신이 있느냐는 쟁점부터 어떤 특정 신앙의 유무는 한 인간이 살아가는데 가장 중요한 가치척도가 될 수 있다. 하기야 현대인은 신앙인과 무신앙인 사이에 선행과 악행의 경중을 따지는 행위가 무의미해질 만큼 종교 그 자체가 너무나 세속적으로 타락해 버렸지만 그럼에도 불구하고 이 쟁점은 인생론의 중요한 가치판단의 관건이 된다.

그런데 윤 작가는 이 문제에서 무척 자유롭다. 그는 한국전쟁을 겪으면서 신에 대한 기대를 저버린 채 인간 자신에 의지하는 존재자로 굳어져 버린 배경을 이렇게 풀어준다.

> 한국전쟁 후에는 즐겨 외던 성구(聖句)보다는 "신과 신의 책임을 부정함으로써만이 세계를 구할 수 있다"는 니체의 의식적 허무주의의 분위기가 짙게 풍기는 글들을 공부방 토담 벽에 즐비하게 붙여 두고 대학시절을 보냈다.(《새로 쓸 좌우명》, 3-329).

신이나 저승의 유무 같은 것은 고민의 대상도 아니고, 따라서 어떤 신앙도 인생행로에서 고민의 대상이 안 되었던 위기의 시대. 그런 문제로 고뇌했던 저 중세 사상가들의 고뇌가 윤형두 작가에게는 먼 사치품처럼 보일 것이다.

종교적인 존재론으로부터 해방자인 윤 작가는 그 사유가 일망무제해서 이런 구절이 조금도 이상하지 않게 다가온다.

> 나는 이 무덤 사이를 지날 때면 인생의 모든 번뇌가 사라지고 추악

한 욕심이 잠들어버리며 나 자신을 조용히 반성하게 된다.

어느 무덤 앞에는 싱싱한 생화(生花)가 활짝 피어 있는가 하면, 어느 무덤은 인적이 끊긴 지 오래된 듯 마른 꽃가지가 뒹굴고 있다.(〈비명(碑銘)〉, 1-310).

종교인이라면 비명들을 보면서 천국으로 갔을까 지옥행일까를 상상 혹은 유추하겠지만 윤 작가는 오히려 도라도 닦는 자세다. 그러니 한 세상 삶은 더 없이 고귀해져 자기 한생의 평가를 신에게 맡기는 것이 아니라 이런 묘비에다 의탁하려는 게 윤 작가의 소박한 인생철학이다.

그에게 인생이란 한 줄 묘비명으로 남는 존재인데 그 삶의 실체란 "오늘 죽어도 후회 없는 삶"이며, 그건 "페스탈로찌의 비망록에 쓰인 대로 항시 내 무덤 앞에 새겨질 비명을 의식하며 보람 있는 생을 영위"하는 것이 된다. 그가 원하는 묘비명은 "여기 인간답게 살다 간 한 무덤이 있다"는 것이다.(〈비명〉).

찰나주의가 판치는 세상에서 그래도 몇백 년 후에도 역사에 길이 남을 비석을 세울 만한 삶을 살다 간 사람들을 흠모하며 지그시 눈을 감았다.(〈비석을 세울 만한 삶〉, 5-61).

이런 인생론의 흰 바탕, 그렇다고 마냥 허무한 것도 아닌 인생론인지라 인간이란 그저 이 세상에 던져진 존재로 경기장에서 달려야 하는 말과 같다는 것이 이 작가의 인생론 제1장이다.

인생이란 출마표도 예상표도 없이 달리고 있는 말과 같다고, 그리고 또한 승부를 예측할 수 없는 경마장의 마권이라고…(〈경마〉, 1-163).

인생이란 하나요 한번 뿐인 경마라는 다분히 실존주의적인 인간 존재론 앞에서 사람은 누구나 고독한 단독자가 된다. 윤 작가도 마찬가지다. 그는 홀연히 문득 느닷없이 고독을 느끼곤 한다.

"기암괴석으로 천의 얼굴을 가졌다는 소금강, 그 동안 얼마나 오르고 싶었던 산이며 봉이었던가. 그러나 고독이 몰려온다."(〈월출산 천황봉〉, 5-20-21)고 전혀 예기치 않은 고독과 조우한다. 바다와 산을 좋아하는 것도 이런 고독의식의 출구인지 모른다.

어느 해인가 덩그런 병실의 침대에 누워서 종합 진찰의 결과를 기다리며 한강 물에 물오리 떼가 깃을 적시며 비상했다간 물 속에 자맥질하던 그 물새들이 한없이 부러웠던 그때, 인간은 단연 홀로라는 것을 느꼈다.(〈군중 속의 고독〉, 2-233).

이 고독의식은 경마장의 말처럼, 바위를 치는 파도처럼, 하염없이 산 계곡에 내리는 눈처럼, 그리고 허공으로 비상하는 독수리처럼 한량없이 밀어닥친다. 아마 이 중 독수리야말로 윤 작가의 존재론을 가장 멋지게 상징할 수 있는 고독의 표상이리라. 범우사의 상징은 독수리가 아니던가. 그 독수리를 보고 한때는 이왕이면 붉은 독수리로 하지 그래요, 라고 필자가 건의한 적이 있다. 아주 젊었을 때의 일이다. 물론 윤 회장도 나도 붉은 독수리가 트로츠키의 별명이란 걸 알고 있을 때였다. 딱히 그처럼 투철한 혁명아를 선망하라는 뜻은 아니지만 영원한 추방자, 자기의 땅에서 유배당한 자, 자기의 업보에서 퇴출당한 처절한 절대자의 고독의 이미지가 붉은 독수리란 술어에서는 묻어난다. 국내 출판사 중 범우사가 트로츠키에 관한 번역서를 가장 많이 낸 것은 우연이 아니다. 그 독수리 필법으로 세상살이를 관찰하며 나꿔채고 비판하는 것이 윤형두 수필가의 매력이다.

처절한 고독의식은 그로 하여금 고교생 때 공초 오상순의 〈짝 잃은 거위를 곡하노라〉에 심취케 만들었다. "6·25전쟁이란 상처가 남긴 폐허 속에서 허무주의에 빠져 있을 때 불교관에 근간을 둔 생명애착 정신"을 불러 넣어 준 글이어서 애착이 갔다지만, 오히려 그 처절한 외로움 의식이 사춘기를 사로잡았을 것이다.(2-202-204 참고).

〈군중 속의 고독〉에서 작가는 산업 발전으로 모두들 살기 좋아졌다고들 하지만 그 풍요 속에서 오히려 고독을 느끼는 순간은 더 늘어나고 있음을 실감하고 있음을 폭로한다. 경영인 윤형두 회장은 직원들의 복지를 위해 이익금 중 일부를 사우회와 산악회 등에 적잖이 기부해왔다. 그런데 언제부턴가 퇴직자들이 자신이 불입한 원금을 찾아가버리는 등 이기적인 사례가 늘어나는 데다 신입사원을 인턴제로 선발하는 풍조와 연봉제가 되면서 "더불어 살아가야 한다는 생각이 왜 이렇게 무디어져 버렸는지 모른다"라고 고백하고 있다.

"그래서 사람은 이러한 고독을 메우고 자기 상실 대신 자아를 찾기 위해 이웃을 갖고 동료를 찾으며 더 나아가 외로움을 나누기 위해 봉사하기도 한다"라는 해명은 윤 작가의 인생론의 절반 가량을 풀어주는 해답이 된다.

나는 '인간 대 인간의 성공이 최대의 성공'이라는 말을 대학원 강의의 첫 시간이나 신입사원과의 첫 대면 때 곧잘 말하곤 한다.(〈인간과 인간의 성공〉, 3-227).

처세술로 보이는 세속적인 인간관이지만 그런 한계를 넘어서고자 그는 일을 꾀하되 너무 쉽게 이뤄지기를 바라지 말라는《보왕삼매론(寶王三昧論)》의 충고에 따른다. 모든 일은 긴 시간에 걸쳐 노력한 끝에 성취하는 게 바람직하다는 이 가르침은 계속해서 "친구를 사귀되 내가 이롭기를 바라지 마라. 내가 이롭고자 하면 의리를 상하게 되나니 그래서 성인은 순결로써 사귐을 길게 하라고 하였다."(〈산행유정〉, 5-55)

윤형두 작가의 인생론에서 가장 소중한 사람이란 존재이며, 그 사람이 사람으로 존재하는데 가장 소중한 가치는 단연 자유로움이다. 여기서의 자유란 정치 사회적인 개념의 외형적인 것에 국한되지 않고 내면적인 자아의 무한한 영혼의 자유까지를 포용한다. 그래서 그는 하늘을 비상하되 줄을 끊고 무한 창공을 나르고픈 줄 끊어진 연을 희원한다.

줄 끊어진 연이 되고 싶다.

구봉산(九鳳山) 너머에서 불어오는 하늬바람을 타고 높이높이 날다 줄이 끊어진 연이 되고 싶다. 꼬리를 길게 늘어뜨린 채 갈뫼봉 너머로 날아가버린 가오리연이 되고 싶다.

바다의 해심(海深)을 헤엄쳐가는 가오리처럼 현해탄을 지나, 검푸른 파도가 끝없이 펼쳐져 있는 태평양 창공을 날아가는 연이 되고 싶다.

장군도(將軍島)의 썰물에 밀려 아기섬 쪽으로 밀려가는 쪽배에 그림 자를 늘어뜨리며 서서히 하늘 위로 흘러가는 연이 되고 싶다.(《연(鳶)처 럼》, 1-48).

윤형두 작가의 수필 중 가장 널리 회자되는 수작이다. 소년시절의 체험과 고향 산천과 바다를 배경 삼은 지정학적인 배치가 멋지게 한 판 잘 어울리는 극적인 장면을 연출한다. 어디 그만의 열망이겠는가. 모든 인간은 다 끈 떨어진 연을 갈구한다. 그러나 사노라면 누구나 자 신이 "조롱(鳥籠) 속에 갇힌 자신을 발견하기도 하고, 능력의 한계를 느끼고 자학의 술잔을 기울이기도 한다. 어릴 때의 고독과 수모, 그 무 엇 하나도 털어버리지 못한 채 더 많은 번민 속"에서 살아가고 있음을 절감한다.

한편 생각해보면 그 모든 속박이란 "마음이 만들어 버린 속박"이 아니던가. 이를 훨훨 떨쳐버리지 못하는 것 또한 자신임을 모를 리 없 을 터. 그래서 스스로가 끈을 자르고 하늘로 치다달아 오를 연이 되고 자 하나 세월과 삶의 조건은 이를 허용 않는다. 이런 한계상황을 작가 는 한 문장으로 처리한다.

그러나 나에겐 이제 가오리연을 띄울 푸른 보리밭도, 연실을 훔쳐낼 어머니의 반짇고리도 없다.(《연처럼》, 1-51).

자유에 대한 열망은 윤 작가에게 두 갈래 길에 서게 만들었다. 하 나는 현실적인 궁핍과 정치사회적인 자유를 획득하려는 투쟁의 길이었고, 다른 하나는 그런 길로 나아가면 갈수록 결국 자아의 내면에서 지워버릴 수 없는 인간 본연의 욕망에 갇히게 된다는 각성의 길이다.

그는 현실적인 허기와 안정된 삶을 위하여 정의로운 자유를 쟁취하는 삶의 지표를 먼저 선택한다. 그게 윤형두 작가에게는 민주화의 길이자 민족사적인 역사의식을 다잡는 세상 바로잡기 투쟁으로 나타난다.

윤 작가에게 이런 삶의 궤적은 수단방법을 가리지 않은 집권자 세조(현대식으로 표현하면 쿠데타)를 비판하는 정도가 아니라 추방하려 투쟁하다가 "참살을 당한 사육신(死六臣)!"에 대한 가치 평가로 부각된다. 남성이 사육신이 되었어야 했다면 여성은 "그 분들 속에 자기 남편이 끼어 있지 않았다 하여 대들보에 목을 매어 죽었다고 전해지는 윤씨 부인의 죽음"을 "고귀한 죽음이며 그 부인이야말로 얼마나 멋있는 여인인가?"라는 것으로 대칭시킨다.(〈멋있는 여인상〉, 1-210).

이 대목에서 실록이나 야담 등 기록을 근거로 윤씨 부인은 자살하지 않았다고 반론을 펴는 건 지극히 문학적이지 못하다. 사실 여부와 상관없이 보통 사람들은 신숙주에게 욕설을 퍼지르고 싶은 데다 평소의 소행으로 미뤄 볼 때 윤씨 부인은 남편과는 달라 보였음을 상징한 것으로 읽어도 좋기 때문이다.

이런 여인상의 예로 그는 베르코르의 〈바다의 침묵〉에 이름을 안 밝힌 채 등장하는 처녀를 거론한다. 베르너 본 에브레나크라는 작곡 전공인 독일군 장교가 프랑스인 집에 숙소를 할당받았는데, 그 댁에는 주인과 아름다운 질녀만 단 둘이 살고 있었다. 교양 갖춘 금발의 미남 나치장교 베르너는 독불(獨佛) 협조의 신질서(어디서 자주 듣던 소리다. 독재자는 항상 신질서를 강조한다)를 빌미 삼아 그녀에게 접근하나 그녀는 단 한 마디 말도 않는다. "베르너는 시간이 갈수록 그녀의 침묵에 대하여 호감을 갖게 되고, 나치의 의도가 프랑스 문명을 파괴하고 말살하려는 데 있다는 것을 깨닫자 나치에 대한 환멸과 실망을 안고 러시아 전선의 지옥행으로 떠나려 하는데, 그때서야 그녀는 단 한 마디 "안녕히 가세요(Adieu)"라고 말한다.(〈멋있는 여인상〉, 1-211).

역사 앞에서, 더구나 격랑의 민족사에 당면해서는 중도란 존재하지 않는다는 걸 윤 작가는 강조하고 싶었던 것이다. 성삼문이냐 세조냐, 침략 나치 장교 베르너와 사랑에 빠지느냐 침묵으로라도 저항하느냐는 길 뿐이지 그 중간에서 이익을 챙기는 걸 용납할 수 없는 게 위기와 과도기의 역사다. 작가는 이렇게 쓴다.

중도란 어느 쪽으로도 치우치지 않은 바른 길을 말하는 것이다. 그리고 있고 없음의 어느 쪽도 아닌 진실의 도리가 곧 중도이다. 중도란 그러므로 바른길이며 진실의 도리를 일컬음인데 양다리를 걸치고 있는 것을 중도라고 생각들 하고 있는 것이다.

(중략)

우리는 중용이나 중도란 말의 본뜻을 알아야 한다. 그것은 진실 된 길을 가는 것이지 결코 이것도 저것도 아닌 흐리멍텅한 상태가 아니다.(〈자기 철학과 지조〉, 3-220-221).

중도를 이기적으로 풀이하면서 "많은 인재들이 현실에 영합하거나 불의에 타협하는데, 그 중에서도 가장 안타까운 것은 중년까지 잘 지켜오던 지조와 절개를 말년에 가서 굽혀 버리는 사람들이 너무도 많다"라고 작가는 개탄한다. 노욕(老慾)을 버리고 만절(晩節)을 지키지 못한 탓에 한국 사회는 "국민의 숭앙을 받는 정치인이나 예술가가 적다."(〈만절(晩節)〉, 3-169-170).

이렇게 되어버린 배경에는 세상의 보편적인 마신(魔神)인 사리사욕이 차지하고 있는데, 누구도 여기서는 자유로울 수 없다. 사리사욕은 자신의 분노와 보복심을 위한 잔혹성과, 이익을 챙기려는 욕심으로 나눠진다.

보복심에 대한 예를 윤 작가는 유신독재 치하에서 고문을 당하면서 깨닫는다. 어려운 출판사의 형편상 큰 맘 먹고 펴냈던 김동길 교수의 첫 수필집 《길은 우리 앞에 있다》가 제본소에 있을 때 계엄령이 선포(1972. 10. 17) 되었다. 나오자마자 계엄사령부 간행물 검열실에다 납본했지만 납본증이 나오지 않아 그냥 배포해버렸는데, 수배령이 내렸다.

교묘히 피신하며 "다른 책을 출간키 위해 교정을 보러 인쇄소에 들렀다가 기관원에게 붙들려 심한 곤욕을 치렀다." 수사기관에서 5일간 당한 심한 고문과 구타는 "추운 겨울이 다가오거나 날씨가 좋지 않을 때면 기상대의 일기예보인양 팔다리가 쑤시고 뼈마디가 부러질 것 같은 아픔이 나를 엄습한다." 이 순간, 윤 작가의 분노와 증오심은 억누를 방도가 없다.

이를 눈치 챈 김운학 스님(문학평론가이자 동국대 교수)이 "윤 사장, 《수타니파아타》라는 책 읽어 보셨소?"라며 허두를 꺼내고는 "남을 미워하는 마음이 생길 때 첫 장인 〈뱀(蛇)의 장〉 중 첫 대목 '뱀'을 몇 번이고 되풀이하여 읽는다면 얻는 바가 있을 것이오"라고 권했다. 좀 길지만 그대로 옮긴다.

뱀의 독이 몸에 퍼지는 것을 약으로 다스리듯, 치미는 분노를 억누르는 수행자는 이승과 저승을 다함께 버린다. 마치 뱀이 허물을 벗어 버리듯이.

마음 속으로 노여움을 모르고, 세상의 흥망성쇠를 초월한 수행자는 이승과 저승을 다함께 버린다…

너무 빨리 달려가지도 않고 또 뒤처지는 일도 없이 모든 것이 허망하다는 것을 알고 증오에서 떠난 수행자는 이승과 저승을 다함께 버린다…

탐욕, 분노, 우울, 들뜸, 의심 등 다섯 가지 덮개를 버리고 번뇌 없고 의혹을 넘어 괴로움이 없는 수행자는 이승과 저승을 다함께 버린다. 마치 뱀이 허물을 벗어 버리듯이…(《내가 좋아하는 법구(法句)》, 3-51-52).

이 대목이 복수심에 대한 이기주의의 억제라면 욕망의 이기심에 대한 억제 또한 쉽지 않는데, 이것 역시 뱀을 예로 들어 갈아 앉힌다. "발로 뱀의 머리를 밟지 않으려고 조심하는 것처럼 갖가지 욕망을 피하는 자는 마음을 바르게 하여 이 세상의 모든 애착에서 벗어난다."(《욕망의 간이역》, 3-288)라고도 했다.

인생사에서 욕망은 삶의 기관차가 아닌가. 이걸 억제하려니 얼마나 힘들까. 그래서 사람들은 일정한 성공 후에는 적당히 휴식을 취하며 취미생활에 몰두한답시며 전원생활도 하는 등 사람답게 사는가 싶어지는데, 느닷없이 자연을 너무 탐하게 되어 버린다. 욕망이 낳은 집착을 버리지 못한 것이다.

이런 인간 본연의 소유욕을 작가는 "나는 한겨울을 꽃나무에 너무 집착하며 지냈던 것 같다. 몇 해 전 쥐약을 먹고 죽은 애견(愛犬)을 보고 다신 동물을 키우지 않겠노라고 마음먹었을 때처럼, 앞으로는 어떤 일에 너무 집착하거나 얽매이지 말아야겠다는 생각이 들었다"고 다짐한다. 그러나 작심 3일이다. 목련꽃이 탐스럽게 피면 그걸 탐내고, 관악산 중턱 법륜사 약수터에 오르다가 기암괴석과 풀과 나무와 꽃을 보고는 그걸 자신이 화단으로 여겨 매일 나다니다가 "뜻하지 않게 병원에 입원을 하게 되었다." 이것 역시 자연에 대한 탐이 아닌가!

이러다간 나 자신이 순수한 공유의 자연을 즐기는 것이 아니라 혼자만이 갖고 즐기겠다는 못된 사유욕(私有慾)에 사로잡히는 것은 아닌가 하는 생각이 들었다.(《본무실(本無實)》, 1-236-237).

탐욕을 털어 버릴 연배에 웬만한 것은 버려도, 여전히 못 버린 탐심에는 성장기의 굶주림이 만든 식탐과, 책이 없어 채우지 못했던 책 탐은 그대로인 윤 작가.(《인생의 선용》, 3-300).

탐심을 깡그리 씻어내려는 의도만으로 인생은 족하다. 그걸 다 씻어 내버리면 대체 왜 사는가! 글은 왜 쓰는가! 적당히 씻어 내고 다시 탐심이 쌓이면 또 씻어내며 사는 인생을 윤 작가는 〈잔디밭 철학〉으로 총체적인 인생론을 담아낸다.

살아가노라면 인생살이는 "멀리 보이는 아름다운 잔디밭을 동경" 하게 된다. 그러나 막상 가보면 "잔디가 잘 자란 곳은 개똥이 있거나 돌멩이가 있다. 좀 앉을 만하다고 해서 앉아 보면 햇볕은 따가운데 그늘이 없고 목은 마르는데 물이 없다."

그러니 인생살이란 "잔디밭만 바라보며 살 것이 아니라 현실적으로 존재하고 있는 잔디밭에서 개똥을 치우고 나무를 심고 우물도 파며 자신들의 세계를 하나하나 개척해 나가야 한다"는 이 내용은 그의 단골 주례사이자, 신입 사원들에게 들려주는 훈화이면서 인생론이다.(〈잔디 밭 철학〉, 3-287).

아마 이런 그의 생활철학이 가장 재밌게 담긴 작품의 하나가 〈콩과 액운〉이다. 콩에 얽힌 자신의 세 가지 추억담을 사회적인 변모와 관련시켜 쓴 이 글은 담담하면서도 분노가 숨겨져 있다. 콩과의 첫 번째 나쁜 기억은 일제 말기의 콩깻묵 밥을 먹던 것으로 회상된다. 좋은 양식은 다 뺏기고 제일 나쁜 것만 먹어야 했던 어린 시절의 추억은 아무리 개인의식이 강한 사람이라도 민족의식을 일깨우기에 충분한 조건이 될 것이다.

콩의 두 번째 회상은 자유당 말기에 겪은 군에서의 '도래미파탕'으로 많은 젊은이들이 체험한 문제의 추억이다. 가장 심각한 고통은 세 번째의 콩과의 기연인데, 세칭 월간《다리》지 사건으로 겪었던 투옥 생활이다. 교도소 안에서의 콩은 정상적인 식사 가운데 가장 영양가가 높은 것으로 위의 두 가지 추억과는 전혀 색다른 것이나 그 반대로 제일 고통스런 회상일 것이다. 그러나 이 액운의 콩에게 작가가 배운 것은 "뿌리혹 박테리아가 새로운 고통의 암모니아염으로 바꾸어

두었다가 내게로 전하는 것" 같은 상생의 원리였다.

> 이제 콩이 어떤 모양으로 변해서 나를 찾아오든 도리어 나는 환대
> (歡待)할 생각이다.(〈콩과 액운〉, 1- 132-136).

인생이란 무엇인가. 역시 해답이 안 나온다. 그래야 인생론이다.
"자, 묻겠노라. 아득한 태초에는 '우주 천지가 혼돈했다'고 말하
는데 누가 어떻게 알고 그런 말을 전하고 말했는가?(曰 邃古之初 誰傳道
之 上下未形 何由考之)"라고 질문을 던진 건 굴원(屈原)의 〈하늘에 묻다(天
問)〉가 아니던가. 인간 누구도 답하지 못해 하늘에게 물어도 답을 얻지
못한 인생론은 이래서 재미있다.
이런 인생론을 창출한 배경에는 이 작가의 자연에 대한 인식이 깔
려 있다.

6. 바다 이미지의 작품들

자연소재의 서정수필은 수필문학의 영원한 단골 소재로 가장 널
리 독자들에게 회자되기도 한다. 자연에 접근하는 미학적 입장은 너
무나 다양하여 그 우열이나 옳고 그름을 잘라 말할 수는 없다. 작가마
다 취향에 따라 자연은 다양하게 인식되기 마련이다. 랄프 에머슨은
〈자연에 대하여〉에서 자연의 무한성을 이렇게 갈파했다.

> 자연은 결코 천한 외모를 보여주는 일은 없다. 가장 현명한 사람도

자연의 깊은 비밀을 빼앗을 수 없고, 자연을 모두 캐어낸다 해서 그 호기심을 잃는 일이 없다. 자연이 현자의 장난감이 된 일은 한 번도 없다. 꽃이나 동물이나 산악이 현자의 유년시대 천진난만한 마음을 즐겁게 한 것과 마찬가지로, 그의 원숙기 지혜를 반영하였다.(정광섭 옮김,《위인이란 무엇인가》, 동서문화사, 312).

에머슨은 자연이란 시적이고 환상적인 산문이면서 편하고 이로운 것(Commodity)이자 인간을 훈련(Discipline)시키는 기능도 가진 것으로 풀이한다. 여기에 그치지 않는다. 자연은 인간에게 가능과 불가능을 깨닫게 하여 관념론(Idealism)에 대한 사유의 단서를 제공해 주기도 한다. 여기서 모든 학문의 맹아가 자라나 과학과 역사에 대한 전망(Prospects)을 가능하도록 유도한다. 단순한 풍경으로서의 자연이 아닌 인간과 자연이 마주했을 경우에 발생할 수 있는 모든 기능을 세분하여 접근한 에머슨의 〈자연에 대하여〉에서 문학예술에서 찬찬히 대응할 문제는 뭐니뭐니 해도 아름다움일 것이다. 자연미란 그냥 바라보기만 해도 좋은 어떤 미학적, 과학적인 분석도 필요하지 않는 존재로서의 형체 그 자체이다.

이를 에머슨은 "단순히 자연의 물상을 알아서 깨닫는 것만도 기쁨이다"라고 하면서, "상인이나 변호사는 거리의 소음과 장사에서 벗어나 하늘이나 숲을 바라볼 때 다시 인간이 된다. 하늘이나 숲의 영원한 고요함 속에서 그는 자기 자신을 발견한다"(317)고 풀이해 준다.

자연을 소재로 한 수필은 대개 이 단계에 머물고 있다.

그러나 에머슨의 자연미는 여기서 더 나아가 "한층 고상한 요소,

곧 영적 요소의 존재가 아름다움의 완성에는 없어서는 안 된다. (…) 아름다움이란 신이 덕에 붙이는 표딱지이다."(319) 라고 자연미의 격을 높여준다. 자연과 영혼의 결합의 경지로 승화시킨 것으로 볼 수도 있겠다.

에머슨은 셋째 단계로 자연을 인식하는 방법, 아름다움을 관찰하면서도 지적(知的) 탐구 대상으로 삼아 사물들의 절대적 질서를 찾아내는 단계를 거론하는데 좀 난삽하긴 하지만 자연과학적 영역을 의미하는 것으로도 읽을 수 있겠다.

요컨대 자연미란 그저 바라보면서 즐거움과 휴식을 얻을 수 있는 것에서 영혼의 영역을 확산시켜 준 것까지가 자연을 소재로 한 수필 문학의 범주일 것이다.

윤형두 작가에게 자연은 크게 두 가지 개념으로 설정된다. 첫째는 바다이고, 둘째는 산이다.

특히 바다의 경우는 이 작가에게 생태적인 친근감이 느껴질 정도로 육체와 영혼이 바다처럼 인식될 지경이다. 작품 편수도 아마 바다가 단연 가장 많을 것이다.

바다 이야기만 나오면 윤 작가의 수필에는 생기가 솟고 젊음의 파도가 요동치는 듯하다.

그의 수필은 바다 냄새가 짙게 묻어난다. 여기서의 바다란 비린내가 섞인 선창과 땀 흘리는 부두 노동자들의 분노라기보다는 무역항도 어항도 유명세를 탄 피서지도 아닌 그저 보통 바다 그 자체를 뜻한다. 그래서 그의 수필은 어느 곳에서나 해조음이 들린다. 그것은 분노에 찬 파도가 아니라 섬사람들의 고뇌의 한숨으로 생긴 잔잔하고도 저력이 있는 파문을 연상시킨다.

그러나 그의 바다에는 갈매기가 날지 않는다. 그런 낭만을 지니기에는 그의 주변이 너무나 불행하고 고난에 차있기 때문이다. 또한 이점이 윤형두 수필의 가장 큰 매력이기도 하다. 그는 이런 바다의 모습을 〈병든 바다〉, 〈10월의 바다〉 〈망해〉 등에서 서정적으로 묘사한다.

이런 바다의 교훈에서 그는 사회 정의와 인간애의 정신을 이어 받은 것 같다. 그만큼 그에게 바다란 단순한 수필의 소재로서가 아니라 기본적인 사회 인식의 바탕이 되고 있다.

모든 평론가들이 가장 선호하는 윤 작가의 바다 묘사는 〈병든 바다〉의 첫 구절일 것이다. 워낙 명문이라 길지만 그대로 인용해본다.

(1) 한 바가지 푹 퍼 마시고 싶은 바다. 파래가 너풀거리는 밑창에는 깨끗한 자갈이 깔려 있다. 잔잔한 파도가 일면 수많은 포말(泡沫)이 밀려 갔다 밀려온다.

(2) 옷을 훌렁 벗고 툼벙 뛰어든다. 수영에 익숙한 해동(海童)은 자맥질을 해야 성이 풀린다. 물구나무를 서듯이 다리를 쭉 뻗고 해심(海深)을 향하여 팔다리를 놀린다. 팔은 양손을 앞으로 쭉 내밀었다가 나비처럼 원을 그리고 발은 오리처럼 장구를 친다.

(3) 얼마쯤 가면 해저(海底)에 닿는다. 그곳엔 소름이 돋을 만큼 고요가 깔려 있다. 해초들이 숨소리 없이 해면(海面)을 향하여 하늘거리고 있다. 바닷말은 녹갈색으로 키가 크고 숱이 많고 잎이 작다. 청각(靑角)은 자홍색 빛깔에 사슴뿔 모양으로 주먹만한 돌에 정교하게 붙어 있다. 좀 깊은 곳에 자리 잡은 미역은 흑갈색의 혓바닥을 날름거리며 해동의 숨결

을 가쁘게 한다. 미역 한 폭을 캐 오는 날이면 저녁상이 푸짐하다. 식초와 깨소금을 넣어 무치기도 하고 조개를 넣어 국을 끓이기도 한다.

　(4) 나는 바다의 그 신선한 해조(海藻)와 패류(貝類)와 생선을 먹으며 자랐다. 바다는 또한 나의 곡창(穀倉)이며 구멍가게이기도 했다. 썰물이 밀려나면 긴 모래사장 밑으로 개펄이 나타난다. 호미를 들고 개펄을 파면 조개가 나오고 낙지도 잡히며, 운이 좋은 날은 개불도 잡힌다. 황갈색에 원통상(圓筒狀)으로 생긴 개불은 익히지 않고도 먹을 수 있으며 짭찔하고도 달착지근한 맛은 천하일미다.(〈병든 바다〉, 1-90~91).

바다를 소재로 쓴 수필 중 이만한 작품은 흔치 않을 것이다.

굳이 설명이 필요 없지만 (1)은 바닷가에 다가선 건장한 구릿빛 얼굴의 한 소년의 모습이 "한 바가지 푹 퍼 마시고 싶은"이란 구절에서 이미지화 된다. 실로 절창이다. 바닷물은 음료로 부적합임을 알면서도 그토록 기갈을 느낄 만큼 투명한 물빛이 연상된다. 그런데 그 사나이는 이미 바닷물 길과 그 속에 무엇이 자라고 있는지를 꿰뚫어보고 있다.

(2)는 수영복 따위는 없이 뛰어드는 생명력의 약동이 느껴진다. 독자들은 소년 윤형두가 홀랑 벗고 돌산 앞 바다에서 정규 수영과정에서 배운 게 아닌 바다에서 체득한 온갖 체형의 헤엄을 치는 포즈를 보게 된다.

(3)은 그 바다의 풍성한 먹이들이 싱싱하게 놀고 있다. 이어서 (4)에서는 이 로맨틱한 풍광이 섬 사람들의 논밭이자 구멍가게에 해당된다는 지극히 현실적인 삶으로 환원된다.

이 장면이야말로 앞에서 본 에머슨의 자연미의 3단계까지를 거뜬히 다룬 글이라고 나는 보고 싶다. 즉 ⑴은 에머슨의 자연미 이론의 첫 단계이고, ⑵는 두 번째 단계로 볼 수 있다. 혹 에머슨이 한층 고상한 영적인 차원을 거론했는데, 여기에는 육체의 움직임만 서술하지 않았느냐고 이의를 제기할지 모르겠다. 그러나 바닷물 속에서 이 소년의 몸놀림은 영혼의 감동을 동반한 것으로 읽어도 무방할 것이다. ⑶과 ⑷는 자연과학적인 지적 접근과 일상생활이 잘 어우러지기에 에머슨의 3단계 자연미의 접근법이라고 한들 망발은 아닐 성싶다.

참으로 멋진 장면이다. 그런데 왜 이런 제목일까. 작품의 후반부는 전반부의 그 멋진 장면들 대신 현대 부산 태종대 앞바다가 등장한다. 참 아깝다. 부산에서 여수행 연락선 고동소리라도 듣고 싶었던 윤 회장은 그 아름다운 추억을 회억하며 이제는 병든 바다를 타기하고 싶었을 터이다.

이런 명장면을 부조시킬 수 있었던 배경을 작가는 여러 편에서 보여주고 있다.

예를 들면 〈망해(望海)〉의 첫 구절은 "나는 항구에서 태어났다"라고 시작된다. 이어 "그 항구가 남의 나라 항구이긴 했지만 항구에서 태어났다는 것은 분명 큰 자랑이다"는 자긍심을 나타냈다. 그는 바닷가에서 태어난 것도 자랑이지만 모든 것을 바다에서 배웠다는 것도 자랑거리다.

나는 모든 것을 바다에서 배웠다. 숨바꼭질도 보물찾기도 그리고 참을성도 노여움도 모두 바다에서 배웠다.

어둠 속에서 밝음이 얼마나 절실한가 하는 것도 등댓불에서 배웠으며 인광(燐光)에 대한 이치도 바다에서 배웠다.

그리고 식물명도 해초(海草)의 이름부터 배웠으며 동물명도 생선의 이름부터 배웠다. 원대한 꿈도 바다 저 멀리 보물섬 같은 것이 있으리라는 동경에서 키웠고 내 육신의 성장도 노 젓기와 고기잡이의 연속에서 자랐다.(〈망해(望海)〉, 1-40-41).

누구나 쓸 수 있는 문장이 아니다. 이 글 속에도 에머슨이 규정한 자연미의 이론이 그대로 스며 있음을 느낄 수 있다. 여기 나오는 정보들은 학교나 인터넷으로는 익힐 수 없는 오랜 체험의 소산이기에 거침이 없고 자신만만하다.

자연은 인간에게 지혜도 준다. 그래서 작가에게 "바다는 또한 나의 사색(思索)의 고향이다. 수평선 위로 떠나가는 흰 돛단배엔 분명 미지(未知)의 연인이 타고 있을 것 같은 생각 때문에 충동적으로 바다 속으로 뛰어들기도 한다."

그러나 요즘은 어딜 가나 "본연의 모습을 잃어버린 바다"만 볼 뿐이라서 더더욱 바다를 향한 향수가 타오르고, 이를 더욱 부채질 하는 것이 "목 쉰 듯한 쌍고동 소리"와 "똑딱선의 불규칙한 프로펠러 소리"를 듣고 싶어 하는데, 이런 심경을 작가는 아래와 같이 끝맺음해준다.

어떤 이는 현대인을 망향(望鄕)에 병든 무리라고 했다. 그렇다면 나는 망해(望海)에 병든 사람이 되고 싶다. 깃발을 높이 달고 오색테이프를 휘날리며 징 치고 떠나가는 이름 없는 '나가시배'의 화장(火匠)이라도 되고 싶다. 그 넓고 넓은 바다가 자유스런 나의 영역(領域)이 된다면, 나는 이 순간이라도 훨훨 춤추며 그 바다로 떠나고 싶다.

끝도 없고 가도 없는 그 검푸른 바다 가운데에 서서 나는 목청을 돋우고 못다 한 절규를 하고 싶다. 만세를 부르고 싶다.(〈망해(望海)〉, 1~42).

이 작품의 끝 구절, 바다 가운데서 목청껏 절규하고 싶다는 구절은 위에서 쌍고동 소리를 듣고 싶은 심정과 대조를 이뤄서 운치를 더해준다. 돌산이 고향이 아니어도 길을 읽노라니 돌산엘 가고 싶도록 만드는 작품이다.

바다를 다룬 또 다른 명편이 더 있다. 〈10월의 바다〉는 위의 두 작품처럼 개론적인 바다론을 넘어 계절적인 변화에 초점을 맞춘다. 바다 묘사 작품 중 미문체에 속하는 이 글은 도입부터 가슴을 탁 트이게 해준다.

나는 계절의 변화를 바다에서 느끼며 자랐다.

하늬바람에 밀려온 군함같은 파도가 기암에 부서지며 하얀 비말(飛沫)을 '똠박끝'에 뿌리면 겨울이 깊어가는 것이다.

봄은 성난 파도가 가라앉은 잔물결 위에 자장가처럼 내리는 세우(細雨)의 달램으로 깊어가며, 여름에는 먹구름이 몰고 온, 취우(驟雨)로 바다가 고동을 치기 시작한다. 태양이 작열하기 시작하면, 해수욕장 주변은 광란의 해변으로 변하고 만다.

그러나 가을의 바다는 쓸쓸하게 한 계절을 보낸다. 풀숲에서 들려오는 벌레 소리가 더욱 쓸쓸하게 들리고, 검푸른 바다 위에 떠있는 범선의 돛이 소복한 여인의 치마폭인 양 나부낀다.(〈10월의 바다〉, 1-81).

묘사의 순서가 겨울을 맨 앞에 내세워서 봄 여름 가을의 사계절 순환대로 처리했는데, 10월의 바다를 그리기 때문에 가을에 대한 문장이 가장 길고 섬세하다. 작가는 사계절 다 바다의 특징을 파도와 날씨에 초점을 맞춰 그 차이를 드러냈다. 유독 가을만은 바다 풍경과 함께 해변의 풀숲 벌레소리를 추가하고 있다.

이 글이 서두니까 이걸 제시문으로 주고는 이어서 글을 완성시켜 보라고 하면 어떤 답안들이 나올까? 10월의 바다만을 계속 강조해서 쓸 수도 있겠지만 여름 바다의 분주함을 이야기하는 것도 방법의 하나가 될 수도 있을 것이다. 이 작가는 후자를 선택하여 피서객들이 몰려든 시끌벅적한 여름 동안 현지의 학동들은 도리어 이방인처럼 밀려나 "조선소의 돌담 위에다 옷을 벗어 놓고 바다에 뛰어들어 놀이터를 빼앗긴 분노를 달랬다"고 한다.

입추를 지나고서야 해동(海童)들은 "자기네의 왕국을 다시 찾은 듯 해수욕장으로 몰려든다."

그들은 바다에 뛰어들어 하늘을 보는데, "바다 빛깔은 하늘빛을 닮아 맑다"는 걸 느낀다. 그러다가 10월이 되면 해수욕장의 모래밭을 향한 동네 사람들의 발길은 끊어지기 시작하여 모래사장은 "어느 때보다도 깨끗하여 그 위에 말 못할 사연을 썼다가 지워버리기도 하고 모래집을 지어놓고 달콤한 꿈에 잠기기도 한다."

이런 데 싫증 난 해동들은 낚싯대를 드리우기도 하는 등 나름대로 분주한 가운데 10월은 깊어간다. 이렇게 전개되는 이 글의 끝맺음은 아래와 같다.

> 10월의 바다는 나 홀로 즐기는 바다다. 선창에 매어놓은 조그마한
> 돛배를 타고 조류 따라 바람 따라 흘러간다. 썰물에 밀리면 오동도 앞을
> 지나 아기섬이 보이는 동해 쪽으로 흘러가고 밀물에 밀리면 장군도 목을
> 지나 경도(鏡島)를 거쳐 황해 쪽으로 밀려간다.
> 나는 이 배 위에서 노을을 본다. 바다는 고요히 불붙기 시작하고 그
> 붉은 빛깔은 바다 깊숙이 침잠(沈潛)한다.
> 그러나 오동도의 등댓불이 해면 위에 드리우면 10월의 바다도 저
> 물어가고 한결 영롱해진 밤하늘의 별들이 바다와 밀어를 속삭이게 된
> 다.(〈10월의 바다〉, 1-84-85).

참 아름다운 풍경화다. 〈망해(望海)〉와 〈10월의 바다〉는 한국 현대
수필계에서 바다 서정수필의 소중한 수확이다.

바다가 이렇듯 인간과 자연 혼연일체처럼 작가에게는 친근감으로
다가서는데 비하여 산은 기행문 형식으로 정리된 경우가 압도적으로
많다.

7. 산의 변신

바다가 윤형두 작가의 성장기의 영혼의 안식처였다면 산은 중년
이후의 인생 찬가와 같다.

작가 자신은 "나는 바다와 같은 어머니로부터 태어나서 산과 같은

아버지의 곁으로 돌아갈 것이라는 생각을 가끔 한다"라고 비유한다.

"바다의 파도는 어머니의 마음이다. 거세게 꾸짖었다가도 이내 노여움이 사라져 바다 본연의 모습으로 돌아가는 모정의 마음"이 바다다. 그러나 "순한 바다도 성이 나면 열 길의 물기둥을 세우고 암석에 부딪혀 포효를 하며 모래톱을 사정없이 훑어 내린다. 어머니는 그렇게 살아오셨다." 그 억셈은 스스로를 위해서가 아니라 "세상사와 싸워" 자식을 지켜주고자 함이 빚어낸 투지에 다름 아니다.

"외향적인 성격"의 어머니는 "목욕을 시켜주실 때도 손, 발, 목 등 눈에 잘 뜨이는 곳을 아프도록 닦아 주셨다. 그리고 동네 아이들과 싸우고선 지고 들어오면 혼벼락이 났다." 어머니 자신이 살아온 험악한 세상 탓이다.

이에 비해 "아버지는 어머니와 달리 내향적인 성격"으로 말수가 적어, "산처럼 침묵하시면서도 무언의 행동으로 교육을 시키셨던 분"이라, "목욕을 같이 가서도 몸을 닦는 데는 별말씀을 하지 않고 나에게 맡겨 두셨다가 나올 때쯤이면 불러서는 꼭 귓속과 배꼽 등 사람의 눈에 잘 뜨이지 않는 부분을 깨끗이 닦아 주셨다."

바다처럼 앞선 물결을 뛰어넘어 달리려는 파도 같은 어머니와는 반대로 작가의 성적표를 보고도 "공부는 못하는 것보다 잘하는 것이 낫지만 공부가 사람이 되는데 그렇게 중요한 것"은 아니라면서, "착한 일을 하고 거짓말을 하지 말며 남의 것을 탐내지 말고 어려운 일도 꾸준히 일하면 훌륭한 사람이 될 수 있다"고 했다.

작가의 아버지는 산마을 출신으로 "산을 찾는 방랑의 생활"을 하는 고독한 이미지를 지녔었다.

산 중턱을 휘감아 흐르는 자욱한 안개바다 위에 홀로 서 있는 나그네처럼, 광활한 우주의 한 공간에 서서 머리카락을 휘날리며 지팡이를 짚고 섰는 한 중년의 뒷모습처럼 나의 아버지는 항상 우수에 젖어 있었다. 그리고 사색하는 모습이셨다. 그런 아버지는 내 나이 열두 살 때 돌아가셨다. 그리고 당신이 어릴 때 노셨던 고향 산에 묻히셨다.(〈아버지의 산 어머니의 바다〉, 3-29-32).

이 대목을 읽노라면 매주 일요일 애서가산악회(愛書家山岳會) 회원들과 매주 일요일이면 관악산엘 오르는 윤형두 등반가의 차림을 그린 게 아닌가 싶은 착각을 일으킬 법하다. 흡사하다.

윤 작가는 "바다를 무척 좋아했다. 그러나 50을 넘으면서부터 바다와 같은 격랑의 감정은 차차 사라지고 산과 같은 부동과 침묵의 세계가 나에게 다가왔다"고 깊숙한 심회를 술회하며, 그 차이를 "바다는 생동감 넘치는 파도의 세계라면, 산은 움직이지 않아 죽어 있는 것 같으면서도 살아 있는 침묵이다" 라고 풀어준다.

이제 산의 지혜를 배울 때가 된 것 같다. 침묵하면서도 삼라만상을 포용하는 장엄한 그 뜻을 알아야겠다.

산과 같은 아버지, 바다와 같은 어머니.

나는 이제 산과 같은 아버지가 될 나이가 된 것 같다.(〈아버지의 산 어머니의 바다〉, 32).

중년 이후 산은 묵직한 인생살이의 윤 작가에게 연인처럼 다가섰다. 바다의 시절이 꿈이었다면 산의 계절은 연인에 가깝다. 그것은 위안이요 휴식이자 새 출발을 위한 다짐이자 추억과 미래를 동시에 갈무리하는 인생론의 저장고이다.

윤형두 작가에게 산은 관악으로 상징된다. 서울대학교 정문 앞 소나무 밑에서 매주 일요일 오전 10시면 애서가산악회원들은 관악을 오른다. 지방 명산이나 해외 명산도 가끔 가지만 그건 외도에 속하고 오로지 관악이 본처다. 하도 오래라 단골 회원들의 얼굴도 물처럼 바뀌었으나 윤 작가만은 불변이다. 이 산행은 윤 작가에게 골프나 마찬가지 다양한 기능을 수행한다. 말이 관악이지 이 일대의 여러 산들 가운데에는 애서가산악회의 발길이 안 닿은 곳이 거의 없으리라. 거기에는 그들만이 아는 원효산로(元曉山路)도 있고, 명예총장실이란 별칭이 붙은 돌 의자도 있으며, 애서가 바위도 있다.

그렇게 오래도록 산행을 하면서도 10시에 출발하여 늦어도 2시 반 전에 하산하는 규칙은 불변이고, 헤어지기 싫어도 아이스크림 하나씩 나눠 먹고는 "이별의 순간은 짧은 것이 좋다고, 각자 집 방향으로 가는 차가 오면 손만 번쩍 들어 보이곤 뒤돌아보지 않고 떠나버린다."(〈삼막사(三幕寺) 가는 길〉, 5-35).

그런데 1988년 서울올림픽 서울 개최를 구실로 관악산 등산이 통제된 적이 있었다.

그때 우리들은 그런 통제령을 내린 사람에게 욕사발을 퍼부었다. 관악산에서 누가 비행기에다 총질을 할 것이라고 부질없는 짓들을 해 1주일에 한 번 만끽하는 우리들의 즐거움을 막는 거냐고 욕설을 퍼부으면서 그 동안만은 다른 산엘 다녔다. 관악산이 멀리 보이는 청계산을 오른 것이다.(〈한길의 미학〉, 5-37).

이렇게 매주 가는 산인데도 작가의 시선에는 항상 달리 보였다. 매주 달라지는 게 아니라 오를 때와 내려올 때도 달리 보였다. 이 미묘한 산의 변신 속에서 작가는 산과 "묵시(默示)의 대화를 한다. 인생의 덧없음에 대해서, 민족의 영원성에 대해서, 사랑의 가변성(可變性)에 대해서 묻고 대답한다."

이런 보통 산들은 어린 시절 산에 나무를 하러 다녔던 터라 그에게 너무나 친숙하다. 고향 앞은 바다지만 뒤는 산이었기에 그게 "마당이요, 동산이요 정원"이다. 그런데 신기하게도 작가는 산에서 아름다운 꽃이나 희귀식물보다도 유난히 할미꽃을 좋아한다. "어느 한 손길도 닿지 않은 그 꽃에서 나는 마음의 안정을 찾곤 했다." 누구의 손길도 닿지 않은 게 이유라는 건 심리적으로는 애정의 독점욕 같은 것일까. "고개 숙여 수줍게 피어있는 할미꽃(老姑草)을 좋아한다"(〈수락산의 할미꽃〉, 5-101)는 구절도 있으니 비슷한 심경의 일단이 아닐까.

산은 수많은 비밀을 알고 있다. 그러나 결코 망각하지 않는 침묵으로 숱한 사연을 안으로 삭이고 있다. 산은 짓밟혀도 침묵한다. 그리고 조용히 서서 흰 구름이 오고감을 지켜 볼 뿐이다.(〈산의 침묵〉, 5-74).

산이 무작정 좋은 곳만은 아니다. "바다에서 첫 자맥질을 했을 때, 미역과 말 등의 해초가 너풀거리는 모양을 보고 물에 빠져 죽은 여자

귀신이 머리를 풀고 있는 듯한 착각이 들어 무서워서 해초를 뜯지 못하고 올라온 적"이 있듯이 산도 시골 학동들에게는 야릇한 공포의 대상이다.

윤 작가에게 뒷산은 "자식과 며느리에게 구박받던 노인이 얼마 전 앞산 어귀에서 나무에 목을 달아매고 죽었다는 말이 생각"나서 야호! 야호! 하며 가볍게 소리 지르거나 하나 둘 하고 호령을 붙여 정적을 깨면서 무서움을 쫓던 기억이 있는 곳이다. 그러나 공포 그 자체가 삶의 난관인지라 성장하면서 산의 시련과 공포는 곧 삶의 교훈으로 다져지기 십상이다.

그게 윤 작가에게는 "비탈길을 오를 때에는 가벼운 뜀박질"을 하지만 "내리막에서는 항시 조심" 하는 습성으로 고착되도록 인격을 형성해 주었다. 바로 산행의 교훈이다. 그러다가 하산길에서는 아예 뒷걸음질을 한다.

하산길에 산등성이를 다 돌 때쯤이면 나는 뒷걸음질을 한다. 몸에도 좋다지만 정신에도 좋은 것 같다. 마냥 앞만 보고 살아가는 나에게, 매사에 돌격적인 몸가짐도 좋지만 뒷걸음질하듯이 조심스레 신중을 기하며 천천히 살아가는 지혜도 필요하다는 교훈을 주는 것만 같다.(요산요우(樂山樂友)〉, 5-481).

그렇다고 산이 마냥 좋기만 했을까. 군사독재 시절 중앙정보부의 상징으로 불렸던 남산을 두고 윤 작가는 맺힌 한을 풀어놓는다. 동국대 정보산업대학원 강의차 들락날락 하면서 만나게 된 남산. 그 수려

한 서울 시민의 영혼의 쉼터에 대한 작가의 푸념은 이렇다.

수호신이 잠든 장충단이다/따스한 5월빛/녹엽에 걸치고/조국 위해 몸바친 호국의 영이/숲 속에 잠들어 민주를 외치는데/사나운 괴한들이 칼을 들고서/싹트는 민주의 숲을 찌른다. // 살아보려 찾아온 장충단이다./못살겠다 외치는 국민대중이/고난을 등에 지고 찾아온 곳에/쉬어야 할 암자에는 불이 붙었고/독재의 독사가 생명을 노린다. //(중략) // 울고 가야 할 장충단이다/서글픈 석양의 빛 영현을 울리고/5월의 훈풍이 초목을 울리는데/초라한 상인(喪人)들의 행렬 속에는/통곡 없는 눈물에 낙조가 서렸다.

— 1957년 5월25일 국민주권옹호투쟁위원회 주최 강연회의 테러사건을 보고. (〈남산을 가벼운 마음으로 오를 날을 그리며〉, 8-89).

야당과 시민단체 구성원들로 만든 국민주권옹호투쟁위원회 주최 장충공원 시국 강연회는 흰옷을 입은 20여 만 청중이 운집, 오후 3시에 민주당 대표 최고위원인 조병옥 박사의 연설로 시작됐다. 그러나 불과 5분 후 중절모에 검은 안경을 쓴 괴한들이 연단을 비롯해 확성기 시설을 모조리 파괴해버렸다. 이 단체는 6월 1일 한강 백사장에서 강연회를 개최코자 했으나 내무부는 경비가 불가능하다며 불허했다.

작가는 이 역사적인 사건을 거론, 자유당 치하의 독재를 상기시켜 주며, "천혜의 덕을 서울시민에게 주는 은혜로운 산"인 남산을 향하여 분노를 터뜨린다.

"남산 위의 저 소나무 철갑을 두른 듯 바람서리 불변함은 우리 기상 일세." 하는 애국가의 한 구절처럼 장엄하고 근엄한 남산을 공포의 화신으로 바꾸어버린 사람들은 누구일까?(《남산을 가벼운 마음으로 오를 날을 그리며》, 8-90).

이처럼 산이 주는 미묘한 모순과 갈등 앞에서 작가는 그래도 의연히 말한다.

"만약 죽음이 나를 엄습한다면 어떤 모습으로 죽음 앞에 자신을 드러내야 할 것인가. 그러나 거기까지는 아직도 시간이 있다. 우선 삶에 최선을 다하고 나서 그 최선마저 무위(無爲)가 되었을 때는 경건한 마음으로 죽음을 맞이하자.(《일본 북알프스》, 5-25).

이 말이 씨가 되었을까. 이 글을 쓴 1987년으로부터 8년 뒤인 1995년에 그는 제1차 킬리만자로에 도전했으나, 본인의 투지와는 상관없이 아쉽게도 5150미터의 한스마이어 캠프에서 하산하지 않을 수 없었다.(《아프리카 킬리만자로를 가다》 중 〈1차도전, 잠보잠보, 안녕〉, 5-173-234).

그 5년 뒤인 2000년 여름, 다시 킬리만자로를 찾은 윤 작가는 김수환 추기경을 꿈에서 보고는 뭔가 이상한 예시를 느낀다. 그 며칠 뒤 그는 심한 복통(맹장염이 터져 복막염을 유발)으로 사경을 헤매는 속에 간신히 귀국, 22일간 입원한, 용궁 앞까지 갔다가 간신히 살아났다.

이때 윤 작가는 산이 준 생명의 교훈을 되새긴다. 헤밍웨이는 〈킬리만자로의 눈〉에서 괴저(壞疽)로 죽어가는 작가가 괴로워하다가 마침내 "옳다! 이젠 죽음에 대해서도 염려하지 말자. 언제나 무서워했던 것은 단지 하나, 고통뿐이었다" 라면서 평온을 찾는 장면을 삽입해준다.

그런데 윤 작가는 "나는 살아야 한다"라고 강변한다. 그가 살아야 하는 이유는 윤 작가답다.

> 그러나 나는 선한 사람들의 장엄하고 애도에 찬 마지막을 보고 싶고, 간사하고 악한 사람들의 마지막 죽음 길을 가는 장례도 보고 싶다. 그래서 좀 더 오래 살고 싶다.(〈2차 도전, 길만스 포인트에 한을 묻고〉, 5-287).

이때 얼마나 고통이 심했기에 글에다 꽃을 보내 준 사람부터 문병 다녀간 사람들의 명단을 일일이 밝히고 있을까. 마치 이순신 장군이 옥에 갇혔다가 석방된 날 자신을 찾아 위문해 준 분들이나 술을 사 준 분들의 이름을 나열한 것 같다.

윤 작가에게 자연은 위에서 본 것처럼 바다와 산으로 이뤄져 있고, 그것은 생의 전반부와 후반부를 상징한다.

그렇게 산에 대한 글이 풍성하지만 몇몇 산에 집중되어 있기에 일반 등산가들 누구나 쉽게 거론하는 지리산조차 안 나오지만 이 작가에게 산은 여전히 삶의 상징임에 틀림없다.

그래서 자연산수 문학의 한계를 넘어 전원문학을 창출한 도연명(陶淵明)과는 달리 윤 작가의 자연은 자신의 삶의 배경으로 작용한다. 도연명은 산수(山水)문학이 아니라 전원에 묻혀 살았기 때문에 전원문학을 이룩했는데, 윤 작가는 전원보다는 산수 그 자체를 객체화시켜 현대 독자들에게 친근감을 준다.

이제 윤 작가의 역사 인식의 심층으로 잠행할 순서가 되었다. 이런 인생관에 이런 자연관을 가진 작가가 우리 현대사를 어떻게 인식하고 있는가는 흥미로운 과제이다.

8. 식민지 체험으로서의 대일 인식

윤형두 작가는 다산 정약용의 문학관에 뿌리 했기에 전 작품을 관통하고 있는 것은 역사인식이다. 여기서 역사인식이란 역사학으로서의 접근이 아니라 당면한 민족사적인 현실 인식이란 뜻으로 정치적인 비판의식의 표상에 가깝다.

한국 근현대사는 바로 국난과 범민족적인 고통의 연대였기에 이 연배(1935년 생)의 한국인으로 서 역사의식이 없다는 것은 오히려 정신적인 기형일 수 있다. 특히 출생지가 고베(神戸)였기 때문에 민족의식은 유별나게 강하게 투영되어 가히 트라우마 수준이다.

작가의 아버지는 고향인 여수 돌산 은적암(隱寂庵)의 학승이었으나 방랑벽이 심해 정처없이 떠돌다가 서른 살에야 고베에 잠깐 정착, 현해탄을 건너온 사진 한 장을 보고 결혼했다. 윤 작가는 거기서 태어나 아버지를 따라 가나가와(神奈川)현 사가미하라(相模原)로 이사, 거기서 초등학교 3학년까지 다녔는데, 이때 겪은 민족차별로 인한 고통이 윤 작가의 역사의식의 상처로 응어리지게 되었다.

학급에서 무엇이든 잃어버린 것이 있으면 단 하나였던 조센징인 나에게로 모든 시선이 일제히 집중되었고, 교실에 떨어진 휴지나 더러운 발자국은 으레 조센징의 행위로 간주되어 버리는 것이 통례였다.

나의 책상 옆은 마늘 냄새가 난다는 이유 때문에 항상 비어 있었고 학교를 오고갈 때도 어느 누구 하나 벗하여주는 사람이 없었다.

그들은 천황을 모시고 있는 야마도(大和) 민족이며 조센징은 패망한 야만민족이라는 것이다.(〈가버린 친구〉, 1-106).

이 작품에는 나가사키 부근 어느 시골 학교에서 비슷한 곤욕을 당했던 선(善)이란 친구가 등장한다. 선이는 8.15 이후에 귀국했는데, 패전국이 되었는데도 불구하고 일본에 남아 있던 한국인에 대한 멸시는 조금도 누그러지지 않았다고 했다. 선이와 작가는 6.25 때 서울에서 순천으로 피난을 와서 함께 순천농고에 다녔는데, 결국 그는 브라질로 이민을 가버렸다.

윤 작가는 일인에 대한 분풀이로 일본 아이들과 싸우고 그들의 신을 모시는 진자(神社) 지붕 위에 방뇨를 하는 등 소란을 피우기도 하면서 적개심을 키웠다.

소년기의 이 원체험은 이후 여순사건을 비롯한 민족분단 앞에서 체질적인 민족 동질성을 강조하도록 촉진시켜 주었다.

두 명씩 짝이 되어 앉는 책상의 한 켠은 항시 비어 있기 마련인데, 담임의 강압으로 짝이 지어지져도 "하학 길에는 으레 일본 아이들 집단에게 몰매질을 당하였다."

자기들 학교에서 나가라는 것이다. 왜 역한 마늘 냄새, 김치 냄새를 교실에 풍기냐는 것이다. 그들에게 냄새를 풍기지 않기 위해 아침도 거르고 등교를 하나 그들에게는 냄새가 난다는 것이다. 담임선생의 설득으로 내 짝꿍이 되어 그 친구와 친해질 때쯤 되면 여름방학이나 겨울방학이 돌아오고, 학기와 학년이 바뀔 때마다 담임선생이 바뀌어 또 곤욕을 치르곤 하였다.(《식민지 시대의 조센진》, 8-243).

어디 그뿐이랴. "쌀과 보리는 모두 왜놈들에게 강제로 공출당하고 소나무껍질 안에 있는 하얀 속껍질을 벗겨와 조나 수수를 조금 섞어서 지은 송기밥, 쑥에다 잡곡을 섞어서 지은 쑥밥, 그 중에서도 영양가가 있다고 콩기름을 짜고 내버린, 지금은 가축의 사료(飼料)로도 쓰지 않고 거름으로 쓰는 콩깻묵에다 잡곡을 섞어 지은 콩깻묵 밥을 나는 몇 달인가 먹으면서 몇 번이나 밥숟갈을 멈추고 눈물을 흘렸는지 모른다."(1-133).

이런 대우를 받으면서도 매일 군가를 목청껏 불러댔다. "어깨를 맞추고 형님과 오늘도 학교를 가는 것은 군인들의 덕택이요 / 나라를 위한 나라를 위한 군인들의 덕택이다. / 어젯밤 가족이 모여 앉아 즐거운 식사를 할 수 있었던 것도 군인들의 덕택이요 / 나라를 위한 나라를 위한 군인들의 덕택이다. / 외롭지만 오늘밤도 어머님과 잠잘 수 있는 것도 군인들의 덕택이요 / 나라를 위한 나라를 위한 군인들의 덕택이다."

일본 군가 〈군인 아저씨 고맙습니다〉라는 노래를 함께 불렀었던 "초등학교 시절의 친구들은 지금 어떻게 되었을까?"라고 작가는 물으며 아래와 같이 쓴다.

그들은 아직도 〈야영의 노래〉의 한 구절인 "생각하면 오늘의 전투에서/피를 흘리면서도 생긋 웃고 죽어가던/전우가 일본천황만세라고 남긴 소리를 잊을 수 있을까"하고 일본인은 외치며 세계제패의 꿈을 버리지 못하고 있는지도 모를 일이다.(〈광복의 그날 그때 그 사람들〉, 8-96)

필시 아베 신조(安倍晋三)의 평화헌법 파기와 군국주의 부활 책동을 열렬히 반기며 어린 시절의 그 아득한 군가를 흥얼대며 한반도 침략 야욕에 입맛을 돋우는 건 아닐까. 반드시 그렇지 않다고는 말 못할 불길한 정황들이 윤 작가의 글에서는 속속 등장한다. 윤 소년은 일본에서의 초등하교 시절을 이렇게 회억한다.

나는 운동장에 쓰러져 일본의 하늘을 보며 비로소 조국이 무엇인가를 절감했다. "오냐! 두고 보자 쪽발이들아! 기어이 오늘의 원수를 갚으마!" 나는 일본의 하늘을 향해 침을 뱉었다.(〈망각증〉, 8-300).

일본에서 이런 수모에 종지부를 찍은 건 현명했던 그의 아버지 덕분이었다. 윤 작가의 아버지는 건강 악화에다 전세(戰勢)가 점점 일본에게 불리하다는 점을 간파하고는 서둘러 귀국(1944)했고 이내 8.15를 맞았다.

그 사무친 한은 나라를 빼앗기는 처지라면 조부님이 일개 무명의 의병(義兵)이라도 되어, "나라 없는 우리 동포 살아 있기 부끄럽다/땀 흘리고 피 흘려서 나라 수치 씻어놓고/뼈와 살은 거름되어 논과 밭에 유익되네/부모 친척 다 버리고 고향 떠난 동지들아/백두산에 칼을 갈고 두만강에 말을 먹여/'앞으로 갓'하는 소리에 승전고 높이 울려 등

등 만세 만세"라는 〈복수가〉를 목청껏 불러대는 항일(抗日) 투사라도 되었다면 역사에 부끄럽지 않았을 거라며 비판의 화살을 자신에게로 돌린다.

영화를 누리기보다는 하늘을 우러러 한 점 부끄러움도 없는 생애를 마치신 분은 과연 몇 분이나 되실까? 어려운 현실을 애써 외면하며 그저 안일하게만 살아가는 오늘의 나를 가리켜 천년 후의 후손들은 또 무엇이라고 말들 할까?

한 세대를 화려하게 풍미하지는 못할망정 비록 백두(白頭)나마 역사 앞에 떳떳하게 살고 싶은 것이 내 작은 소망이고, 그 소망이 욕심으로 넘치는 일이 없도록 자신을 꾸준히 지키는 것이 오늘의 내가 해야 할 일이란 생각이 더욱 강렬해짐은 어인 일일까.(〈가문(家門)〉, 1-62-63).

나라 못 지킨 못난 조상이 후손 고생시킨다는 걸 체험한 작가인지라 일제 식민 통치에 대해서는 가차 없이 분노와 비판의 붓을 활달하게 휘두른다.

그러나 독립만세의 여운이 사라지기도 전에 조국 강토는 친일 잔재들에 의하여 시들어가기 시작했다.

"해방이 되자 일본 사람들은 패전국민의 설움을 안고 쫓기듯이 한국을 떠났다. 그 모습을 본 나는 참으로 통쾌한 복수를 하였다는 승리감에 젖었고 그런 기분이 영원히 갈 줄 알았다. 그러나 6·25전쟁이 터지고 일본에서 들어오는 일제 밀수품들이 한국 사람들의 정신을 앗아가기 시작

하자 또 일본인들에게 놀림을 당하는구나 하는 생각이 들었다.(〈광복 60
년과 일본〉, 8-238).

관동대지진 때 죽창(竹槍)에 찔려 피를 토했던 동포들의 절규, 서
대문 형무소를 비롯한 여러 곳에서 형장의 이슬로 사라져간 독립투사
들, 중국 대륙과 동남아시아, 그리고 남태평양 군도의 여러 전선에서
사라져 간 청년들… 이들을 언급하며 작가는 "우리 모두들 배웠고 기
억하고 그리고 체험했었다. 그런데 그 일들을 잊어가고 있다"고 경고
한다.(〈망각증〉, 8-301).

식민지 체험 세대가 지닌 이런 역사 인식은 일본 군국주의 부활에
따라 점점 날카로워지기 마련이다. 그 결과 윤 작가는 서재필(徐載弼)
에 대하여 매우 냉소적이다. 김옥균과 같이 갑신정변을 일으켰던 그
는 역적으로 몰려 처형당한 가족을 뒤로 한 채 도미했으나, 8.15 이후
"독립문 건립 50주년 기념식(1947년 11월 23일)에서 내 나라 말을 잊어
버리고 통역을 통하여 기념사를 하였으며 이름마저 '제이슨'으로 바
꾸었다는 소식을 듣고" 작가 윤형두는 자못 흥분하였다.(〈가버린 친구〉,
1-107).

윤형두 작가에게 일본은 심정적이며 정서적인 혐오와 반감을 야
기시키는 대상일 것이다. 그래서 식민통치의 잔혹성만이 아니라 책을
약탈해 간 사실을 구체적으로 언급하기도 한다. 더 소중한 약탈을 두
고 굳이 책을 거론한 건 이 작가의 직업의식 탓으로 본다.

외형적인 감투는《경성일보(京城日報)》감독이었으나 실제로는 식
민지 조선 언론 통폐합과 친일문화 통치의 주역으로 일본의 괴벨스라

는 별명을 가진 도쿠토미 소호(德富蘇峰)가 "1930년 5월 도쿄에서 있었던 강연회에서 임진왜란 때 빼앗아간 책들이 동경(東京) 간다(神田) 진보쵸(神保町, 서점가)에 몇 개의 서점을 차릴 정도였다"고 한다. 임진왜란 때 서적 약탈을 지휘한 무장은 우키타 히데이에(宇喜多秀家)인데, 그는 한성부(漢城府) 점령사령관으로 조선인의 코를 베어 자신의 고향 오카야마(岡山)에 코무덤을 만든 반인륜적인 범죄자이다.

그는 경복궁내 교서관의 주자소에서 금속활자와 인쇄기를 약탈해 도요토미 히데요시(豊臣秀吉)에게 바쳤을 뿐만 아니라 숱한 서적을 가져갔다.

그 책들은 임진왜란 후 일본에서 권력을 잡은 도쿠가와 이에야스(德川家康)가 모두 수집하여 에도(江戶, 현 도쿄) 성내에 모미지야마 붕코(紅葉山文庫)를 만들었고 그가 시즈오카(靜岡)로 은퇴한 1602년에는 스루가 붕코(駿河文庫)를 만들어 일본의 정신적 지주가 된 하야시 라잔(林羅山)에게 맡겼다.(〈일본에 있는 한국 고서〉, 2-223-224).

세월이 흘렀다고 한일 관계는 개선되었을까?

성노예 할머니들의 절규를 10억 엔으로 침묵시키려는 한일 두 나라 정상은 이제 동 아시아에 다시 전운을 불러일으키는데 손을 잡은 것은 아닐까.

이런 시대가 도래하리라고 윤 작가는 예견했을까? 그랬던 것 같다. 자유당 독재 치하에서 그는 열혈청년들과 평화동지회라는 단체를 만들어 아래와 같은 시를 읊었다니 말이다.

우리들은 "잘 있거라/그리고 조국(祖國)이여/태양에 안긴 땅이여/동해의 진주/잃어버린 에덴의 정원이여/사랑하는 필리핀이여/들어라/나의 마지막 인사를/나는 압제자의 앞에 꿇어앉아 노예가 없는 곳으로 가느니라…"고 스페인의 식민통치를 반대한 필리핀의 영웅 호세 리잘이 처형 직전에 읊은 시를 외우면서 흥분하기도 하였다.(《야생화 피는 가을이 오면》, 1-115).

윤 작가가 다룬 일본에 대한 작품들을 다 읽고 나면 이 작가의 모든 현실 인식이나 민족사에 대한 가치 평가는 이 문제에서 출발함을 느끼게 된다. 그런데 기묘한 현상은 일제 식민 체험이 21세기식 신식민주의(Neocolonialism) 의식으로는 승화되지 않고 있다는 점이다.

9. 이데올로기의 비극적 체험 수필들

이 범주에 드는 작품들의 배경은 다 여순사건과 한국전쟁을 다룬 것들이다.

윤형두 작가의 고향이 왜 하필 여수냐고 묻는 것처럼 어리석은 질문은 없으리라. 그러나 그의 전 작품을 통독하고 나면 이 사실 역시 일종의 역사적인 필연이 아닐까 싶은 상념이 스친다. 식민지의 본산 일본에서 온갖 학대를 당했던 소년이 모국의 고향에서 혼쭐 난 첫 경험은 여순사건(麗水順天事件, 1948년 10월 19일)이었을 것임은 불문가지다. 이 사건이 얼마나 잔혹하게 탄압받았기에 그 12년 뒤에 전국적으로 일어난 사월혁명 때 유일하게 시위를 기피했다고 전할 정도일까. 지금은 현대사의 상식처럼 이 사건의 개요가 널리 알려져서 그 주도 세력에 박정희도 가담했다는 것까지도 모르면 무식꾼으로 몰릴 판세지만 한 세대 전만 해도 어림없는 현대사의 터부영역이었던 여순사건이 아닌가. 전병순의 장편《절망 뒤에 오는 것》부터 조정래의《태백산맥》에 이르기까지 현대 분단극복 문학의 중핵을 이룬 소재인 여순사건을 윤형두 작가가 몸으로 부닥친 건 중학 1학년 때였다.

윤 작가는 그때 낮에는 조선소에서 일하며 야간중학엘 다녔는데, 교사는 "충무공의 노량해전 대첩시 승리를 알리는 종소리와 북소리를 연 3일 내었다고 하여 이순신 장군이 종고산(鐘鼓山)이라 이름 하였다는 진산(鎭山)의 기슭에 있는 진남관(鎭南館)이었다." 허술한 판자로 칸막이를 한 채 전기 사정이 좋지 않아 가스등으로 공부하던 시절이었는데, 집이 있는 섬 마을 돌산에는 나룻배를 타야만 했기에 늦은 날은 친구의 고모님 댁에서 자곤 했다. 그 날도 밤이 늦어 배가 끊기자 고모님 댁에서 자고는 새벽 일찍 집에 가려고 배를 타러 부둣가로 나가던 참이었다.

이상하게 파출소 앞에서는 정복을 입지 않은 경찰이 서류 같은 것을 태우고 있었는데, "그의 얼굴은 급박한 상황에 쫓기는 듯, 그러면서도 모든 것을 체념한 침울한 얼굴이었다." 경찰서 앞을 지날 때는 그 넓은 광장에 무수한 필름들이 풀려져 널려 있어 "오싹하고 소름이 끼쳤다."

담 밑을 지나려는데 가느다란 사람 소리가 들렸다.

"물, 물"하는 신음 섞인 소리였다. 우리(친구와 함께였다)는 발걸음을 멈추고 서로의 얼굴을 보았다. 그리곤 소리 나는 곳으로 다가갔다. 검은 정복을 입은 경찰이었다. 거의 의식을 잃은 것 같았다. "물, 물"하고 또 가느다란 소리가 흘러나왔다. 우리는 어둠 속에서 눈짓으로 말했다. 같이 물을 구해다 주자고. 몇 발자국인가 인가(人家) 쪽으로 발을 떼었을 때, 고요를 찢는 총소리와 함께 붉은 총알이 머리 위로 날아왔다.(〈산 메아리〉, 5-66-67).

1948년 10월 20일 새벽이었다. 이렇게 윤형두 작가는 여순사건과 첫 대면을 하게 되었다. 검은 트럭이 다가오자 도망쳤고, "9월에 입학(당시 입학식은 9월)을 하여 부푼 꿈이 자라기도 전에 나는 동족상잔의 짙은 피내음을 맡았다."

"그때 물을 달라던 그 경찰에게 내 목숨의 안위 때문에 물을 갖다 주지 못한 것이 긴 세월이 지난 오늘에도 갈매기가 한유로이 날고 있는 바닷가에 있을 때나 새벽 산길을 혼자 거닐 때면 문득문득 생각난다."(5-67-68).

이 대목은 매우 중요하다. 이념적인 잣대가 아닌 보통사람의 도리로서의 인도주의가 이 작가에게 소중한 가치기준으로 자리매김하는 원체험이 바로 이 장면이기 때문이다.

그 일주일 후 국군이 들어가 사태를 수습하는 과정을 작가는 이렇게 증언했다.

우리 동네에 살던 젊은 청년 일곱 명이 여수 종포초등학교 교정에서 많은 동네 사람들이 지켜보는 가운데 목베임을 당해 죽었다고 한다. 그

때 나는 우리 마을에서 20킬로미터쯤 떨어진 큰댁에 피난을 가 있어 그
광경을 보진 못했지만 목격자들의 말에 의하면 너무 비참했다고 한다.
처형장 옆에 큰 구덩이를 파놓고 목 잘린 시체를 그들의 부모로 하여금
옮겨 묻게 하였다는 말을 들었을 때는 참으로 소름이 끼쳤다.(〈마라도나
의 우정〉, 1-298).

그 유족들의 후일담을 작가는 풍문처럼 간결체로 전해주는데, 그
건 남북 분단의 독재 치하에서 많은 사람들이 겪었던 이력서와 똑같
다. 그들 대부분은 삶의 터전인 고향을 떠났고, 신원조회로 직장을 구
하는데 어려움을 겪었고, 그래도 어려워 여기저기 떠돌던 인생들.

여순사건의 원체험은 일제 식민 치하의 유년기 체험 위에 덧씌워
진 공포감으로 윤 작가가 정치에 투신 않은 심리적인 배경이자 시민
사회운동에서도 일정한 원심력을 설정하는 이유가 될 법하다. 더구나
여순사건 이후 바로 겪게 된 한국전쟁 체험까지를 추가하면 이 연배
의 인간상들이 지닌 살얼음 위 걷기의 처세술을 십분 이해할만 할 것
이다.

윤 작가가 중3때 맞은 한국전쟁은 이제까지의 모든 잔혹성과 비
인간화를 능가하는 아비규환이었다.

그 해 초여름 어느 날 동이 틀 무렵, 작가의 어머니가 어서 일어나
"고개 너머 모래밭에 시체가 많이 밀려왔다는데 가보자는 것"이었다.
덜 깬 잠을 쫓으며 해변으로 뛰어가 본 그 광경, "모래사장에 많은 시
체가 잔잔한 파도에 밀려와 반쯤 바닷물에 잠긴 채" 너울거리는 그 참
경을 작가는 아래와 같이 묘사한다.

그 시체들은 모두가 굵은 밧줄로 양어깨와 팔이 묶여 있었다. 어머니는 마치 신들린 사람처럼, 모래톱을 핥고 있는 시신(屍身)의 얼굴을 쳐들어 보시는 것이었다. 이상한 점은 여자들의 얼굴은 한결 같이 하늘을 향해 있는데 남자들의 얼굴은 모두가 밑으로 향한 채 엎어져 있다는 사실이었다. 해가 제법 높이 솟아 햇볕이 따가워질 무렵까지 어머님은 정신없이 시체들을 뒤적거리다 모래사장에 털썩 주저앉고 마셨다. 그리고 긴 한숨을 내쉬며 눈물을 흘리시는 것이었다.(〈얼룩진 동심〉, 1-262-263).

어머니에게는 일찍 세상을 뜬 친오빠 때문에 친정 혈육으로는 그중 가까웠던 육촌 오빠가 한 분 있었는데, 6·25 직후 연행, 행불됐다는 것이었다. "보도연맹에 가입한 사람들과 같이 경비정에 실려 어디론가 떠났다"는 소문도 있었다는 대목으로 미뤄볼 때 보도연맹도 아니었다는 풀이다.

그런 참화를 당한 어머니이고 보니 아들을 얼마나 끔찍이 건수했겠는가. 윤 작가는 "큰댁에 피해 있으면서 낮에는 배를 타고 멀리 바다로 나가 조기 낚시를 했다."

"금오도가 보이는 남해 바다 위에서 수십 척의 돛단배가 돛을 내리고 조기를 낚고 있었다. 거의가 공산당원들을 피해서 바다로 나온 사람들이었다." 바람 한 점 없는 쾌청이라 제법 평화로운 풍경이었는데, "남쪽에서 호주기라 불리던 제트기 한 대가 장대처럼 뾰족뾰족 솟은 돛대"를 스치듯 지나가자, "모두들 일어나 손을 흔들고 '대한민국 만세'를 불렀다. 막혔던 가슴이 확 트이는 듯 신나서 비행기가 사라진 뒤에도 만세를 불러댔다. 그런데 잠시 후 사태는 급변한다.

다시 나타난 10여 대의 제트기가 번갈아가며 무차별 사격을 가하는 것이었다. 배는 한두 척씩 침몰되고 사람들은 물속으로 뛰어들어 헤엄치기 시작했다.

(…)

나는 해심(海深)을 향해 깊이깊이 무자맥질을 하였다. 비행기가 지나갔을 때쯤 해면으로 떠올라 심호흡을 하고는 비행기가 다가오면 또 무자맥질을 하였다. 그러면서 멀리 보이는 뭍을 향하여 헤엄쳐갔다.(《추상(追想)》, 1-54-55).

작가는 해변까지 간신히 헤엄쳐 닿아서는 기절, 마을 사람들의 웅성거림으로 의식을 회복했다. 이 체험은 그에게 전쟁이란 적군과 아군도 없는 비인도주의적인 야만 행위임을 각인시켜 주었다. 고향 돌산이 명승지로 개발되어 숱한 사람들이 드나들지만 "내 머릿속에 담긴 이런 추상만은 지우지 못할 것이다"라고 이 글은 끝맺는다.

보도연맹 가입자도 아닌 외갓집 아저씨의 희생과, 적군과 아군을 구분 못한 미 공군기의 오폭 사건은 청소년 윤형두에게 약소민족의 비극에다 그런 나라에 살아갈 수밖에 없는 풀뿌리 민중들의 삶이 얼마나 부평초 같은가를 절감케 했을 터이다.

이것만으로도 시대적인 교훈은 충분하건만 그에게는 이보다 더 황당한 사건을 보너스로 체험하게 된다.

고교 1학년 학기 말이니 휴전(1953)되기 전이라 전선은 남북으로 오락가락 할 때였다. 아닌 밤중의 홍두깨처럼 한 친구가 "무장한 경찰 두 명과 함께" 나타나 졸지에 윤형두 학생은 경찰서로 끌려갔다. 이럴 때면 예나 지금이나 왜 그러냐고 따지고 대들수록 돌아오는 것은 매타작뿐이다.

취조관이 불쑥 내놓은 범죄는 "내가 써준 연애편지"였는데, 그 자초지종은 코미디 수준이다. 연서의 수취인은 전화교환수 소녀였는데, 그런 편지로 "교환수를 유혹하여 정보를 빼내어, 빨치산들에게 그것을 제공하려 했다"는 취지였다. 요즘 식으로 말하면 꼼짝 못할 간첩혐의다.

윤 작가의 친구들이 자주 모이던 집이 경찰서와 담 하나를 사이에 두고 있었는데, 그 담을 끼고 마주한 곳이 교환실이었다. 친구 하나가 한 교환수를 좋아해서 그녀에게 보낼 연애편지를 윤 작가에게 부탁하기에 작가는 "춘성 노자영(春城 盧子泳)이 펴낸《미문서간집(美文書簡集)》의 틀에다가 미사여구를 섞어 편지"를 써주었는데, 그게 화근이 된 것이다. 워낙 흥미진진해 좀 길지만 이 대목을 그대로 옮겨보기로 한다.

그 편지가 공개되자 그 교환양은 부끄러움에 울음을 터뜨리게 되었고, 그녀의 애인이었던 순경과 우리 친구들 사이에 언쟁이 붙은 것이 확대되어 모두가 한밤중에 경찰서로 연행된 것이다. 연행된 후 그 순수했던 동기가 계엄하의 삼엄했던 상황이라 혹 오열(五列)의 조종이 아니었나 의심받게 되었고, 취조가 심해지자 그날 그 곳에 없었던 나에게 악의 없이 모든 책임을 전가하고 만 것이다. 그 때 전기고문을 하겠다는 위협에 새파랗게 질려 사시나무 떨 듯 떨어대던 빡빡머리 친구들도 이젠 옛날을 회상할 초로(初老)의 나이가 되었다.(〈비갠 아침처럼〉, 1-104).

독자들은 이 대목을 순수하게 받아들일 수 있을지 자못 궁금하다. 아무리 읽어봐도 평론가인 내 눈에는 권력 남용을 밥 먹듯 하는 한 경찰이 자기 애인 교환수를 옴짝달싹 못하게 틀어잡는 일방 자신의 권세가 알마나 기세등등한가를 연인에게 실연으로 관람시켜준 막장 드라마로 풀이된다. 윤 작가는 "나를 제외한 모두가 그 지방 유력인사의 자제들이란 것이 확인되어 풀려난 것이다"고 했는데, 결국 그런 빽이 없었던 윤 작가라 엉뚱한 곤욕을 치른 셈이다.

이 사건을 굳이 조곤조곤 따지는 이유는 한국 사회가 지닌 레드 콤플렉스(Red complex)가 그때나 지금이나 별로 달라지지 않았다는 점을 부각시키고 싶어서이다.

윤 작가와 같은 연배들, 작든 크든 다들 일제 시대하 한국전쟁을 겪었을 세대들이 지닌 그 역사의식을 이 사건으로 가름할 수 있을 것 같다. 같은 세월을 살아왔으면서도 윤 작가처럼 열린 시각을 가질 수 있다는 게 얼마나 역사 앞에 떳떳한가.

한국전쟁을 겪으면서도 레드 콤플렉스에 물들지 않은 또 한 편의 멋진 작품이 있다. 〈회억의 크리스마스〉는 휴전 직후인 1954년 겨울의 한 서정적인 역사를 다루고 있다. 작가는 고교를 졸업하고 대학 진학은 경제 사정으로 포기한 상태였다. 친구의 부름을 따라 고향에서 백여 리 떨어진 곡성군 목사동면의 산골에서 한 겨울을 나기로 한 것이다. 곡성은 휴전 직후까지도 빨치산이 출몰했던 험지 중 하나다. 거기서 윤 작가는 물레방앗간과 교회엘 자주 드나들며 소일했다. 몇 년간 전쟁의 혼란으로 전혀 즐겁게 보내지 못했던 크리스마스가 다가오자 온갖 준비로 마을 사람들은 들떴다. 목사의 설교가 끝나자 "백발이 성성하신 장로님께서 간절한 기도"를 올렸는데, "같은 민족이 같은 민족을 죽이는 민족적 비극이 하루 속히 끝나고 이 마을에 영원한 화평을 주시며 궁핍과 핍박에서 벗어나게 하여 달라는 목멘 기원" 중 "어디선지 몇 방의 총소리가 산 메아리를 타고 들려왔다."

작가에게는 "물레방아가 돌아가던 그 마을과 원정(元亭)교회의 크리스마스 트리"가 지금도 잊혀지지 않는다. 특히 "장로님의 가슴에 맺힌 기도 소리는 지금도 나의 귀를 스치고 지나간다. 이 민족의 통일을 그렇게도 염원하시던 그 목멘 음성이…"(《회억의 크리스마스》, 1-202).

그런제 작가는 이 작품의 끝마무리를 이렇게 맺는다.

이제 나는 크리스마스 트리에 둘러서서 불렀던 찬송가도 잊어가고 있다. 손에 파랑 물감이 들어 씻기지 않는다고 울상을 하던 처녀도, 소나무를 송두리째 뽑아 둘러메고 온 우람한 총각의 얼굴도 모두 잊어가고 있다.

그러나 나는 왜 산 너머에서 들려온 총소리와 통일을 염원하던 그 음성은 잊지 못하고 있을까?(《회억의 크리스마스》, 1-202-203).

총소리와 장로의 음성을 대비시켜 민족분단의 현실적인 비참상과 그 극복을 위한 민초들의 염원을 동시에 부각시킨 기법이다.

10. 반독재 민주의식의 작품들

윤형두의 작품에는 자유당 독재에 대한 신랄한 비판의식은 여순사건과 한국전쟁이라는 냉전 이데올로기 문제로 상징화되어 그려진다. 냉전체제 하의 가장 친공적인 반공정권인 이승만은 레드 콤플렉스 하나만으로 통치철학을 전횡했다. 어떤 악도 반공을 위해서라면 선으로 둔갑할 수 있었던 시대가 이승만 독재시기였고, 이를 더 악화시킨 게 박정희 군사독재였음은 이미 입증된 대로이다.

윤 작가는 한국전쟁까지 겪은 이후 본능적이고 체질적으로 민주주의를 갈망하는 청년으로 변한다. 그는 민주주의를 단적으로 표현한 경구들 중 "민주주의는 자기를 팔 만큼 가난하지 않고 남을 살 만큼 부유하지 않은 사회에서만 꽃필 수 있는 정치제도"라고 한 장 자크 루소의 말을 중시한다.(〈가난〉, 1-215).

그가 이 말을 중시하게 된 배경에는 "해방 이후 나는 민주주의란 말을 귀 아프게 들어왔다"는 체험에서 우러난다. 그가 직접 체험한 민주주의의 정의는 이렇게 요약된다.

여수 14연대 반란사건, 6·25동란을 통하여 공산주의는 나쁜 것이며 민주주의는 승리를 뜻하고 국민을 잘 살게 하는 정치제도라 들었으며 4·19는 민주주의를 만개하게 한 혁명이라 했고, 5·16은 더 나은 민주주의 국가를 건설하기 위하여 자기를 팔 만큼의 가난이 없는 풍요한 사회를 이룩하겠다고 공약하였다.(〈가난〉, 1-216).

그런데 윤 작가가 고향을 떠나 서울에서 살아본 바로는 한국이 민주주의가 아니라 혹독한 독재에다 부패가 만연했고, 역사의식이나 민족의식도 없는 정치로 비춰졌다.

윤 작가가 사월혁명을 만난 것은 제대 후 시골에서 축산에나 투신해볼까 고려할 즈음이었다.

집권 민주당 당보《민주정치》의 편집을 맡은 그는 여당 정치인들과 깊숙한 인연을 맺게 되어 인생행로에 파란 신호등이 켜지는가 싶었을 때 5·16쿠데타가 일어났다. 여기서 그의 삶은 예기치 않은 노선을 선택하게 된다. 어제까지 여당이었던 집권 민주당은 야당으로 전락하고 사월혁명으로 역사에서 영원히 사라져야 했던 친일 독재 세력의 주축이었던 자유당이 쿠데타 세력에게 발탁되었다. 그는 쿠데타 세력으로부터 동참 유혹도 받았으나 뿌리치고 책장사로 직업을 바꿨다. 이 역사적인 대격변기의 심경을 밝힌 글이 〈5·16이 나던 해〉이다. 여당 당보 편집을 맡았던 그가 관훈동 입구의 민주당 본부로 들어가려는데 완장을 찬 군인들이 M1총 개머리 판으로 가슴을 밀치면서 막았다. 사물조차도 손 못 댄 채 쫓겨난 이 허망한 역사 앞에서 인간은 누구나 허망함과 무력감을 느끼게 된다. 그는 쿠데타 세력으로부터 받은 유혹의 끈을 피해 6개월 가량 피신했는데 그 심경을 이렇게 적었다.

나는 남달리 민주의식이 있었던 것도 아니다. 또 군사정권을 혐오할 만큼의 정신적 성숙이나 정치적 식견이 있었던 것도 아니다. 단지 내가 그들과 어울리면 내가 존경하던 사람과 또 내 주변에 있던 사람들과 멀어진다는 사실이었다.

나는 세상을 살아오면서 몇 번의 변혁기를 맞았지만 내가 살던 방식대로 내 생이 끝날 때까지 살아야겠다는 생각을 한다. 배신이란 말보다는 양심이란 말이 좋아서다.(〈5.16이 나던 해〉, 3-144).

진솔하고 담백하며 정갈한 글이다. 이런 게 윤 작가 수필의 매력
이다. 장황과 과장과 너스레가 들어갈 법한 그 격변기를 이렇게 담담
하게 처리할 수 있다니.

그는 이런 개인적인 친소관계나 정서를 떠나 "5·16군사혁명에 가
담한 군인들은 구악을 일소한다는 명분을 앞세워 국민으로부터 합법
적으로 위임받은 정권을 탈취하였다."는 역사적인 시각에서 낯선 비
판의식을 지녔었다.

특히 '구악 일소(舊惡 一掃)'라는 구호에 대하여 민주당 정치인들의
결백을 강변했다.

　　그 시절 민주당 당수였던 신익희·조병옥 박사의 청렴결백했던 사생
활은 모든 정치인의 귀감이 되었으며, 민주당 정권 시절의 총리였던 장
면 박사의 재산은 수십 년 살아온 명륜동의 한옥 한 채뿐이었고, 대통령
이었던 윤보선 씨는 안국동 집에 있던 항아리를 청와대로 옮겨와 쓰다
돌아올 때 다시 가져올 정도로 국고를 아꼈다.

　　그리고 5·16군사혁명 당시 부정축재로 연행되었던 민주당 정권의
김영선 재무, 주요한 상공부 장관 역시 아무리 뒤져 봐도 한 점 의혹이
없었다는 것이다.(〈역사의 역리(逆理)〉, 3-203).

5·16은 그가 지녔던 "20대에는 정치가가 되어 보려 정치인 주변
을 맴돌았던" 꿈을 몰아냈다.《신세계》기자 시절에는 주로 야당 투사

의원들에게 원고청탁과 취재를 하면서 "정치에로의 꿈을 키웠다." '3
·1 청년학생동지회'를 조직, 홍보 책임을 맡았고, 사월혁명 뒤에는 '4
·19민주정신 선양회'에 가입, 활동했다.(《정치의 계절》, 3-197-198). 이런
모든 꿈을 접게 만든 게 5·16이었다.

　그러나 운명은 그를 소시민으로 행복을 만끽하도록 내버려두
지 않았다. 야당인 민주당 김상현 의원과 월간 《다리》를 발간한 것은
1970년. 바로 그 이듬해에 세상을 떠들썩하게 했던 《다리》지 필화사
건으로 그는 옥고를 치렀다.

　　5사상 29방. 벌써 10년이란 세월이 흘렀는데 아직도 잊혀지지 않는
곳이다.
　　서대문구치소 영내 중간쯤에 위치한 회색 건물 2층, 동편으로 가장
끝 방. 일제하에는 그 방에서 많은 독립투사들이 영어(囹圄)의 생활을 하
였다고 한다.(《5사 상 29방》, 1-274).

　지금의 독립공원 터에 있었던 서대문 구치소의 5사는 헐어버려
사라졌다. 나도 1974년에 5사 하에 있었는데, 윤 작가는 나보다 3년
선배로 5사 상층에 있었다.
　그는 이 작품에서 전혀 투사티를 내지 않고 감방의 구조와 풍속
도, 악취 등을 묘사해준다. 그러던 어느 날, 검사 취조를 받으러 검찰
청에 소환당해 가서는 비둘기장에 갇혀 하루 종일 대기하고 있었다.

　　하루 해가 거의 다 간 것 같은데도 검사는 부르지 않고 인기척도 서

서히 사라지고 적막이 흐르기 시작하였다. 빛과는 완전히 차단된 곳이었지만 바깥에도 어둠이 깔려오고 있다는 느낌이 들었다. 또 시간이 얼마쯤 흘렀다.(〈5사 상 29방〉, 1-277).

속칭 '불러 조지기'로 허탕 친 날이다. 문제는 비둘기장의 모든 형리들이 수감자들을 데리고 나가버려서 혼자 남게 된 것이었다. 혼자 갇힌 사람이 있는 걸 잊어버린 것이다. 포승줄에 묶인 데다가 수갑까지 채워진 사람은 쥐도 겁내지 않고 대담하게 다가오는데, 그 쥐가 가까이 올수록 무서워진다. 갇힌 채 쥐에게 위협당하던 그는 "여기 사람 있어요!"라고 계속 고함을 질러서야 호송차에 실려 구치소로 돌아갈 수 있었는데, 그 순간의 심경은 아래와 같다.

이윽고 서너 평 남짓한 감방에 들어서자 나는 그곳이 무한한 우주 같은 착각에 빠져들었다. 우주복을 입은 우주비행사가 우주선을 타고 푸른 하늘을 선회하듯, 나는 시간 가는 줄 모르고 그 좁은 방을 몇 바퀴인가 돌고 돌았다.(〈5사 상 29방〉, 1-278)

그렇게 조그맣고 초라하며 더러운 감방이 불과 한 낮 동안의 외출에서 돌아오자 아늑해지는 그 심정! 참으로 인간이란 이렇게 연약한 존재인가.

1971년 4월 27일 대통령 선거가 끝나자 "4월 30일부터 매주 재판이 열렸다. 5월 14일 법정에 들어서는 목요상 판사의 모습은 다른 날에 비해 더욱 근엄하고 침착하게 보였다. 그 날도 검찰측이 다른 사건

수사를 이유로 재판 연기를 신청하자 목요상 판사는 윤재식과 나에 대해 직권으로 보석을 결정하였다.”(《끝없이 보내는 흠모》, 1-290).

김대중 대통령 후보에 대한 책 등 각종 홍보 자료의 제작 총책을 맡은 윤형두 작가를 가둬서 활동할 수 없게 하려는 술책임이 여지없이 드러난 셈이다. 이로써 2월 11일 연행되었던 윤 작가는 선거가 끝난 5월 14일 보석으로 풀려났다.

이 사건의 후일담은 한국 사법사와 언론사에서 너무나 유명하다. 양심적인 목요상 판사의 단독 재판의 손에서 이 사건을 떼어내고자 검찰은 합의부 이송 요청을 끈질기게 했지만 기각당했다. 목요상 판사가 무죄를 선고한 것은 7월 16일이었다.

바로 그 이듬해인 1972년은 7·4남북공동성명으로 국민들의 가슴을 부풀려 놓고는 불과 석 달 뒤에 유신독재로 표변했는데, 그해 겨울 윤형두 작가는 “도망을 다니다가 중앙정보부 요원에게 붙들려 개 끌리듯이 남산”으로 끌려갔다. 김동길 교수의 수필집《길은 우리 앞에 있다》는 김지하 시인의 표지화가 늦어져 계엄선포 직후에야 출간되었다. 계엄선포로 모든 간행물은 검열을 전제로 했지만 다급해진 윤 사장은 그대로 풀어버렸고, 이로써 그는 수배령을 당한 것이다.

남산에 들어서자마자 “뭇사람들의 주먹과 구둣발에 맞고 채여 나는 혼비백산이 되었다”고 하였다.

그 곳에서 참기 어려운 취조와 고문이 시작되었다. 맨바닥에 꿇어앉히고 양다리 사이에 각목을 끼워놓고 각목을 밟아대는 것이다. 다리가 부러질 것 같은 아픔, 악마저도 지를 수 없는 고통이었다. 그 고통 속에서도 내 의지를 꺾지 않으려 발버둥 쳤다. 고문이 끝난 후 사면이 가려진 깜깜한 지하실에 갇혔다.(〈남산 지하실〉, 8-33).

이후 출판에만 전념했지만 유신 치하의 검열제 때문에 그의 수난은 이후에도 계속됐다. 범우사의 판금 도서 목록에는 마르쿠제, 미테랑, E. H. 카 등등이 있는데, 시선을 끄는 대목은 E. 프롬의 《건전한 사회》일 것이다. 동아일보 퇴직 기자가 찾아와 초판 5천부에 재판 1만부를 찍어달라며 원고료가 아닌 인세 10%를 요구해서 거절하자 "변절했느냐고 나를 다그쳤다. 책 판매금을 동아투위 기금으로 삼아 독재에 항거하는 언론 투쟁을 위해 쓴다는 것이었다." 더 이상 거부할 수가 없어서 제작에 착수하자 바로 관계기관원이 "좌익학생들의 교과서"라며 출간 불가라고 협박했지만 그대로 출판을 강행했고, 동아투위가 적극 판매에 나서주었다.(〈활자와 더불어 25년 그후〉, 2-46-48).

민주주의에 대한 인식을 바탕한 윤형두 작가의 작품은 유신시대에 초점이 주어져 있다. 그 이전 시대, 이승만 독재에 대해서는 종종 언급되고 있지만 그 이후 시대에 대한 작품은 드물다. 그의 생애 중 후반기로 접어들면서 여행과 등반이 중요한 비중을 차지하면서 주제와 소재가 그리로 옮겨간 게 가장 큰 원인일 것이다.

11. 사람과 책의 세계

수필가 윤형두의 영혼의 성장에는 시대적인 배경이 가장 막대한데, 그 문제는 이미 위에서 살펴보았다. 그 다음으로는 흘러간 많은 인간상들과 책을 들 수 있다. 벗이 좋아 범우(汎友)라는 출판사를 세울 정도이니 그 주변 인물들을 다 거론하기에는 역부족이고, 작가 자신도 너무나 가까운 유명인에 대해서는 오히려 붓을 아끼고 있기 때문에 여기서는 수필문학적인 소재로 적합한 몇몇 인물들을 부조(浮彫)해 보는 것에 그치려 한다.

사람을 소재로 가장 빈번하게 다룬 건 어머니에 대한 회상이다. 〈나의 어머니〉, 〈인고의 주름〉, 〈회상 속의 아버지〉 등에서 윤 작가는 개인적인 한 어머니로서의 모습을 그리기보다는 모든 한국의 가난한 농어촌 어머니상으로서의 모성을 부각시켜주고 있다.

방랑벽의 아버지가 일찍 돌아가신 이후의 자식에 대한 교훈과 애정으로서의 모성은 사회적인 격변기를 살아온 '우리' 모두의 어머니가 겪는 고난 바로 그것의 상징으로 인식된다. 일본 신사 지붕에서 오줌을 싸서 소란을 부린 아들에게 꾸중 한 마디 않은 장면과, 서커스 구경을 다녀온 아들을 호되게 꾸짖는 어머니상은 매우 감동적이기까지 하다.

바다에 비유한 어머니에게 익힌 인간애와 삶의 깊은 폭은 수필가 윤형두에게 자연과 세계를 관조하는 여유와 그러면서도 불의에 굽히지 않는 투지력이다.

일본에서 다녔던 초등생 때의 일인 교사에 대한 추억은 자별하다. 50살쯤 되어보이던 이시가와(石川) 여교사는 조센징이라는 편견으로 학대받던 윤형두 학동에게 각별한 관심으로 보살펴 줘서 도리어 일인 학동들에게 조선인을 편애한다는 인상을 줄 정도였다.

어느 날인가, 나는 한국인이란 내 자존심을 건드린 다케야마와 심한 언쟁 끝에 서로 피투성이가 되도록 싸움을 하였다. 뒷날 다케야마의 아버지가 학교로 찾아와 교장 선생님에게 강력한 항의를 하고 갔다는 이야기를 듣고 내심 무척 걱정을 하였으나 담임 선생은 그 날도 그 훗날도 아무런 꾸중이 없으셨다.(〈잊을 수 없는 선생님〉, 1-303).

귀국 후 여수 돌산에 정착한 작가의 어렸을 때, 그의 뇌리에 인상 깊게 남은 인물 묘사로 남은 건 마도로스다. 세계 만인의 연인인 마도로스는 비단 항구 도시 해동들에게 만이 아니라 모든 학동들의 동경의 대상 제1호가 아니었던가. 그 꿈을 좇다가 인생을 망친 사람이 어디 한 둘이겠는가! 그럼에도 불구하고 마도로스는 여전히 항구의 왕자처럼 떠돈다.

그런 판이니 어찌 항구의 해동으로 자란 윤 작가가 마도로스에 대한 선망이 없었으랴.

나는 항구의 부두에서 처음 멋쟁이를 보았다. 마도로스 파이프를 입에 물고 선장복을 말쑥하게 차려 입은 한 멋쟁이 사나이. 나는 그 때 선글라스를 쓴 뱃사람이 그렇게 멋있게 보일 수가 없었다. 푸른 바다와 커다란 굴뚝이 서 있는 하얀 외항선을 배경으로 그 훤칠한 키의 중년 사나이가 멋있게만 보였다. 그에게서는 미지의 세계를 드나들며 남 모르는 비밀을 듬뿍 간직하고 있을 것만 같은 신비함마저 풍겨 나오는 듯했다.(〈현대인의 멋〉, 8-71).

소녀라면 빨려들 것 같은 위험성이 느껴질 정도로 멋진 남자 중의 남자상.

작가는 성장하면서 여수에서 순천으로 옮겼는데, 바로 멋쟁이 개념이 바뀌어 버리고 만다. 이어 서울로 가서는 또 멋진 사나이상이 변하다가 결국은 "평범한 삶 속에서 조용하고 건전하게 생의 보람을 추구하며 살아가는 그런 분들"로 귀착한다.

모국에서의 초등생 시절, 벌교 남초등학교에 다녔던 그는 김동호 선생을 회억한다. 일제에 학병으로 끌려갔다 온 "키도 작고 몸집도 왜소한데다 음성마저 낮은데도 설득력이 대단"했던 김 교사는 쌀을 살로 발음하는 윤형두 아동에게 관심을 기울려 주었다. 김 교사는 "학과 과목에는 별로 치중하지 않고, 조국이란 무엇인가, 남북분단이 있기까지의 과정과 약소민족의 설음은 이러이러하다"는 등을 가르쳐주었다. 학생 연극으로 〈안중근 의사〉를 선택한 담임은 윤형두 학동에게 안 의사의 동지인 의병 역을 맡겨 학교에서 멀어지는 마음을 다잡아 주기도 했다.

담임은 어느 날, 숙제를 않은 제자들에게 벌을 주면서 일장 훈시를 했다.

어제 서울에서 열린 미소 공동위원회가 결렬되고 무기한 휴회로 들어갔다. 이제 조국의 분단은 고착화될 것 같다. 이러한 나라에 태어나 앞으로 수많은 일을 해야 할 너희들이 게으름을 피우고 숙제를 해오지 않는다니 말이 되느냐고 노여움이 대단하셨다.

우리들은 그 말씀이 무엇을 뜻하는지 정확히는 몰랐지만 선생님 스스로 눈물을 흘리며 호소하는 그 절절한 음성에 감복되어 그만 모두들 울음을 터뜨리고 말았다.(〈한길을 가라시던 말씀〉, 2-64).

도처에 이런 훌륭한 인물들은 넘쳐난다. 초등 6학년 때 만났던 용화사의 주지 석화 스님에 대한 회상기도 재미있다. "한쪽 눈이 좋지 않아 애꾸 스님"이라거나, "항시 누더기 옷을 입고 계셔서 모두들 누더기 스님"이라고도 불렀다. 좋은 승의(僧衣)를 지어 드려도 거절한 그는 생식(生食)을 했는데, "한 달에 한번쯤은 깊은 산에 가서서 바랑에 가득 솔잎을 따오셨다. 그래서 그것을 쌀과 함께 절구통에 빻아서 그 가루로 환을 만들어 한 끼에 몇 알씩 드셨다"고 한다.

윤형두 학동은 그 환 만드는 일을 거들면서 불교에 대한 여러 이야기를 들었는데, 비록 불교를 잘 알지는 못하지만 "뽀얀 안개처럼 어렴풋하게 나의 뇌리에서 (가르침은) 떠나지 않고 끼여 남아있다."(〈누더기 스님과 팔정도(八正道)〉, 1-256).

작품 속에는 많은 유명인들이 등장하지만 오히려 너무 알려져 있기에 무명인을 골라 살펴보았다. 이토록 세상에는 훌륭한 스승이 얼마나 많으며, 인간은 성장하면서 어디서나 그런 스승들을 수없이 조우하는데도 왜 세상은 여전히 망조가 되어갈까.

더구나 여기에다 윤 작가가 읽은 독서 편력을 추가하면 실로 세상은 일생 동안 공부만 해도 모자랄 지경이다.

그 험난한 시대를 살아오면서도 작가의 독서력은 엄청나다. 작가는 책을 이렇게 정의해준다.

책은 지식이며 지혜다. 그 많은 인류에게 얼마나 많은 혜택을 안겨 다주었는가. 책이 없었다면 하느님도 침묵하였을 것이며, 부처님도 설법을 잃고, 공자님도 가르침을 버렸을 것이다. 책이 있었기에 성경이 있었고 성경이 있었기에 기독교가 있으며, 불경이 있었기에 불교가 있고, 논어가 있었기에 공자가 오늘날에도 인류에 회자되는 것이다. 책은 그러므로 신(神)이요 불(佛)이요 인(仁)이다.(〈책의 미학〉, 2-57).

윤 작가의 연배들은 출판문화가 궤도에 오르기 전에 학창시절을 보냈기 때문에 체계적인 독서 자체가 불가능했다. 그래서 독서 방법론을 알면서도 잡독과 남독을 강행했는데, 그게 오히려 자아 형성과 "국가와 민족에 대한 사랑에 눈뜨게 되었고 무엇인가 쓰지 않으면 견딜 수 없는 갈증을 느껴 시와 수필도 써보게 되었다"(〈책과 가을〉, 2-163)고 회상한다.

8·15 직후에는 "민족을 일깨우는 국사책이 홍수처럼 쏟아져 나왔다. 김성칠의 《조선역사》, 한규상의 《조선사화집》, 육당 최남선의 《신판 조선역사》, 김희상의 《4천년 조선사화》, 단재 신채호의 《조선사 연구초》 등 닥치는 대로 읽었다."(〈책이 있는 마음〉, 2-93)

그 연배들은 대개 대본점(貸本店)에서 책을 빌려 탐독했는데, 공통적인 목록에는 모리스 르블랑의 탐정소설과, 김래성의 《진주탑》, 홍명희의 《임꺽정(林巨正)》 등이 판을 쳤다. 고교생이 되어서 이광수, 박계주, 심훈 등(〈여섯 개의 돋보기〉)에다, "장터의 좌판 위에 깔아놓은 《토정비결》이나 《천자문》, 《사주책》 등과 섞여있는 《홍길동전》, 《장화홍련전》, 《유충렬전》 등")도 추가된다.

"책가게 주인에게 사정을 하여 여러 권으로 된 연속간행물인 김래성의 《청춘극장》이나 나관중의 《삼국지》 등을 미리 계약금을 지불하고 간행되는 즉시 제일 먼저 보지 못하면 잠을 이룰 수가 없었다. 모윤숙의 《렌의 애가》는 몇 번을 빌려다 읽었는지 모른다." 그래서 붙은 별명이 "책버러지(책벌레), 책에 허천들린 놈이라는 싫지만은 않은 욕설같은 애칭"이었다(〈독서와 삶의 질〉, 2-281).

　젊은 시절 윤 작가가 가장 좋아했던 좌우명으로서의 시는 롱펠로의 〈인생찬가〉였다.

　　"행동하라. 오늘보다도 높은 내일을 위하여 행동하라.-

　　세계의 넓은 전장에서/목메인 송아지처럼 쫓기지 말고/투쟁하는 영웅이 되라.-

　　행동하라 정열을 품고/신을 우러러 보며/산 현실 속에서 행동하라.

　　위대한 자(者)의 생애를 돌아보며/인생을 숭고하게 하고/생을 떠나는 날 시간의 모래 위에/영원한 발자취를 남기고 가라.

　　그리하여 생의 숭고한 바다를 항해하는 형제들/난파하여 의지없이 절망에 신음할지라도/ 그 발자취를 보고/다시금 용기를 가지리라.

　　그러므로 어서 일어나서 일하자./과감하게 어떠한 운명에도 과감하게 맞서서 영원히 성취하고 끝없이 탐구하며/정성으로 일하고 기다리라."

　　나는 이 롱펠로의 〈인생찬가〉라는 시를 그 동안 살아오면서 몇십 번 몇백 번 되뇌였는지 모른다.(〈책을 통해 고난을 극복했다〉, 8-117).

심훈의《상록수》는 가장 오랫동안 중고교의 필독서였을 것인 바, 이 작가 역시 이 소설의 줄거리를 친구들에게 이야기해주게 된 목록에 들어있다.

《논어》《맹자》《백범일지》등 고상한 책은 별 시선을 못 끌지만 고교 때 몰래 본 최인욱의《벌레 먹은 장미》와 조염암 번역의《고금소총》은 좋은 화두다.(《송하송(送夏頌)》, 2-273-274).

그러나 윤형두 작가의 독서 에세이 중 가장 진솔하고 감동적인 구절은 "나는 데카르트의《방법서설》, 로크의《인간오성론》, 칸트의《순수이성비판》, 맬더스의《인구론》, 아담 스미스의《국부론》등을 몇 번 접하기는 했으나 한 권도 완독하지 못했다."(《교양의 문학》, 2-205) 라는 고백이다. 어려운 고전을 꼭 읽어야 할 필요도 없지만 세상 사람들이 웬만하면 읽지도 않고 읽은 척하는 위선을 정면으로 들이받은 대목이다.

"석 장 이상 더 읽을 수 있었을 적이 없어서" 칸트를 읽지 않았다고 까놓고 실토한 건 수필가 린위탕(林語堂)인데, 윤형두의 이 구절도 그에 뒤지지 않는 통쾌함을 준다.

이 말은 또한 "나는 흔히 철학자에게서 생활에 대한 예지의 부족을 인식하고 크게 놀라는 반면에 농산어촌(農山漁村)의 백성 또는 일개의 부녀자에게 철학적인 달관을 발견하여 깊이 머리를 숙이는 일이 불소(不少)함을 알고 있다"며 하찮은 우리의 일상이 얼마나 소중한가를 역설한 수필가 김진섭의 혜안이 떠오른다. 청천(聽川) 김진섭은 윤형두 작가가 고교 때부터 좋아했던 수필가다. 청천은 말한다.

생활인으로서의 나에게는 필부필부(匹夫匹婦)의 생활체험에서 우러난 소박 진실한 안식(眼識)이 고명한 한 철학자의 난해한 칠봉인(七封印)의 서보담은 훨씬 맛이 있다는 것을 고백하지 않을 수 없다. 원래 현실적 정세를 파악하고 투시하는 예민한 감각과 명확한 사고력은 혹종(或種)의 여자에 있어서 보다 발달되어 있으므로, 나는 흔히 현실을 말하고 생활을 하소연하는 부녀자의 아름다운 음성을 경청하여 그 가운데서 또한 많은 가지가지의 생활철학을 발견하는 열락(悅樂)은 결코 적은 것이 아니다.(김진섭 〈생활인의 철학〉)

칸트를 읽을 필요가 없다는 말이 아니라 학문과 글과 지혜는 저마다의 영역이 달라서 제각각의 기능으로 작용한다는 취지이다. 특히 이 대목을 인용한 것은 주부들의 생활 수필이 지녀야 할 요인을 정확히 짚어주었기 때문이다. 말을 뒤집으면 철학자들(시인 소설가나 학자들도 포함)도 보거나 느끼지 못한 자질구레한 일상사 속에서 작은 깨달음을 채광(採鑛)하는 작업이 주부들로 하여금 아마추어리즘을 탈피할 수 있는 비결이란 뜻이다. 반드시 금만을 위해 채굴하는 게 아니라 은이나 구리는 물론이고 때로는 석탄도 캐내야 하는 저마다의 다양한 삶이 인간 세상이자 수필의 세계가 아닌가.

이만하면 수필가 윤형두의 글이 매력 있지 않은가.

12. 여행기, 그리고 맺는 말

21세기를 도시형 노마드(nomade) 즉 도시 유목민의 시대로 전망하는 이론을 반증이라도 하듯이 요즘 문학의 절반 이상이 기행을 소재로 삼고 있다. 시, 소설, 수필 할 것 없이 거의가 기행체 혹은 기행 그자체를 주제나 소재로 다루게 된 배경에는 크게 두 가지 이유가 있다. 기행 자체가 인류 문명과 함께 시작된 가장 오랜 문학예술 양식이자 미학적으로 매력있는 대상이란 점은 예나 지금이나 변함이 없다. 그러나 요즘 기행문학이 성행하게 된 배경에는 역사적인 격변이나 변혁 등 사회사적인 거대 담론이 사라져버린 데다가, 문학인 자신들이 소시민적인 생활에 함몰되어 거의 매일 비슷한 일과로 따분하게 지내다보니 조금은 일탈성을 느낄 수 있는 여행이 그나마 신선감을 준다는 사실을 지적할 수 있다.

"찬란하고, 환희에 차 있으며, 야만스럽고, 행복하고, 기상천외하며, 기괴하고, 도저히 살 수 없고, 인간을 해방시키며, 끔찍하고, 종교적이면서도 종교 중립적인 사회. 21세기는 이런 모습일 것이다"라고 자크 아탈리는 인류의 미래를 예언했다. 이 모순된 예언, 비가 오거나 개이거나 구름이 낄 것이라는 엉터리 일기 예보 같은 발언이 왜 세계의 주목을 받고 있을까.

20세기를 "전쟁과 살육의 세기"라고 질타한 것은 홉스봄이다. 자유, 민주주의, 풍요, 인간의 존엄이란 복음이 횡행하는 가운데서 인류 역사상 가장 많은 1억 8천만 명의 생명을 죽인 게 바로 20세기임을 감안할 때 21세기는 오히려 더 참혹한 재앙일 수도 있다는 묵시록적 예언을 이해할 수 있을지 모른다.

문명사적으로 접근하면 후쿠야마의 말처럼 21세기가 '역사의 종말'인 건 누구나 수긍하는 기정사실로 굳어지고 있다. 인간이 욕망을 상실해 버린 시대라는 취지로 부친 이 역사의 종말이란 곧 생산이 중단된 시대라는 의미와 통한다. 이 모호한 개념에 쉽게 접근하려면 보드리야르의 '생산의 죽음'을 살펴보는 게 좋을 것이다.

그는 산업혁명 이전까지는 인간이 소나 말과 같은 곡물을 먹으며 그 노동 에너지로 상품을 생산했으나 인구의 기하급수적인 증가로 기아가 속출하기 때문에 곡물을 먹지 않고도 발산하는 에너지를 개발했는데 그게 증기기관이었다고 지적한다. 그 이후 에너지가 다원화되면서 인간의 욕망 역시 더욱 다원화하여 이에 부응하는 온갖 상품을 '생산'하는 이른바 '생산의 시대'가 열렸다. 이 생산의 시대는 인간의 욕망을 만족시켜 주려는 상품을 대량 제조하는 것을 목적으로 했는데, 보드리야르는 1927년 5월부터 인류 역사는 '생산'이 죽어버리고 '소비'의 시대로 진입했다고 진단한다.

생산의 시대의 최고 절정을 상징하는 상품은 포드 T형 승용차였다. 1908년 처음으로 선 보인 이 멋대가리 없는 승용차는 인간의 이동·운반의 욕망을 실현시켜 주는 기능으로서의 상품으로 대 인기를 끌어 다른 승용차가 2천 달러 가량일 때 290달러로 판매, 전성기를 누렸다. 인간의 욕망에 부응하여 대량생산으로 코스트 다운을 실현한 성공담이다. 그러나 이 신화는 인간의 운반·이동의 욕망 기능을 넘어 아름다움과 멋진 보는 기능에 초점을 맞춘 자동차를 만들어 낸 GM사에 의하여 무너지기 시작, 1927년 5월 포드사는 20년 만에 T형 승용차 생산을 중단했다. 이 시점을 보드리야르는 생산은 죽고 소비의 시대가 도래하는 전환기로 본 것이다.

욕망이 사라져 버린 시대, 배고픔과 영양가 섭취를 위하여 고칼로리를 지닌 다량의 먹거리를 요구하던 욕망의 충족을 위하여 식품을 '상품'으로 '생산'하던 시대가 가고, 이제는 저칼로리에 맛나고 품격있는 아름다운 '예술품'을 '소비'하는, 이른바 먹는 것도 '식문화'로 불려지는 시대로 전환해 버렸다는 진단은 문명사적으로 중요한 의미를 지닌다. 인간이 상품을 원하는 게 아니라 예술품을 요구하게 되면서 모든 상품은 예술성을 가미하지 않을 수 없게 변해 버렸고, 그 예술성을 확보하기 위한 구호가 바로 '21세기는 문화예술과 정보의 시대'라는 유행어를 창출하게 된 것이다.

이런 21세기를 아탈리는 《21세기 사전》에서 도시유목민의 시대로 규정하는데, 이건 전 지구가 인구 5백만 명이 넘는 도시로 변하여 고향의 개념보다는 유목민(Nomade)으로 살아가게 된다고 예견한다. 인간이 정착을 행복의 조건으로 삼은 지 1만여 년 만에 이제는 유목을 그 이상적인 삶으로 변화시켜 상류층 노마드, 곧 하이퍼 계급은 가정보다 떠돌이 생활로 살아가면서 행복을 느끼기에 '대문만 나가면 고생'이 아니라 이제는 '집 나가면 호강'의 시대로 접어들어 버렸다. 중류층 노마드는 자신의 직업 상 세계 여러 도시를 떠다니며 근무해야만 하는 전형적인 도시 노마드로 역시 항상 새로운 환경에서 신기함을 추구하는 행복한 존재로 부상한다. 이 두 계층과는 달리 하류층 노마드는 돈도 실력도 없어 다른 도시로 가고 싶어도 갈 수 없기에 빈민촌에서 지도로 세계를 여행하는 '상상의 노마드'로 처량해진다는데, 어쨌건 노마드가 인류의 보편적인 삶의 형태로 부상할 것이라는 전망에는 변함이 없다.

아탈리는 이미 인류의 5%가 유목민화 했다며, 그 실례로 미국의 경우는 주민 5명 당 1명이 유럽은 10명 당 1명이 매년 이사를 다닌다는 통계치를 제시한다. 웃기는 것은 한국의 인구 이동율이 유럽을 앞서는 7% 전후인 점인데, 이건 부동산 투기가 낳은 수치로 결코 이동율과 선후진국 표본치와는 상관없는 수치스러운 통계일 뿐이란 점이다.

이런 삶 속에서 인간은 어떻게 변할까. 아탈리는 6개 항목으로 나눠 도시유목민의 정서가 바뀌어 간다고 설명하는데 그 요약은 아래와 같다.

⑴ 가벼움 ; 물질적 풍요는 이동에 불편을 초래한다. 유목민은 생각과 경험, 지식과 관계만을 축적해야 한다. 요즘 무소유 사상은 어쩌면 가장 부자들만이 가질 수 있는 이 항목에 해당될 것이다. 이사 때 짐이 많은 게 가난의 상징이란 점을 상기하시라.

⑵ 자유로움 ; "바다 한가운데서 다음 목적지인 항구를 향하면서도 바람에 적응하기 위해 끊임없이 항로를 변경하는 것과 흡사하다". 특정 영토로 정체성이 규정되는 시대는 지났다.

⑶ 환대 ; 개방적이기에 상대에게 예의 바르나, 자신의 노하우로 대접받기에 긴장된 관계이다. 친절하지만 언제나 남인 관계다.

⑷ 경계심 ; 환대 속에 경계가 필수적인 탁 트인 곳에 천막을 쳐야 하는 일체의 사생활이 공개되는 시대에 살 수 밖에 없다.

⑸ 접속 ; 살아남으려면 이동하면서 부단히 접속해야만 한다.

⑹ 박애 ; 유목민이란 단어의 그리스 어원은 함께 나눈다는 것이라 한다. 소외는 죽음이기에 "차례대로 불침번을 서지 않고서는, 즉 조직적인 박애 없이 혼자서 망을 볼 수 없다"는 원리를 지켜야 한다.

이런 행복한, 그러나 살벌하고 긴장된 삶은 그 위안으로서의 문학
이 절실해지는데, 그걸 아탈리는 이렇게 설명한다.

한 세기를 반영하는 것으로 유목을 설명하고 유목민에게 가상 정착
의 풍경을 제공한다.

오디세이, 돈 키호테, 로빈슨 크루소, 모비딕과 같은 서사시와 소설들
은 정착민에게 대리 여행을 통해 강요된 부동성에서 벗어나게 해주었다.

앞으로 소설은 신생 유목민에게 잊혀진 뿌리의 풍경을 보여줄 것이
다. 유목민은 정착의 문학, 고정의 어휘, 내적인 간찰, 관조, 명상에 대한
담론을 접하고 찬양할 것이다. 프루스트는 앞으로 다가올 세기를 알리
는 유목민들의 첫 작가였던 셈이다. 그 후로 우리는 화면상에서 저렴한
여행을 하고 작가는 허무의 첫 맛, 즉 최소한의 영원성을 즐길 수 있도록
적당한 때에 자신의 비행을 멈춰 줄 것을 요청한다.

— 자크 아탈리 지음/편혜원 · 정혜원 옮김《21세기 사전》

이 풀이에 나타난 문학은 시나 소설보다는 오히려 수필의 개념에
가까우며, 바로 21세기는 수필의 시대임을 반증해 주는 지적으로 볼
수 있다.

윤형두 작가는 아마 한국 수필계에서 가장 많은 기행문을 쓴 것으
로 기록될 것이다. 그의 기행 수필 및 기행문은 크게 국내외로 나눠지
는데, 이는 다시 기행 소재와 등산 소재로 구분할 수 있다. 그 중 국내
기행은 이미 위에서 다 살폈기에 굳이 재론할 필요가 없을 것이다.

다만 해외기행이 남아 있지만 여기서는 유보하기로 한다. 왜냐하

면 기행문은 정보성을 위주로 삼기 때문에 구태여 이를 분석 대상으로 삼을 절실성이 없기 때문이다.

이제 장황한 윤형두의 수필세계 탐구를 마치려 한다. 여전히 천착해야 할 많은 과제들이 있지만 이후부터는 젊은 비평가들의 몫으로 넘기는 게 좋을 것 같다.

한 수필가가 이처럼 다양한 소재와 주제를 넘나들며 한 시대를 증언해 준 것은 아마 윤형두가 처음일 것이다. 그 하나만으로도 윤 작가는 수필계에서 두고두고 회자될 것이다.

윤형두 선생의 수필이 갖는 의미

- 필요한 것과 그렇지 못한 것에 대한 단호함의 미학 -

수필은 다른 장르보다 대중의 관심을 수용할 수 있는 포용력을 가지고 있다. 사회 현실이나 개인적 사고의 문제점을 개선하는 데 기여할 수 있는 힘과 내구력을 지니고 있다. 문제는 작가의 성실한 태도가 독자의 공감을 불러일으킬 수 있어야 하는데, 이것은 생각처럼 용이한 일이 아니다. 수필은 여러 개의 잣대를 마련해 다양한 사회적 욕구와 개인적 감정 변화에 대응할 필요가 있다. 그 여러 개의 면모 중 윤형두 선생의 수필에서 찾아야 할 것은 무엇인가.

이 글의 목적은 여기에 있다. 우리 현실에서 가장 당면한 일은 수필을 통해 인간으로서의 건강한 정신을 회복하는 일이다. 여기서 말하는 '정신의 회복'은 신뢰의 건전한 토대를 마련하는 길이다.

윤형두 선생의 글에 수필이 어떠니, 어떤 면을 보완해야 하느니

하는 것은 어느 면으로 보든 사족에 지나지 않는다. 그는 이미 수필의 모든 면을 간파하고 있는 원로 작가이기에, 그의 글을 통해 우리 수필의 진로를 가늠하기 위해서다. 윤 선생은 범우사를 창립 운영하면서 우리나라 수필 발전에 혁혁한 공을 세운 분이다. 그 증거가 '범우에세이'다.

이는 강한 의지와 배려가 아니면 누구도 흉내 낼 수 없는 일이다. 어려운 독서시장에서 수필 작품을 모아 책을 만드는 일을 꾸준히 계속하는 것은 윤 선생이 아니면 누구도 불가능한 일이다. 이러한 열정은 어디서 비롯되었을까. 이는 그 자신이 살아 움직이는 수필이기 때문이다. 그는 그의 애정과 섭섭함, 그리움과 기다림을 모두 수필을 통해 표징하고 있다. 순간의 격정에 들뜨지 않고, 술수를 통해 허구적으로 조작하지도 않는 그대로, 부끄러우면 얼굴을 붉히며 사실을 고백하는 그의 면모가 다름 아닌 수필을 닮은 사람이다. 수필은 그의 뿌리고 열매고 잎이며 가지라고 보아도 좋다.

그에겐 많은 말이 필요 없다. 모두가 수필의 정수다.

나는 소년시절에 연을 즐겨 띄웠다. 바닷바람이 휘몰아쳐 오는 갯가의 공터와 모래사장과 파란 보리밭 위에서 '연퇴김'과 연싸움을 즐겼다.

맞바람을 타고 곧장 하늘로 날아올랐다가 연줄을 퇴기면 연머리는 대지를 향하여 독수리처럼 세차게 내려오다간, 땅에 닿기 직전에 연줄을 풀어주면 다시 연머리는 하늘로 향한다. 그럴 때 연줄을 잡아당기면 또 연은 창공을 향하여 쏜살같이 치솟는다.

퇴김 중의 절묘(絕妙)는 바다 위에서 가오리연의 하얀 종이 꼬리가

물을 차고 달아나는 제비처럼 해표(海表)를 슬쩍 건드리곤 물방울을 떨어뜨리며 끄덕끄덕 힘겹게 올라가는 가슴조임에서 맛볼 수 있다.

— 〈연처럼〉 중에서

수필은 직·간접적으로 작가가 경험한 것을 근거로 하여 그 주인의 가슴에 남아 있는 그리움이나 기다림을 서술하는 문학의 한 부류다. 실제에 있어 모든 문학이 마찬가지지만, 수필이 더 잘 나타나는 이유는 태생적 특징 중에 그럴 수밖에 없는 이유가 내포되어 있기 때문이다.

수필의 시점(視點)이, 화자(話者)가 1인칭이라는 사실이 수필을 그러한 속성의 문학으로 인정하게 하는 이유다. 다시 말해, 작가의 진솔한 고백이 수필의 중요한 소재가 된다. 여기서 '직·간접적으로 작가가 경험했던 바'를 서사(敍事) 글의 소재라 볼 수 있고, '주인의 가슴에 아직 남아 있는 그리움이나 또는 기다림'이 작품의 분위기를 결정하는 서정(抒情)이라고 이름 붙일 수 있다.

전자가 작품의 한 축으로서 제 구실을 충분히 하지 못하면 글은 알맹이가 없는 껍질에 지나지 않아 공허함밖에 느끼지 못하고, 후자가 제 역할을 하지 못하면 무미건조한 사실의 기록에 머물러 글을 읽는 맛을 느끼지 못하게 한다. 수필다운 수필이 되기 위해선 이 둘을 모두 갖추고 있어야 글의 면모를 보여줄 수 있다.

이 작품의 서사는 연을 날렸던 어린 시절의 기억이고, 서정은 한마디로 요약해 그리움이다. 이 작품의 마지막에 작가가 "그러나 나에겐 이제 가오리연을 띄울 푸른 보리밭도, 연실을 훔쳐 내던 어머니의 반짇고리도 없다. 다만 K군만이 2, 3일 후에 돌아오는 음력 설날에 띄울 막내아들의 연실을 다듬으면서 혹 나를 생각해주려는지……"라고 적고 있는데, 이것이 작품을 통해 작가가 쏟아내려고 하는 마음, 서정이다.

작년 회갑 때는 간단한 잔치를 베푼 후 곧바로 서울로 모시고 왔다. 한 2, 3일을 잠자코 묵으시더니 고향에 있는 돼지가 걱정이 되어서 도저히 오래 계실 수 없으시다면서 하향하시고 말았다.

그래 나는 당신의 손자인 아이들을 통하여 어머님을 모셔오는 방안을 강구하고 방학이 되자 곧바로 시골로 내려 보냈다. 성공하게 되면 텔레비전을 사주겠노라고 단단히 약속하고─. 그러나 아이들이 할머니에게 가서 갖은 재롱을 다 부리며 서울로 가자고 해도 어머님은 "너희들 대학입학자금을 마련해서 올라가겠으니 가서 아버지에게 텔레비를 사달라고 하라"고 하셨단다.

— 〈인고의 주름〉 중에서

진정한 사랑은 이타적(利他的) 희생에서 비롯되고, 그 모범적인 예가 자식에 대한 부모의 무조건적인 사랑, 어머니의 맹목적인 사랑이다. 세상에는 그렇지 않은 부모와 어머니도 많지만, 지금도 그런 숭고한 사랑을 몸으로 보여주는 글을 읽을 때마다 옷깃을 여미게 된다.

온통 오염되어 더 이상 기대할 것이 없을 것 같은 세태 속에서 이런 분들이 꽃처럼 향기와 빛을 발하며 우리의 곁에 있기에 희망을 버리지 않아도 된다.

앞에서 '무조건적'이거나 '맹목적인 사랑' 운운한 것은 논리적 판단으로는 이해할 수 없을 정도의 자기희생적 사랑을 그들이 우리에게 보여주었기 때문이다. 그런 사랑을 실천하는 사람들 대부분이 세속적 의미의 학벌이나 지식, 사회적 배경이나 재물을 가진 사람들이 아닌 경우가 많기에 더욱 경건해지곤 한다. 사람들은 무엇을 위해 배우고 모으고 치열하게 세상을 부딪치며 살고 있는가 하는 문제가 불가사의 한 의문으로 제기되기도 한다.

지금 우리 사회는 더 배우고 더 가지고 있는 사람들의 횡포와 탐욕으로 치유가 불가능할 만큼 얼룩져 있다. 세상의 부모들은 온갖 어려움을 겪으며 자식들의 교육을 위해 자기를 희생하며 헌신한다.

이 작품을 읽고 나서 마음이 무거워지는 것은 그들의 희생과 헌신적 사랑이 헛되게 되어가는 것 같고, 그러한 사람들이 이제는 빠른 속도로 급감하고 있는 것 같아서다. 모두가 유물론(唯物論)의 전문가로 변해가는 듯하다. 우리의 전통적인 고향이 갈수록 피폐해지는 것은 그곳을 지키고 있던 사람들이 우리의 곁을 떠나기 때문이다.

많은 것을 느끼게 하고, 뒤돌아보게 하는 작품이다.

그동안 소홀히 다루었던 이 군자란을 응접실로 옮겨 놓고 먼지 긴 잎을 닦아주고 화분가에 묻은 흙을 털어 주었다. 이제사 반겨 대하며 손질과 관심을 기울이는 것이 어쩐지 계면쩍기만 하다. 그동안 방치하다시피 하였던 군자란은 아무 불평 없이 아름다운 꽃을 보여주기 위해 긴 엄동을 연탄가스가 배어나오는 지하실에서 굳게 참고 견디어 내지 않았는가!

그런데 그토록 정과 성을 다해서 매만지고 가꾸었는데도 동설란(冬雪蘭)은 끝내 아름다운 꽃을 보여주지 않고 말았다. 꽃은커녕 꽃대도 솟지 않았다. 내가 난을 제대로 가꿀 줄 몰라서 그런 결과를 가져왔는지는 몰라도 어쩐지 그 동설란을 팔던 아주머니로부터 속은 것 같은 생각을 떨쳐버릴 수가 없다.

지금도 그때 일을 생각하면 어린 시절 덜 익은 살구를 씹은 뒷맛처럼 개운치가 않고 떨떠름하기만 하다.

— 〈동설란〉 중에서

군자란에 대한 기대와 실망을 적은 글이다.

노력을 하지 않았는데도 뜻밖의 횡재를 하는 수도 있지만, 경우에 따라서는 정반대의 결과로 이어질 수도 있다는 사실을 우회적으로 깨닫게 하고, 읽는 사람으로 하여금 많은 것을 생각하게 하는 글이다.

글의 묘미는 여백(餘白)에 있다.

설득을 목적으로 하는 주장이나 이해를 보다 쉽게 하기 위한 설명이 지나치게 밖으로 노출된 글보다 은근히 배어드는 물기처럼 가슴을 파고드는, 오랫동안 마음을 붙잡고 놓아주지 않는 글이 좋은 글이다.

작가가 이 글을 통해 하고 싶은 말은 동설란을 팔았던 여인에 대한 원망도 아니고, 꽃이 피지 않은 사실을 말하고자 함도 아니다. 삶의 현실은 그 어느 누구도 정확히 예측할 수 없는 것임을 작가가 궁극적으로 의도한 것이다.

나는 부산탑 위에 올라 모든 것이 시들어가고 있는 병든 바다를 보았다. 풍선(風船)과 전마선(傳馬船)이 쫓겨 가버린 바다를 보았다. 어릴 때 갈바람에 돛깃을 날리고 세차게 달리던 〈우다시〉배도, 내 푸른 꿈을 노 저어 나르던 나룻배도 보이지 않는다. 우람한 유조선의 매연 사이로 비치인 희미한 산과 오륙도의 형태만이 지난날의 바다와 섬들의 전설을 이야기해 줄 뿐이었다.

　기름 덮인 해면 위에 모이를 찾아드는 한 마리의 갈매기마저도 보이지 않는 바다. 똑딱소리와 고동소리도 자취를 감추고 탱크가 지축을 울리며 굴러가는 것 같은 전율의 소리가 온 항구를 뒤덮어 버린 바다. 질피(海草) 껍질이 해변(海邊)으로 밀려오고, 밀물과 파도에 섞여 정어리가 모래사장에 뒹굴며 허연 배를 드러내 놓던 그런 해변을 이제는 찾아볼 수 없을 것 같다.

― 〈병든 바다〉 중에서

　문명의 괄목할 만한 발전은 우리의 주변 현실을 변화시켜 놓아 오히려 현대인들에게 치유할 수 없을 만큼 상처만을 안겨주고 있다. 편리와 풍요가 자연을 오염시켜 병든 산하(山河)로 만들어 놓았다. 우리는 정작 중요한 것을 잃고 대신 감각적인 화려함과 병든 정신만을 챙겨들고 철철 넘치는 쓰레기더미 위에서 그들과 다르지 않은 부산물로 전락해 가고 있다. 이 작품은 이런 우리의 현실을 한 개인의 입장에서 토로하고 있다. 인류 생존의 현장인 지구가 이 지경에 이르렀다는 사실에 대해 작가는 우려와 함께 비참한 심정을 감추지 못하고 있다. 인용문에서 보는 것처럼 "기름 덮인 해면 위에 모이를 찾아드는 한 마리의 갈매기마저도 보이지 않는 바다. 똑딱소리와 고동소리도 자취를 감추고 탱크가 지축을 울리며 굴러가는 것 같은 전율의 소리가 온 항구를 뒤덮어 버린 바다." 문장의 끝을 모두 '바다'라는 명사로 끝내는 것은 작가의 안타까운 심정을 단적으로 제시한 예다.

이 안타까움이 어찌 작가만의 개인적 심정이겠는가.

인류의 심각한 미래에 대한 우려를 표명하는 것만 보아도 작가가 작품을 통해 궁극적으로 목표하는 것이 무엇인지를 가늠할 수 있다.

이렇게 보면 내게 있어서 콩은 은혜의 식물(植物)이라기보다는 액운과 너무나 깊은 상관관계를 맺어온 식물(食物)인 셈이다. 액운을 뿌리혹 박테리아가 흡수, 새로운 고통의 암모니아염으로 바꾸어 두었다가 내게로 전하는 것 같다. 그렇다고 나는 콩깻묵으로부터 인연을 맺어온 콩을 이제 와서 버리고 피할 생각은 추호도 없다.

콩깻묵밥과 도레미파탕, 식구통의 콩밥, 그것들은 실로 나에게서 빼놓을 수 없는 이력(履歷)의 메뉴들이며 수난(受難)의 증거인 셈이다.

이제 콩이 어떤 모양으로 변해서 나를 찾아오건 도리어 나는 환대(歡待)할 생각이다. 액운을 자초하여 액풀이를 한다는 미신 같은 생각이라기보다는 또 하나의 수난을 감내(堪耐)하기 위하여 나는 오늘도 순두부 백반으로 한 끼의 점심을 때우는 것이다.

— 〈콩과 액운〉 중에서

작가가 가장 어려웠던 때, 연명(延命)의 수단이기도 했던 콩과의 인연을 기록한 글이다. 개인적 입장뿐만 아니라, 국가나 민족의 현실로도 어려운 때의 일화이기에 느껴지는 것이 남다르다. 작가는 콩과의 인연을 기피하거나 섬뜩해 하기보다는 도리어 환대할 것이라는 뜻을 피력하고 있다. 이는 어느 한 순간도 주어진 운명에 대해 일부러 고개를 돌리지 않고 수용하며 의연히 살아온 자세를 그대로 방영하는 예가 된다. 사람들이 겪는 고통은 개인의 잘못에 의해서만 비롯되는 것이 아니라, 때로는 시대적 환경이 그런 어둠 속으로 밀어 넣는 경우도 있다.

우리의 경우처럼 국운이 쇠퇴해 이런저런 수모를 겪을 수밖에 없었던 민족에게 있어서는 더욱 그럴 수 있다.

이런 아픈 기억을 '콩'과 연관시키고, 글의 마지막을 "액운을 자초하여 액풀이를 한다는 미신 같은 생각이라기보다는 또 하나의 수난을 감내하기 위하여 나는 오늘도 순두부 백반으로 한 끼의 점심을 때운다"고 하는 작가의 여유가 오늘이 있도록 만든 에너지가 아닌가 한다.

관악산 중턱에 있는 천지(天志) 약수터에서 인기척이 난다. 벌써 선주자(先走者)가 두세 명이 와 있었다. '야호' 하고 짧은 인사를 한다. 어느 쪽도 상대방이 누구인지 모른다. 그러나 서로가 통한다. 산과 어둠과 짧은 음성이 서로를 이어준다. 큰 컵에다 약수를 가득 받아서는 단숨에 마신다. 창자에 끼여 있는 공해의 그을음이 다 씻겨 내려가는 것 같다. 또한 컵을 받아 마신다. 꼭 생기(生氣)를 마시는 것 같다. 물통을 받쳐놓고 가벼운 운동을 한다. 서울대학교 쪽의 왕방울 같은 외등 몇 개가 가까이 도시가 있음을 알려줄 뿐 속세를 등진 심산계곡이다.

— 〈산 메아리〉 중에서

젊은 시절 야간 강습소에서 어렵게 공부를 할 때와 아침이면 물통을 들고 물을 길기 위해 관악산을 거슬러 오르던 때의 기억을 회상해 반추하는 글이다. 이들의 공통적 접점은 '산 메아리'다.

누구에게나 가장 돌아가고 싶은 때는 치열하게 무엇인가를 위해 정신없이 내닫고 있었을 때다. 가난에서 벗어나기 위해서 닥치는 대로 뛰어드는 때든, 주경야독(晝耕夜讀)하며 꿈을 키워가고 있을 때든, 누군가를 사랑해 가슴을 태울 때든 무엇인가에 매료되어 다른 생각을 할 수 없을 만큼 집착해 있을 때가 기억에 남는 때다.

기억이 모두 아름다울 수는 없지만, 반추해 회상하는 일만큼 의미 있는 일도 없기에, 우리 수필의 소재 중 많은 경우가 이 범주 속에 속해 있다. 그것은 그리움의 뿌리이기 때문이다. 단 일회, 그 시간이 길지 않은 유한적 존재로서의 아픔과 회한이 모두 그 안에 자리 잡고 있다.

서리꾼들에게 겨울이란 지루할 정도로 무료한 계절이다. 고등학교를 다니던 어느 해 겨울방학이 되어 고향에 돌아오자 옛날부터 어울렸던 서리꾼들이 집에 몰려왔다.

하늬바람이 몰아치는 선머슴 애들의 겨울은 아침에 바다에 나가 문어(文魚)단지나 들어 올려 몇 마리의 문어를 잡아 시장에 보낸 다음에는 할일이 없다. 저녁이 되어도 서리할 것이 없기 때문에 화투놀이나 윷놀이를 가끔 하지만 밤이 깊어 가면 입이 궁금해진다.

그럴 때 어느 친구가 닭서리를 하러 가자고 제안을 했다. 여학교에 다니던 K양의 부모들은 친척집 결혼식에 가고 오누이만 있으니 문제없다고 K양의 육촌오빠가 맞장구를 치는 것이다. 그리고 최일선 행동대원으론 내가 적격이라고 중론이 모아졌다. K양이 나를 좋아한다는 뜬소문 때문에 장난기 섞인 친구들이 나의 반응을 보기 위한 짓궂은 심술 같은 것이 작용한 거다.

　나는 칠흑 같은 야밤에 대밭길을 지나 K양의 집 닭장 문을 살그머니 열고 횃대 위에 앉은 큰 장닭을 안았다. 방안에서 부르던 노랫소리가 뚝 그치고 "누나, *꼬꼬꼬* 하고 닭소리가 나" 하곤 창문을 여는 소리를 듣고 나는 〈걸음아 나 살려라〉고 내리막길을 힘껏 내달렸다.

— 〈서리꾼 시절〉 중에서

어린 시절 고향에서 같이 자라며 악동 노릇을 함께 했던 동료를 추억해 그리워하는 글이다.

　이 글에서 새삼스럽게 그리워지는 것은 어른들이 아이들을 대하는 태도다. 요즘으로서는 기대할 수 없는 일이기에, 더 그때의 인정이 그리운 것이다. 아이들의 잘못을 용인해주어서가 아니라, 그때의 인정과 지금의 사이가 너무나 차이가 커 그때가 아름다워지는 것이다.

　그때는 지금에 비해 생활 형편이 비교도 되지 않을 만큼 어려웠지만, 어른들이 지금처럼 매몰차지 않아 사는 맛이 흥건했다. 이런 여유를 보였던 것은 그만큼 순박했기 때문이다. 네 것과 내 것이라는 집착에 가까운 소유 개념에 따른 이기적 생각보다는 어느 정도 감수하고 우선 용서해주었던 인정이 그리워서다.

　이전에 비해 더 많이 배우고 생활의 여유도 훨씬 나아졌는데 왜 사람들의 마음은 갈수록 더 각박해지는 것일까. 이렇게 변할 수밖에 없는 것이라면 무엇 때문에 현실을 타개하기 위한 노력을 하는 것일까.

　예전의 일들이 지금에 비해 모두 좋은 것은 아니지만, 향수에서 벗어나지 못하는 것은 우리 삶에 문제가 많기 때문이다. 무조건 과거로 돌아가자는 것이 아니라, 마음 씀만이라도 이전의 우리로 돌아가야 한다.

　　10월이 되면 동네사람들의 인적도 끊기고 널려있던 한 여름의 잔흔(殘痕)인 쓰레기마저 그 흔적을 찾을 수 없다. 이곳저곳 파놓았던 모래구덩이도 메워지고 간조선(干潮線)에 널려있는 자갈에는 파릇파릇한 파래가 자라나기 시작한다. 10월의 모래사장은 어느 때보다도 깨끗하여 그 위에 말 못할 사연을 썼다가 지워버리기도 하고 모래집을 지어놓고 달콤한 꿈에 잠기기도 한다.

　　동네 앞 선창에는 한여름 동안 놀잇배로 전락해 버렸던 주낙배들이 다가올 낙지 주낙의 준비를 위해 돌아오고, 멀리 해면 위에 오가던 갈매기 소리도 가깝게 들리기 시작한다.

— 〈10월의 바다〉 중에서

　　가을을 스쳐지나 겨울로 접어들 때의 바다를 스케치한 작품이다. 가슴에 연민으로 드리우는 것은 원주민들의 소외감—비애다. 형편이 넉넉하지 못하다는 이유 하나로 성수기(盛需期) 때는 실제의 주인이면서도 한쪽으로 밀려나 공연한 열등감과 비애를 느껴야 하는 것이 예나 지금이나 변하지 않는 현실이다. 지금도 개발 바람이 불고 대단위 주택 단지가 들어선다고 하면 작가가 경험했던 모습이 예외 없이 연출되고 있다.

　　자연의 묵중함과 깊은 맛, 그 위용과 함께 존재적 가치를 절실히 실감할 수 있는 때는 자연이 사람들의 놀잇감으로 이용될 때보다 그들 스스로 자신을 침잠시켜 추스르고 있을 때다. 그것이 그들의 본연의 참모습이다. 작가의 서정의 깊이를 가늠할 수 있는 작품이다. 글이 사실을 기록하는 데 그치지 않고 그를 둘러싼 정감(情感)의 표현이라고 볼 때, 이 글은 우리 수필의 한 모범적인 예가 된다.

> 나는 겨울맞이를 위해 온실도 만들었다. 거기에다 사무실 이전 때 친구들이 보내준 파인애플, 귤나무 등도 옮겨다 놓았다. 그리고 아무런 화훼원예(花卉園藝)에 대한 지식도 없이 보기 좋은 화초를 이것저것 사다 놓고 난로불도 지폈다.
>
> 그해 겨울은 유난히도 추웠다. 정성껏 탄불을 갈아주고 바람도 막아 주었지만 값비싼 화초는 겨울이 지날 무렵 거의 얼어 죽고 말았다. 뜰에 있는 과실수와 꽃나무에도 볏짚을 사다 감아주고 가마니로 덮어주는 등 월동태세를 갖추어 주었지만 목백일홍을 비롯한 몇 그루의 나무가 아깝게도 동사하고 말았다. 죽은 나무들을 안쓰러운 마음으로 뽑아내면서 문득 '크게 버리는 사람만이 크게 얻을 수 있다… 아무것도 갖지 않을 때 비로소 온 세상을 갖게 되는 것이 무소유(無所有)의 역리(逆理)'라고 한 법정(法頂) 스님의 〈무소유(無所有)〉라는 글을 생각했다.
>
> 나는 한 겨울을 꽃나무에 너무 집착하며 지냈던 것 같다. 몇 해 전 쥐약을 먹고 죽은 애견(愛犬)을 보고 다신 동물을 키우지 않겠노라고 마음먹었을 때처럼 앞으로는 어떤 일에 너무 집착하거나 얽매이지 말아야겠다는 생각이 들었다.
>
> ― 〈본무실〉 중에서

소유니 집착이니 하는 것이 얼마나 부질없는 짓인지는 저마다 알면서도 자기도 모르게 마음을 빼앗기는 것이 인간의 속성이다. 미련이라는 것이 바로 이런 것이다.

이 글은 이런 면을 집중적으로 다른 사색적 성격이 강한 글이다.

사람도 자연의 일부이기에 모든 것을 자연에 의탁하는 것이 현명하고, 이것이 인간의 마땅한 도리라고 볼 수 있다. 그러나 생각처럼 쉬운 일은 아니다. 현실도 무시할 수 없는 중요한 세계이기 때문이다.

모든 현실적인 것을 버린다는 것은 어느 면에서 보면 마치 죽음의 상태와 다르지 않다. 그것은 존재의 이유를 상실한 상태이기 때문이다.

요즘 우리에게 무엇보다 시급하고 중요한 일은 삶의 철학을 견지하는 일이다. 우리가 지금 방향을 잃고 표류하고 있는 것은 다름 아닌 철학의 부재다. 왜 사느냐 하는 문제와 어떻게 살 것인가 하는 방법론이 정립되었다고 해서 하루아침에 모든 것이 제자리를 찾고 정상의 위치를 회복하는 것은 아니지만, 그것은 중요한 계기가 된다.

작가도 마지막에 밝히고 있는 대로 나름의 반성을 통해 새로운 삶의 자세를 견지하고 있다. 부질없는 것에 대한 집착을 버리려는 마음을 작가는 "나는 한겨울을 꽃나무에 너무 집착하며 지냈던 것 같다. 몇 해 전 쥐약을 먹고 죽은 애견을 보고 다신 동물을 키우지 않겠노라고 마음먹었을 때처럼 앞으로는 어떤 일에 너무 집착하거나 얽매이지 말아야겠다는 생각이 들었다"고 말하고 있다.

퇴근을 하여 대문에 들어서자마자 곧바로 온실 문을 열어 보았다.

유도화 나무에 앉아 있는 새는 무지개 빛깔로 잘 조화된 아름다운 새였다. 그 새는 몹시 불안한지 사방을 두리번거리고 있었다. 밖은 어둠이 내렸는데도 먼 허공을 응시하기도 하고 문 앞에 서 있는 내게로 향하는 눈길은 매섭고 차갑게만 보였다.

나는 그만 눈길을 떨구었다. 그 순간 가슴이 답답해 옴을 느끼자 문을 박차고 나와 버렸다. 현관에 들어서자 당장 새를 날려 보내라고 소리를 질렀다. 온몸에 오한(惡寒)이 엄습해 왔다. 벌써 5,6년이 지나 버린 그때의 터질 것 같은 동계(動悸)와 오한의 증세가 어찌 이렇게도 같을 수 있을까 하고 느껴졌다.

― 〈꽃새〉 중에서

이 작품을 통해 작가가 말하고자 하는 것은 '자유'고, 남의 자유를 구속하는 것이 얼마나 큰 죄악인가 하는 일종의 죄책감이 작품 전체에 그늘처럼 드리워져 있다. 이것은 그의 이력이 낳은 절실함에 뿌리를 두고 있는 작가의 지론이다. "나는 그만 눈길을 떨구었다. 그 순간 가슴이 답답해옴을 느끼자 문을 박차고 나와 버렸다. 현관에 들어서자 당장 새를 날려 보내라고 소리를 질렀다. 온몸에 오한이 엄습해 왔다. 벌써 5, 6년이 지나 버린 그때의 터질 것 같은 동계와 오한의 증세가 어찌 이렇게도 같을 수 있을까 하고 느껴졌다"는 것은 이를 입증하는 예다.

자유를 박탈당한다는 것이 얼마나 비참한 일인가 하는 것을 경험한 일이 있는 사람이 아니고는 절실히 느낄 수 없다. 그런 점에서 이 글이 갖는 의미는 크다. 언로(言路)가 막혀 이런 심정을 토로한 글이 발표된다는 일이 그동안 쉽지 않았다. 분노가 삭혀진 성숙한 글이 많이 발표되어 사람들에게 감동과 함께 그 진정성이 전달될 때, 우리 사회도 그만큼 성숙하게 된다.

　　나는 여느 사람과 같이 아버님에 대한 많은 추억을 갖고 있지 못하다. 내가 초등학교 2학년 때쯤인가. 아침 밥상머리에서 음식을 소리 내어 씹는다고 꾸지람을 한번 하셨을 뿐 매 한번 때리신 적이 없다.

　　돌아가시기 한 해 전인가, 설날 큰댁에서 조청 한 단지를 주셔서 아버님과 같이 들고 오다가 나의 실수로 해풍이 매섭던 동릉(東陵) 고개에서 깨뜨리고 말았다. 깨어진 사기조각을 만지작거리는 나의 손을 잡아 일으키면서 해가 저물겠으니 빨리 집에 가자고 손을 잡아끌던 기억이 난다. 냉엄하도록 무관심한 것 같은 아버님의 차가운 인상 속에서 그때 마지막 아버님이 베푼 따뜻한 정이 나로 하여금 가끔 아버지의 상념에 사로잡히게 한다.

　　　　　　　　　　　　　　　　　　　　─〈회상 속의 아버지〉 중에서

누구에게나 부모, 그 중에서도 아버지에 대한 회상은 어느 만큼의 아픔을 동반할 수밖에 없다. 그만큼 가정을 책임지고 이끈다는 일이 쉽지 않기 때문이고, 한 남자로서의 이상을 포기하고 현실에 안주하는 일이 쉽지 않은 일이다.

이 글은 어릴 때 세상을 떠난 가친을 회상하면서 쓴 글이다.

일제 강점기라고 하는 현실 속에서 망국의 백성으로서 느끼는 한(恨)과 고향에 대한 본능적 그리움이 작가의 머릿속에 그려져 있는 아버지의 정체성이다. 당연히 나무람을 받아야 할 순간에 보여준 가친의 무한한 정에서 인간적 포용력이 얼마나 중요한 것인가를 깨닫는 작품이다.

대시인 워즈워드는 그의 친구인 세계적인 에세이스트인 찰스 램의 무덤 앞에 '선한 사람으로 불러 줄 만큼 착한 사람이었다'고 쓴 묘비를 세워주었으며, 《군주론》의 저자인 마키아벨리의 묘비에는 '이처럼 위대한 명성에 대한 찬사란 한낱 사족(蛇足)에 불과할 뿐이다'라고 그의 험난했던 일생을 찬양하고 있다.

그러나 그 위대한 명성의 그늘에는 그의 유자(遺子)가 '아버지가 남기고 간 것은 오직 빈곤뿐'이라고 개탄할 정도의 쓰라림이 없는 것은 아니다. 영원한 인류를 위한 공적에 대하여는 사족을 달 수 없지 않을까?

— 〈비명〉 중에서

이 작품은 작가가 세상을 떠난 후, 어떠한 비명(碑銘)이 보다 감동적인 것이 될 수 있을까를 자친(慈親)의 묘소를 찾아가며 고민한 글이다.

무엇이 단 한 번뿐인 삶을 함축적으로 표현해 부족함이 없는 글일까.

그것은 자기 삶에 대한 자신의 평가가 아니고, 같이 어울려 함께 산 사람들이 다시는 함께 생활할 수 없는 사람들의 망자(亡者)의 삶을 객관적으로 평가해주는 한마디라 더 관심을 갖게 한다. 삶이 중요한 만큼 죽음도 그 무엇에 견줄 수 없을 만큼 중요한 의미를 지닌다. 그것은 삶에 대한 총체적 평가다.

이 글은 성실한 삶을 권하는 일종의 조언이다. 삶에 대한 평가보다 죽음에 대한 평가가 아름답기를 누구나 원한다.

들뜬 마음으로 어영부영 마지막 레이스까지 보고 나면 해도 서산으로 기운다. 경마장 앞 골프장 여기저기에 깔려 있던 골퍼나 캐디의 모습도 사라지고 싸늘한 밤바람이 넓은 벌판을 휩쓸기 시작한다. 그러면 그 작고 큰 종이들이 바람 따라 이곳저곳으로 휘날린다. 넓적한 예상표와 천 원짜리의 종합권에서 백 원짜리의 보통마권에 이르기까지 그 많은 지폐(紙幣)의 잔해(殘骸)들이 뒹굴기 시작한다.

이 많은 종이의 휘날림 속에서 많은 사람들의 인생을 읽는다.

— 〈경마〉 중에서

이 글에서 읽을 수 있는 것은 인생 자체가 경마와 다르지 않고, 요행을 기대하며 사는 마권과 같은 것일지도 모른다는 점이다. 누구나 나름의 기대를 가지고 평생을 이 궁리 저 궁리로 방법을 모색하며 살지만, 개인적 바람은 말 그대로 '바람'으로 그치는 경우가 많다.

확신은 누구에게도 보장된 것이 아닌, 추측에 지나지 않는다. 그냥 부딪히면서 사는 것이 인생이듯 경마도 예외가 아니다. 개중에는 횡재를 해서 만족감에 취해 환호하는 사람도 있고, 번번이 기대에 어긋나 초라한 행색으로 변해가는 사람도 있다.

누구나 전자가 자기이기를 기대하지만 그렇지 않은 경우가 더 많아 비극의 주인공이 되기도 한다. 이 사실 때문에 사람들은 이에 매달리게 된다. 잠시 동안에 인생의 단면을 확인하는 것이니, 전세는 역전되어 어떤 운명이 자기를 기다릴지 모르는데 어떻게 마음을 고쳐먹고 돌아설 수 있을까.

작가의 글을 통해서 열기를 느낄 수 있는 것은 단순함 때문이다. 일종의 도박이니 사행성 운운하면서도 많은 사람들이 그 매력에 취하는 것이 어느 저도는 이해가 된다.

요즘 들어 틈만 생기면 그것도 나이 탓인지 가끔 가승록(家乘錄)을 만들어 볼까하는 생각을 갖는다. 그래서 원고를 매만지다가도 34대조인 증조부님이 광서(光緒) 18년 7월 25일 호조참판(戶曹參判)으로 추증(追贈)되었다는 기록과 35대조인 조부님이 임인(壬寅) 7월 25일에 감찰(監察) 겸 병조참의(兵曹參議)의 벼슬을 하셨다는 기록을 대하면 왠지 석연치 않은 느낌이 든다.

한말(韓末) 매관매직(賣官賣職)이 심하던 때 혹시 논밭을 팔아서 벼슬을 사신 것이 아닐까 하는 의혹에 미치면 가승을 만들고 싶은 의욕이 삽시간에 사라진다.

― 〈가문〉 중에서

작가의 파평 윤씨 가문에 대한 사적을 기록한 글이다.

글에서 눈여겨보아야 할 것은 역사의 어려운 고비에서 비록 벼슬은 하지 못했어도 떳떳이 삶을 산 분들을 기리는 작가의 충정이다. 지금처럼 벼슬을 한 사람들이 오히려 비난의 대상이 되고 있는 현실에서는 관직에 있다는 사실이 수치스러운 일로 인식될 수도 있다.

의로운 사람이 아닌 경우는 정치에 참여했다는 사실이 국가와 국민에게 누를 끼치는 일이 될 수 있다. 자기 역할을 다하지 못하는 경우는 국록(國祿)이나 축내는 결과가 된다. 그러한 점에서 작가의 생각을 귀감으로 삼을 필요가 있다.

> 자신들의 월급인상을 위해 희생도 마다 않고 사퇴한 나를 배신한 K군이 이틀 전에 B교수를 찾아가서 원고료가 이미 지불되었다는 말을 전하였다는 것이다. 나는 지금 그때 교수실을 어떻게 뛰쳐나왔는지 그 악몽 같은 기억을 뚜렷이 되살릴 수 없다. 그 교수님의 인자함이 오히려 모멸로, 그 부드러운 음성이 악인에게 행하는 설교로 나에게 휘몰아쳐왔다.
>
> ― 〈잊을 수 없는 실수〉 중에서

원고료를 유용했던 일화를 소개하고 있다.

생활하다 보면 꼭 그렇게 하려고 한 것은 아닌데도 본의 아니게 씻지 못할 과오를 범하고 마는 경우가 있다. 돈을 다루는 경우에 있어서는 가끔 일어날 수 있는 일이다. 요즘도 국회의원을 하던 사람들이 구속이 되고, 수치스러운 일이 꼬리를 물고 일어나 사회의 지탄을 받는 경우가 이런 유형의 일이다.

공개적으로 하는 일이 아니기 때문에 누가 알겠느냐 하는 식으로 착복한 것인데, 결과는 패가망신하는 일로 이어진다. 세상에 비밀이 없다는 말을 실감하게 하는 일화다.

모든 사람들이 어려울 때고, 그렇다보니 본의 아니게 저지른 일인

만큼 충분히 납득이 되는 일이기도 하지만, 글을 통해 소명할 수 있다는 점에서 글의 편리와 효용성을 실감케 하는 작품이다.

> 어머님은 집을 지으신 후로는 길가집이라 구멍가게를 보기 시작하였다. 새벽 일찍 나룻배를 타고 여수로 건너가셔서 과자, 음료수 등을 가득 머리에다 이고 돌아오셔선 아침을 드시는 둥 마는 둥 하시곤 점포를 벌이고 하루의 일과를 시작하는 것이었다.
>
> '자신의 능력을 포기하고 남에게 의지하는 것은 곧 거지의 근성과 통하는 것이며 사람이 다른 동물과 다른 것은 자신에게 주어진 환경과 운명을 개척하는 데 있다'는 것이 어머님의 신조이시었다. 게으른 사람을 제일 싫어했다. 때문에 운수불길하여 망한 사람에게는 동정하여도 게을러서 못사는 사람에게는 물질뿐만이 아니라 정신적으로도 한 푼의 동정을 하지 않으셨다. 그리고 순리(順理)에 역행하면서까지 재물을 얻는다던지 지위를 얻는 것도 용서하지 않으셨다.
>
> ― 〈나의 어머니〉 중에서

어머니에 대한 자식으로서의 간절함이 기록된 글이다. 누구에게나 어머니만큼 소중한 인연이 없을 것이니 이는 그러한 인연 때문이라기보다는 그분의 인간적 모습 때문에 비롯된 사랑이라고 보아야 한다.

부모에 대한 그리움은 나이가 들수록 더 간절해지는 것이기에, 이는 본향으로의 회귀에 비견할 수 있다. 오죽하면 수구초심(首丘初心)이라는 말까지 있을까. 여우도 그러는데 사람에게 있어서는 더 말할 필요가 있을까.

윤형두 선생의 글은 오늘을 우리가 어떻게 살아야 할지를 설정해 주고 있다. 이 글은 작가의 작품에 대한 해설이나 평이기보다는 공감을 표하기 위함이고 한 수 배우기 위해 기록된 것임을 밝힌다.

우선 귀감으로 삼아야 할 것은 작가의 인간적 면모다. 바른 목표를 위해서는 달리는 말처럼 저돌적이기까지 하지만, 인간이 마땅히 행해야 할 도리에 대해서는 한 치 빈틈이 없는 성품이니 오늘의 젊은 이들만 아니라 모든 이들이 귀감으로 삼아야 한다.

표현에 있어서도 그의 글에는 한 치 넘치지도 않고 모자라지도 않는다. 버릴 것은 미리 버리고 알맹이만 모아 숙성시킨 것이 그의 글이다.

알바레스는 수필을 "지성을 기반으로 한 정서적이고 신비적 이미지로 된 문학"이라고 했다. 여기서 '지성을 기반으로' 한다는 것은 수필의 고유한 특성이기는 하나 사실은 비문학적인 면이라고 볼 수 있고, 수필작품을 문학의 범주에 포함시키고 그래야 하는 이유는 인용한 글 중에서 '정서적이고 신비적 이미지'가 제 역할을 충실히 할 때다. 윤형두 선생의 글에는 미학적인 면보다는 윤리적인 면이 더 부각되어 있다. 그것은 삶의 질서를 중요시하기 때문이다.

그의 작품은 명령하지 않고 주장하지도 않는다. 이는 그의 표현이 직접적이지 않고 우회적이기 때문이다. 작가의 태도가 오만하지 않고 겸손함에 뿌리하고 있다는 말과 같다.

수필에 대한 기존의 인식은 예술적 허구의 창조보다는 자기 고백적인 성격이 강하다는 점인데, 그런 속성이 윤형두 선생의 글에선 여실히 자리를 잡고 있다. 거기에 진지성과 엄숙성까지 보태져 그 나름의 격을 이루고 있다.

2004년 범우52집

흐트러짐이 없는 삶의 진실과 엄숙성

김우종 金宇鍾. 문학평론가

　수필은 생활의 문학이라고들 한다. 수필이 생활의 문학인 까닭은 그것이 소설처럼 상상으로 꾸며낸 이야기의 세계가 아니라 그 작자 자신의 실제적 삶을 그대로 그려내는 것이기 때문이겠다. 윤형두의 수필 〈콩과 액운〉에서 '나'라는 인물이 식구통(食口通)으로 콩밥을 받아먹는 것은 사실의 세계지만, 빠삐용이 식구통으로 받아먹는 그와 비슷한 것은 허구의 세계다.

　쉽다고 해서 누구나 쓰게 되는 수필이 사실은 다른 어느 장르보다도 어려워지는 까닭이 여기에 있다. 왜냐하면 수필가 윤형두가 아무리 상상력이 풍부하더라도 자신이 유신독재 시대에《다리》지 사건으로 감방 속에 갇혀보지 않았다면 그 콩밥 얘기를 '나'라는 인물을 통해서 써 나갈 수는 없기 때문이다. 즉 수필이 생활의 문학이라고 한다면 수필가는 그만큼 자기 체험의 한계 속에서만 자료를 구해 와야 되기 때문에 소설가만큼 제 주머니의 동전 꺼내 쓰듯 마음대로 아무데서나 사건을 끌어들이기 어렵고, 주제 형성에 어떤 소재가 꼭 필요해도 그것을 자기 얘기로 써먹기는 어렵다.

그런데 그렇게 삶의 이야기가 많기 때문에 윤형두가 꼭 좋은 수필을 쓰고 있는 것만은 아니다. 중요한 것은 물론 수필가적 재능이지만 동시에 그 같은 삶을 얼마만큼 사랑해왔느냐에 있지 않을까? 어떤 가혹한 운명 속의 삶이라 하더라도 결코 좌절하지 않고 포기하지 않고 그 삶을 사랑해왔다면 그가 말하는 삶의 이야기는 매우 절실한 것일 수밖에 없다. 왜냐면 그것은 어떤 감상적인 이야기라도 결코 엄살이 아니라 깊숙한 내면 속에서 우러나오는 영혼의 소리가 되기 때문이다.

윤형두의 수필이 가슴을 울려주는 까닭이 여기에 있다.

그는 1930년대에 일본 고베에서 태어나고, 전남 여수시 돌산에서 어린 시절을 보낸다. 그의 수필에는 이렇게 어린 시절을 보낸 바닷가의 고향 얘기가 많다. 그 중에서 〈연(鳶)처럼〉은 한국 수필문단에서 드물게 보는 수작일 것이다.

줄 끊어진 연이 되고 싶다.
구봉산(九鳳山) 너머에서 불어오는 하늬바람을 타고 높이높이 날다 줄이 끊어진 연이 되고 싶다.

이렇게 시작되는 〈연처럼〉은 우리를 대번에 먼 옛날 동심의 세계로 끌어들인다. 그 시절은 이미 머나먼 과거로 흘러가버린 것이기 때문에 하나의 낭만적인 환상성을 띠고 우리를 매혹시켜버리는 것이다. 이 작품은 우선 탁월한 사실적 문장으로 감동을 준다. 특히 연날리기의 서경묘사에 능하다. 조금도 허술한 데가 없이 연의 모양, 연의 제조과정, 연의 재료, 사금파리 연실, 얼레의 종류 등이 빈틈없이 사실적으로 나타나고 있으며, 마침내 바닷가에서 하늘로 떠올리는 광경이 멋지다. 그런데 그 같은 리얼리즘의 표현기법은 남의 집을 방문하는 주인공으로 하여금 대문 앞에서 며칠씩 기다리게 하는 따분한 기법이 아니다. 즉 신문 연재소설인데 건축양식의 설명만 하다가 며칠씩 걸리는 그런 기법이 아니다. 이 글은 사실적이되 지극히 간결한 몇 마디로 모든 것이 처리되어 있다.

이 같은 특성과 함께 이 수필에는 수필문학의 절정을 이루는 삶의 이야기가 있다. 작자 자신의 가오리연과 친구의 왕연과의 싸움이다. 그것은 또 여기저기 이음새가 있는 무명실과 사금파리실의 싸움이다. 처음부터 전연 승산이 없는 강자와 약자의 싸움이다.

어린 시절의 이런 싸움은 져도 그만이요 이겨도 그만일 수 있지만, 소년 윤형두는 그럴 때마다 얼마나 억울했을까? 그런데 작자는 억울했었다는 말은 한 마디도 없다. 음흉하고 교활할 만큼 작자는 여기서 자기 속마음을 드러내지 않는다.

이 작품의 높은 품격은 이래서 형성된다. 슬픔을 노출하면 자칫 구질구질한 넋두리가 되기 쉬운 것인데, 그걸 감추면 그 슬픔에 교양의 미가 붙고 비극이라는 예술성이 형성된다. 수필을 '청자연적'에 비유한 피천득의 〈수필〉의 세계도 이와 비슷한 경우를 가리킨 것이겠다.

그런데 또 하나 중요한 것이 있다. 애초부터 승산이 없었던 그 연 싸움은 모순투성이의 우리의 사회적 현실에 대한 날카로운 비판이 될 수 있다. 그러면서도 그 사회의식을 일체 감춘 채 시치미를 떼고 있다. 그렇지만 그는 아무 말도 안 하면서도 그 침묵은 웅변이 되고 있다. 왜냐면 우리는 그 대목을 읽으면서 우리가 지금까지 살아온 우리의 역사적 현실을 가장 웅변적으로 압축해놓은 형상을 보게 되고 거기서 절실한 아픔을 느끼게 되니까.

다음으로 가장 큰 주제가 될 수 있는 자유의 문제가 있다. 가오리 연이 끊겨져 나갈 때는 억울하기도 하겠지만 거기서 작자는 자유의 실체를 보고 있다. 줄이 끊어졌으니 마음대로 날아가는 자유. 그런데 그 자유는 슬픈 자유다. 강자한테 당해서 줄이 끊겨 나가는 자유. 작자 는 왜 그렇게도 슬픈 자유를 그리고 있는 것일까?

그가 얻을 수 있는 자유란 겨우 그런 것이란 말인가?

그러나 그가 지금까지 살아온 과정을 본다면 그가 관찰하고 있는 바 이 땅에서 양심적으로 살아가는 사람들의 자유가 어떤 것인지를 이 수필은 너무도 잘 나타내고 있는 것 같다. 강자가 어느 날 풀어줘 서 서대문 형무소 밖을 나오는 자유, 그래서 허기진 뱃속에 생두부 하 나를 마구 입으로 쑤셔 넣을 수 있는 자유, 왕연이 끊어준 덕분에 훨 훨 날아가는 가오리연의 자유와 이 서대문 형무소 밖의 자유는 무엇 이 다르겠는가?

그런 의미에서 본다면 자유를 갈망하는 사람들에게 이 작품만큼 자유의 실체가 무엇인지를 아프게 가르쳐주는 예는 드물 것이다.

이 같은 자유의 의미는 아마도 그의 실제적인 삶의 과정이 체득시켜준 것이리라.

수필가 윤형두는 매우 바쁘게 살아온 사람이다. 그가 그동안 출판계에 남겨온 업적이 그 같은 삶을 입증해준다.

그는 또 근면성만이 아니라 출판을 통해서 역사의 진실을 밝히고 그래서 옥고도 치르고 살았다. 그러면서 굽히지 않고 급류를 거꾸로 헤쳐 올라가는 물고기처럼 살아나갔다.

이 같은 삶이 그로 하여금 수필을 통해서 가끔 스스로를 해방시키려 했던 것일까? 고달픈 인간의 내면 속(→내면)에는 항상 귀소본능이 잠재되어 있다. 그래서 어린 시절로 돌아가고, 고향으로 돌아가고, 거기서 마음껏 울고 싶어지기도 한다. 그의 수필들 속에 그 같은 고향에 대한 그리움이 자주 나타나고 애수가 그 밑바닥에 잔잔하게 깔려 있는 까닭은 고달픈 영혼 속의 잠재의식이 만들어내는 필연적인 결과일 것이다.

그러면서도 그의 애수는 〈연처럼〉에서처럼 늘 자제력이 강하다. 안으로만 삭이고 혼자의 아픔으로써 인고(忍苦)의 미덕을 발휘한다. 그러니까 그 애수는 한(恨)의 정서가 된다.

그는 〈망해(望海)〉에서 이렇게 쓰고 있다.

어떤 이는 현대인을 망향(望鄕)에 병든 무리라고 했다. 그렇다면 나는 망해(望海)에 병든 사람이 되어 있다. 깃발을 높이 달고 오색 테이프를 휘날리며 징 치고 떠나가는 이름 없는 '나가시배'의 화장(火匠)이라도 되고 싶다.

이것은 그의 수필집 맨 앞머리 작품에 나오는 구절이다. 이것을 보면 그의 고향이 바닷가라는 것을 금방 알 수 있다. 그는 고향에서 조개와 물고기와 해초 속에 묻혀 소년 시절을 보냈고, 그 후 상경하여 대학을 다닌 모양이다. 그러면 서울 생활이 수십 년이련만 그의 마음은 항상 고향 바다에 가 있다. 고집스러울 정도로 그는 바다에 집착하고 고향에 대한 노스텔지어의 노래를 부르고 있는 것이다. 내가 언젠가 유화 개인전을 열었을 때, 그는 물론 실업자가 된 나를 돕는 뜻도 있었겠지만, 오동도(梧桐島)를 그린 10호 그림을 비싼 돈을 주고 가져갔다. 그것이 그의 고향에 있는 이름난 섬인 것을 나중에야 알았고, 그가 자기 사무실에 그 그림을 걸어두고 바라보는 이유도 알았다. 그는 그의 고향 바다가 그리워 병난 사람이요, 그것이 그의 수필이 되고 있는 것이다. 내가 읽은 대부분의 수필은 그처럼 그의 고향 바다에 닿는다.

이렇게 본다면 그의 문학은 향수의 문학이며, 그처럼 고향이 그리울 때마다 그것이 수필이 되었고, 또 수필을 쓰려고 하면 서울 얘기를 하다가도 그것이 고향 얘기로 빠져나간 셈이다.

그런데 이 같은 향수는 다른 한편으로 보면 과거에의 복귀라고 할 수 있다. 그 과거 속에는 옛날의 친구가 있고 부모가 있고 물론 바다도 있다. 그래서 〈회상 속의 아버지〉 〈인고(忍苦)의 주름〉 〈나의 어머니〉 등에서는 부모님을 회상하고, 〈연(鳶)처럼〉 〈서리꾼 시절〉 〈가버린 친구〉 등에서는 친구 얘기가 나오고, 기타 도처에서 어린 시절의 생활상이 나온다.

이 같은 향수와 과거지향성(過去志向性)의 문학이 지니게 될 당연한 결과는 일종의 센티멘털리즘이다. 그러면서도 그것은 결코 값싼 감정의 배설이 아니다. 우선 누구나 과거를 회상하고 고향을 그리워할 때, 어찌 슬픔의 감정을 배제해버릴 수 있겠는가?

보기에 따라서는 자기 고향에 대한 사랑은 설득력이 없는 경우가 많다. 왜냐면 자기 고향이 특별히 명승지도 아니건만, 누구나 자기 고향에 대해서는 자랑을 늘어놓기 때문이다. 이것은 곧 자기 부모님에 대한 자식의 태도와도 같은 것이다. 다시 말해서 그것은 무조건적인 사랑이다. 고향이란 그처럼 자기 자신을 키운 어머니 품안과 같은 것이기 때문에 누구나 자랑을 하고 싶어지는 것이다.

그런데 사람들은 대개 성장하면 시골 고향을 떠나버린다. 더구나 현대사회의 급격한 변화 때문에 고향에 되돌아가도 옛날의 고향을 만나기가 어렵다. 고향은 아주 영원한 과거가 된 셈이다.

아니, 그 고향과 함께 과거라는 시간은 이미 과거일 뿐 영원히 재회가 불가능한 시간이다. 그러므로 누구나 그 같은 고향과 과거에 대한 회상이 따르면 센티멘털리즘을 벗어나기 어렵다. 그리고 그 같은 세계를 지닐 수 있다는 것이 바로 사랑과 정의 표현이며, 그 때문에 그것은 우리의 가슴에 깊이 와 닿는 것이 아닌가?

그런데 이런 문학의 세계는 그것이 어떤 가치를 지니느냐를 따지기 전에 우리들에게 가장 공감의 밀도가 높은 소재라는 사실에 주목할 필요가 있다. 누구 할 것 없이 잠재적인 의식의 세계에서는 어머니의 품안으로 되돌아가고픈 복귀본능을 지니고 있으며 향수도 마찬가지다. 그래서 누구나 죽을 때가 되면 고향을 더욱 그리워한다. 그러므로 김소월의 문학이 그렇듯이 윤형두의 수필은 인간의 가슴에 가장 깊이 공감을 주기 쉬운 어떤 신화적 원형 archetype의 소재에 바탕을 두고 있는 것이다.

또 하나의 특징은 도시 문명사회 또는 사회현실에 대한 비판이다. 이것은 물론 그의 문학에서 노골적으로 드러내놓고 있는 경향은 아니다. 그런데 과거에의 그리움, 고향에 대한 그리움부터가 사실은 오늘의 현실에 대한 비판적 반응이다. 이렇게 그는 현실과의 타협으로 안일을 추구하려는 의식이 없다.

그는 〈콩과 액운〉에서 이렇게 말하고 있다.

콩깻묵밥과 도레미파탕, 식구통의 콩밥, 그것들은 실로 나에게서 빼놓을 수 없는 이력(履歷)의 메뉴들이며 수난의 증거인 것이다.

이제 콩이 어떤 모양으로 변해서 나를 찾아오든 도리어 나는 환대(歡待)할 생각이다.

작자에게 콩은 개인적 액운의 상징일 뿐만 아니라 그것은 민족적 수난의 상징이며, 특히 식구통으로 디밀어지던 콩밥은 자신의 양심 탓으로 자초한 것이다. 그렇다면 그 같은 콩밥을 언제라도 환대하겠다는 그의 말은 결코 변함없는 정직한 삶을 스스로 다짐한 것이라 할 수 있다. 그리고 이것은 그의 글 어디서나 쉽게 찾아볼 수 있다. 〈꽃새〉에서는 집안에 날아들어 온 새를 겨울이기 때문에 놔주지도 못하고 온실 속에 가두고 '자유를 상실한 인간'의 아픔을 간접적으로 묘사하여 자신의 신념을 암시해 나간다. 그리고 비명(碑銘)에서는 마지막 죽은 후 그의 묘비에 누가 무엇을 적어줄 것인가를 생각하며 끝까지 바르게 살 것을 다짐한다.

윤형두는 지금 한창 건강하지만 머리는 벌써부터 은빛이 다 되어 가고 있다. 어린 시절이 그립기도 하겠지만 사회에 뛰어든 후 저렇게 머리가 희어질 때까지 그는 모든 정열을 책 속에 쏟았다. 그만큼 그는 출판을 통해서 한국의 문화발전에 남긴 공로도 크지만, 누구보다도 책을 사랑했기 때문에 그렇게 출판에 매달렸을 것이다.

그는 일생 동안 책을 만들고 또 필사본, 목판본, 활자본 등 온갖 고서까지 사방으로 돌아다니면서 수집하며 살아왔다. 그리고 곰팡이 냄새가 나는 그 책들을 새로운 창조를 위한 씨앗이라 부르고 있다. 실제로 그가 범우사에서 출판한 거의 모든 책들은 이 같은 과거의 책들이 씨앗이 되어 새로 잉태되고 출산된 것이며, 그것을 통해서 그는 이 땅에 우리 민족문화의 자랑스러운 맥을 이어가고 있는 것이다. 그의 수필이 생활의 문학으로서 늘 영롱한 빛을 발휘하는 것은 이 같은 삶의 건강성과 함께 예나 지금이나 이 땅에 사는 지성인으로서 양심이 가리키는 곧은길을 꾸준히 걸어가는, 흐트러짐이 없는 삶의 진실과 엄숙성 때문일 것이다.

1991년 3월

수필로 꿰뚫은 인간학(人間學)

장백일 張伯逸, 문학평론가, 국민대 교수

윤형두 형의 화갑 수필집의 서문을 씀에 새삼 소식(蘇軾)의 〈인간 무상시(人間無常詩)〉가 떠오름은 웬일일까. 어느새 우리가 여기까지 왔 는가.

人間到處如何似 應似飛鴻踏雪泥
泥上偶然留指瓜 鴻飛那復計東西
사람 오가는 곳 그 무엇 같을까
마치 나는 기러기 눈 진흙 밟은 것 같으이
진흙 위에 우연히 남긴 발자국 그 얼마 가랴
기러기 날고 보면 가는 곳 동서를 누가 알리

그렇다. 사람은 이승을 떠나면 누가 그 행방을 알까. 그래서 세상은 역려(逆旅)요, 사람은 거기 지새이다 가는 나그네이다.

나는 1년이면 한두 차례 윤 형의 고향인 '돌산'의 향일암(向日庵)을 찾는다. 내 젊은 날의 한때 여기다 인연을 심었기 때문이다. 저 푸른 바다를 끼고 '향일암'을 오르내리면서 윤 형의 우정을 생각했던 것도 솔직한 고백이다. 오늘을 맞이함에 새삼 그 감회가 깊다. 석화같이 왔다가 전광같이 가는 인생이련만 그래도 그 동안 정들었던 우정이 그립다. 그의 한평생이 나의 생애와 흡사하고 또한 그 생애가 우리 세대를 증언하기에 더욱 그렇다.

사람은 태어나 고생하다 죽는다. 이는 인류의 공통된 역사요, 이를 밟지 않은 사람은 없다. 이제 우리는 그가 그의 수필을 통해 무엇을 구하고 호소했는가를 들으려 한다. 한 편의 수필은 작가의 마음을 진심으로 대변하고 증언해 주기 때문이다. 필자도 이 글에서 할 수만 있다면 수필가 윤형두의 마음을 통찰해 내는 심리학자이고 싶다.

윤 형은 파란만장한 인생을 체험했지만 이제 그는 출판인으로 일가를 이루었다. 거기에 수필에도 조예가 깊어 그 동안 괄목할 만한 수필도 많이 발표해 독자의 관심을 모았음도 사실이다. 수필집《사노라면 잊을 날이》(1979),《넓고 넓은 바닷가에》(1983),《책의 길 나의 길》(1990) 등 책으로 엮어진 인생기를 에세이풍으로 꿰뚫었고, 그로써 수필문학의 경지를 보여 주기도 했다. 이번에는 자서전적 화갑수필집《아버지의 산 어머니의 바다》를 펴냈다.

이 수필집에는 태어나 오늘에 이르기까지의 인정으로 저려진 따스한 서정이 있고, 거기엔 인생을 관조하는 미소가 있으며 현실을 꿰뚫는 지성의 번득임도 있다. 그런가 하면 파안대소하게 하는 유머도 있고 더러는 즐거움을 주는 위트가 있음은 물론이다. 또 냉철한 비평 정신과 내일을 제시하는 삶의 지표도 있다. 그것들이 수필의 지성적 섬광의 바탕을 이루면서 이 수필집의 고상성과 고결성을 더해 준다. 그의 수필집의 매력은 바로 여기에 있다. 이를 전제한 달관과 통찰의 인생 실록에서 그 특징을 볼 수 있다.

자조문학으로서의 동질동체

한 편의 수필은 작가의 마음을 진심으로 대변하고 증언한다. 수필 은 자기 고백적 개성의 적나라한 자조(自照)문학이라는 점에서 더욱 그러하다. 그래서 '나'와 '수필'은 '동질동체(同質同體)'이다. 또한 그것 을 입증해 주는 데서 수필집으로서 의의를 더 갖는다. '나'를 있는 그 대로 진솔하게 고백하면서 성실하게 '나'를 추구한다. 몽테뉴가 그의 《수상록》 서문에서 "나 자신이 바로 내 책자의 자료"라고 했듯, 이 수 필집 또한 작가 자신이 그 자료임을 천명하고 있다. 여기에서 수필의 멋과 맛을 보여 준다.

이 수필집은 제1부 〈아버지의 산 어머니의 바다〉, 제2부 〈강물 이 흐르는 한촌〉, 제3부 〈마지막 캘린더〉, 제4부 〈시작과 맺음〉, 제5부 〈꾸준하게 한 길을〉 등 5 부로 나뉜다.

제2부의 〈강물이 흐르는 한촌〉의 수필은 뿌리 찾기 자조(自照)로서 의 '나'의 고백으로 집약된다. 즉 일본에서 태어나 해방 전해, 고향산 천에 묻히겠다는 부친을 따라 선친의 땅인 '돌산'으로 귀향하기까지

의 자조이다. 즉 일제하에서 신음했던 민족사의 비애를 체험의 아픔으로 고백하고 증언한다. 그 점에서 수필로 추적하는 민족 비애로서의 나의 자조사(自照史)로 집약된다.

고난과 시련의 시대 증언

이렇듯 제2부가 나의 뿌리 찾기의 기록이라면, 제1부와 3부는 해방 후의 파란 많은 진통과 고뇌의 청소년기의 고백이다. 고난과 시련의 현대사 속에 담겨진 우리의 얼굴도 또한 거기에 있다. 그러기에 있었던 아픔의 시대상을 다시 읽음으로써 수필의 감동은 더욱 짙어진다. 그 점에서 시대와 역사의 사실을 확인하되 우리의 생존을 휘저었던 한 많은 소용돌이를 통찰한다. 즉 작가가 말하듯 어디로 향해 가야 하느냐보다는 어디에 도착해야 하는가의 문제 앞에 펼쳤던 삶이라는 우여곡절의 여울을 헤엄친다.

순천농림고교 축산과를 졸업하면서 품었던 목축업의 꿈이 깨지자 그의 피눈물 나는 고행길이 시작된다. 부친과 일찍 사별한 그는 모친의 사랑과 회초리의 교훈을 밑거름으로 하여 오늘의 입지를 굳혔지만, 여기에 도달하기까지에는 험준한 가시밭길을 기어오르는 고난의 연속이었다. 그 점에서 그의 수필집이 그가 살아온 생존의 증명서라 함도 그 소이가 여기에 있다.

삭풍의 엄동설한에 굶기를 밥 먹듯한 젊은 날을 지새우기도 했고, 사글셋방을 전전하는 집 없는 설움도 씹었고, 친구따라 강남 가는 정치판에도 뛰어들어 봤고, 군사독재 시대에 필화사건으로 형무소살이를 했던 쓰라림도 안고 있다. 그의 이런 시련은 곧 우리의 시련과도 직결된다.

1948년의 여수·순천사건을 비롯하여 6·25의 동족상잔, 4월혁명, 5·16군사정변, 10·26, 5·18, 12·12 등을 통한 치욕사의 소용돌이에서 살아나기 위한 몸부림을 듣기도 한다. 그 와중에서도 그는 친구와의 교제와 의리를 생명처럼 여겨 왔으므로 또한 그의 인생철학임을 여러 수필에서 확인한다.

인정으로 절여진 인간성

인정은 사람이 본래 가지고 있는 인간적 애정이다. 그래서 인정 없는 생활이란 사막 같고 초목이 메마른 황무지와 같다. 그 인정의 따스함이 있기에 사람은 아름답고 정애롭다. 수필집에서 두드러지게 느껴지는 향기는 바로 인정에 절여진 인간적인 정애이다.

그는 사물을 일단 긍정적인 정애로 받아들인다. 그리고 또 사심 없는 인정을 거기에 쏟는다. 이는 순수한 감정으로 사물을 해석하고 이해하려는 데서 빚어지는 인간정신이다. 진지한 삶의 태도로써 일체를 관조하고 달관하는 경지에서 인정으로 어루만진다. 그러면서 사람이 참말로 사람답게 사는 그 인정의 흐름이 무엇인가를 깨우친다. 수필 〈만절(晚節)〉은 단적으로 그 경지를 맛보여 준다.

오늘날 우리 생활엔 이런 인정이 메말라 버렸다. 비정(非情)만이 홍수처럼 밀려오고 밀려갈 뿐이다. 사람은 있으되 인정은 없고, 생활은 있으되 썩은 늪처럼 삭막하다. 갖가지로 전개되는 범죄의 양상은 그로부터 빚어진 결과이다. 그 점에서 인정은 진정한 삶을 약동시키는 생수임을 그의 수필에서 배운다.

투철한 비평 정신

이 수필집에서 간과할 수 없는 또 하나의 묘미는 불의와 비리를 날카롭게 찌르는 예리하면서도 따가운 비평 정신이다. 비평 정신이란 진위를 판가름하는 정의 구현에의 정신이다. 그로서 시비를 가려내는 가치 판단의 척도가 된다. 그러기에 비평정신은 옹호와 구제정신이다. 즉 불의의 부정과 비리에 저항하고 바름과 옳음을 사랑하는 옹호정신이다. 수필 〈역사의 역리(逆理)〉 〈말의 성찬〉 등에서 우리는 그의 정의 구현에의 비평정신에 접한다.

이 수필들은 총칼로 정권을 빼앗은 5·16군사정변, 정치상의 그 권력의 그늘 밑에 밀착하여 사리사욕에 눈이 멀었던 위정자들의 불의를 가차 없이 찌른다. 사실 총칼로 수많은 백성이 희생됐고, 그 권력에 빌붙은 정경유착의 비리가 또한 백성을 도탄에 빠지게 했음도 주지의 사실이다. 수필은 그 비평 정신을 본령으로 함이 진실성을 더해 주는 또 하나의 사명임을 사실화해 준다.

여정에서 깨치는 인생 관조

수필집에서 보여지는 또 하나의 특징은 여정(旅程)에서 체득한 인생의 깨침이요, 그로부터의 미래의 꿈이다. 그 점에서 수필집 4부인

〈시작과 맺음〉은 작가 자신이 인생 여정에서 깨친 인생 관조요, 그로부터 뿌리박은 미래지향의 세계관으로 집약된다.

여기서의 여정이란 미지의 세계에 대한 새로운 견문이요 견식이다. 여창(旅窓)에 비친 '나'를 관조함으로써 비로소 새로운 '나'를 발견하게 된다. 사람은 세계를 유영(遊泳)해 봄으로써 세상 넓은 줄을 알게 되고, 그 속에서 내가 무엇을 해야 하는가도 바라보게 된다.

이 여창 제재의 수필엔 여행에서 터득한 바의 새 지식을 우리에게 교시한 것도 적지 않다. 책이 있는 곳이면 어디라도 가되 걸으면서 배우고 배우면서 깨친다. 그래서 그의 여창은 분주하면서도 자상하고 자상하면서도 발걸음을 재촉한다.

여행 제재의 수필은 크게 두 가지로 나뉜다. 즉 자전적 문학으로서의 기행수필과 지지적(地誌的) 기록으로서의 기행수필이 그것이다. 전자를 문학적 문화적인 의의 추구의 기행문으로 특징짓는다면, 후자는 그 지방의 특징과 풍물과 주민들의 특유한 인상을 주로 기록하기에 그것은 다분히 역사적 민족적인 가치를 지닌다. 이를 전제한다면 이 수필집의 기행수필은 양자를 겸비하되 양자 기법의 융화에 남달리 애착을 갖는다. 그로부터 여창의 재미는 열려 간다.

부드러우면서도 사실적인 문체

수필은 문체로써 집약되고 정리된다. 그 점에서 수필의 개성은 문체의 개성이다. "문(文)이 곧 인(人)"이라 함도 그 까닭이 여기에 있다. 문체로써 작가의 개성이 사실적으로 드러나기 때문이다.

작가의 문체는 거칠거나 뻣뻣함이 없이 부드럽다. 그 부드러운 문체가 친근감을 심어 준다. 그의 수필은 따스한 인정에 젖어 있다 함도 여기에서 연유된다. 그러면서 묘사 또한 사실적이다. 그의 예리한 통찰력은 이런 사실적인 정확성에서 기인된다. 그러기에 부드러운 문체 속에 사실적인 비평 정신이 깃들어 있다 함도 거기서 빚어진 결과이다. 그러면서 인생을 새롭게 해석하고 이해시키되 내일을 예시한다. 수필에는 더러 중복된 표현이 있음에도 그것들이 낯설게 들리지 않는 것도 바로 나름만의 문체가 갖는 그 묘미 때문이다.

궁극적으로 수필은 언어 표현의 인생 회화이다. 그 언어의 화가는 바로 나다. 그래서 수필은 총체적인 인간(인생) 탐구이다. 이를 위한 진지한 인생 표현에의 채색 작업이요, 참[誠]에서 참[眞]을 다하는 '수필 쓰는 일'이, 이를 위한 인생작업이기도 하다. 그러기에 한 편의 수필에는 수필로서의 예술성과 철학성이 하나로 용해되어 있어야 한다.

한마디로 그의 생애는 진흙 속의 탁류요 이를 헤치면서 달려온 인생 기록이다. 시련과 고뇌로 헤친 아픔의 체험을 통한 지성으로서의 해석과 감성으로서의 이해, 바로 이 융합의 형상화에 수필미학의 진수가 있다면 이 수필집이야말로 그것의 증언적인 예문이라 해도 틀림이 없다. 그럼에 이를 어찌 수필미학으로 꿰뚫은 '인간학'이 아니라 할까. 삶의 진실이 정서 속에 용해되는 감동으로 전달하고 있기에 더욱 그러하다.

- 범우윤형두문집Ⅲ 〈아버지의 산 어머니의 바다〉 서문

1995년 7월

신묘한 법품(法品)의 울림

임중빈 任重彬, 문학평론가

1

수필문학으로 일가(一家)를 이룬다 함은 그 어떤 과정을 거치는 성과를 일컬음일까. 명저 《프랑스 문학사》의 귀스타브 랑송은 미셸 드 몽테뉴를 두고 "자기 자신 속을 들여다봄으로써 그는 거기에서 스스로 이상의 것, 곧 인간을 발견하였다"고 공언한다. 이는 스스로의 내면 세계를 투시함으로써 사사로운 나 이상의 보편적 인간을 발견하기에 이른 몽테뉴의 기념비적 수필문학의 경지를 평가한 것으로 본다.

그러나 볼테르와 함께 프랑스 혁명의 뇌관 구실을 한 장 자크 루소의 경우, 이에 앞서 자못 심각한 성찰로 몽테뉴의 감상적 향락에 비수를 들이댄다. 몽테뉴 성(城)에 유폐된 한 명상가는 고작 귀여운 결함

들만 들추어내 스스로의 위안이나 일삼고 있을 뿐이라는 혹독한 비판이다. 인간의 근원적인 결함이라든가 원죄 의식에 대한 무자비한 폭백의 법정에서 헐벗은 자아의 진면목을 드러내는, 보다 차원이 다른 루소의 《참회록》은 분명 몽테뉴식의 안일한 자가 성찰을 넘어선다. 인간 본성의 자서전으로 누구보다 최대 강적이라 할 그 자신에 대한 본격적인 선전포고이자 자신의 내부에 들끓고 있는 본연의 악에 대한 도전장 아닌 것이 없다.

루소는 마침내 생존의 명쾌한 극복을 성취하고, 이 책으로 다른 저서들과 함께 낡은 체제를 뒤엎는 혁명을 예비하기도 한다. 그렇다면 가벼운 필치로 쑥스런 자만이 아니면 한갓 귀여운 결점이나 조금씩 드러내 보이며 신변잡기로 떨어지기 일쑤인 한국 수필문학의 속류(俗流) 현상에서 진정한 수필 작품으로 끝까지 살아남을 명편이란 몇이나 될 것인가.

모든 장르의 작품이 그렇지만, 인간 운명의 본원적인 극복에 미치지 못하는 작풍(作風)이 있다면, 이는 언어의 낭비요 자기 과시나 일삼기에 급급한 문학의 자독 행위에 다름 아니다. 더욱이 수필문학은 미세한 문제 제기를 통한 우주에의 무한대 도전 행위가 아니고 무엇인가. 무슨 예행연습이나 문체의 리허설 수준에 머물 수 없으며, 언제나 글로써의 실전 그 한복판에 자리하는 자세를 떠날 수 없으리라 본다.

범우 윤형두는 과거 속의 내면세계를 있는 그대로 파헤침으로써 거기에서 범상한 개인 이상의 보편적인 인간을 발견한다. 부끄러운 역경의 참모습을 정직하고도 투명하게 반영함으로써 보다 나은 자아로 전입하는 항전을 거듭하며, 밝은 사회로 돌진하는 의로운 격전을 멈출 줄 모른다. 단적으로 표현하여 윤형두의 수필 세계는 산과 바다를 합성한 '산해경(山海經)'에 비유할 수 있다. 여기에서 산은 그의 부성(父性), 바다는 그의 모성(母性)임이 자명한데, 막연히 요산요수(樂山樂水)의 경지에 정착함을 뜻하지 않는다. 고산준령을 정복하는 내향성의 부성 추구에서 슬기의 절정을, 성난 파도의 격랑을 헤쳐 온 외향성의 모성 추구에서 어질디어던 절정을 아울러 체질화하려는 야망에 불타고 있다.

바다는 생동감 넘치는 파도의 세계라면, 산은 움직이지 않아 죽어 있는 것 같으면서도 살아 있는 침묵이다.

나는 이제껏 어머니의 바다와 같은 삶에 영향을 받고 따르며 살아왔다. 모진 격랑을 헤치고 썰물과 밀물의 소용돌이 속에서도 억센 몸부림으로 참고 살아왔다. 거센 파도에 온몸을 송두리째 맡기기도 하고, 또한 부딪쳐 침몰하기도 하면서 어지간히 내가 바라던 피안에 닿았다.

이제 산의 지혜를 배울 때가 된 것 같다. 침묵하면서도 삼라만상을 포용하는 장엄한 그 뜻을 알아야겠다.

산과 같은 아버지, 바다와 같은 어머니.

나는 이제 산과 같은 아버지가 될 나이가 된 것 같다.

— 〈아버지의 산, 어머니의 바다〉에서

지혜로운 길, 인덕(人德)의 길, 그 십자로 위에 윤형두의 수필문학은 상존(常存)한다.

2

세상에서 가장 중요한 일은 자기 자신의 몫으로 살아가는 노릇이다. 그리고 윤형두의 수필은 그의 삶에서 큰 몫을 차지한다. 언제나 최선의 전심전력을 쏟아 내는 생활의 편린에 관한 진솔한 고백과 거짓 없는 각서가 그의 모든 문맥이라 할 때, 흔히는 신통력 있는 황홀한 법맥(法脈)으로 발돋움하기에 넉넉하다. 윤형두는 그 누구보다 애수어린 서정시인의 품격이 돋보인다. 그의 원색으로 채색된 표현의 극치는 예컨대 '관악산에 올라 무심코 바라본 남쪽 하늘 밑에 아직도 양친이 살아 계실 것만 같은 착각이 그리움으로 가슴을 메게 하고, 멀리 보이는 서해의 물빛이 고향의 그리움을 더욱 짙게 한다'(〈내 고향 여수 돌산〉)에서 보는 바 유창한 망향가를 읊조린다.

한 걸음 더 나아가 지고의 정한이 사무치는 추억의 공간은 '나는 검푸른 바다를 좋아한다. 가을 비 갠 날의 맑은 하늘빛과 같은 바다를 좋아한다.(…) 바닷물에는 국경이 없다. 그 광활한 무변의 가없는 바다, 죽음처럼 침묵하다가도 성난 노도처럼 포효하는 그 바다'(〈바다〉)로 표현의 절정을 장식할 뿐만 아니라, '산등성이에 올라 동북쪽 하늘을 보면 여명의 빛깔이 서서히 스며들고, 서남녘의 하늘에는 별들이 초롱초롱하다. 봉천동과 신림동의 인가들을 굽어보면, 노랗고 빨간 불빛들이 인간들이 살아 움직임을 말해 주는 것 같다. 먼 동녘부터 어둠이 걷히면서 산의 모습이 뿌얀 안개 속에서 자태를 드러낸다. 나목의 선명한 선과 침엽수의 형태가 분별될 때쯤이면 별은 하나 둘 자취를 감춘다. 그러다 붉은 햇살이 관악산 능선 위로 비칠 때면 밝은 빛이 삽

시간에 하늘의 별을 몽땅 쓸어버린다. 그러면 하늘은 잃었던 제 빛을 다시 찾는다. 검푸른 하늘에 명주솜 같은 구름이 남북으로 길게 누워 농무의 고깔 깃처럼 하늘거린다'(((樂山樂友))쯤에 이르면 리얼한 정서의 완미한 표현, 그 서정적 극치만으로도 만인의 심금을 울려 줄 독보적인 경지임이 단연코 입증되며, 누구의 추종이나 모방도 원천적으로 봉쇄하고 불허한다. 심상의 묘사까지 곁들인 필치는 관악산보다 높게, 여수 앞바다의 짙푸른 대양 얼굴보다 더 농도 짙게, 그리고 때로는 오래도록 현해탄에 드리워진 한보다 더 골이 깊게 우리의 심령을 뒤흔든다. 그런 가운데 추모와 겸허의 미덕이 도저하다.

'어머님은 나에게 많은 것을 가르쳐 주셨다. 어머님은 글이라고는 한글을 깨칠 정도요, 쉬운 한자를 읽고 오랜 일본 생활에서 얻은 일본말과 쉬운 일본글을 읽는 정도였다. 그런데도 내가 인생을 살아가는 데 많은 교훈을 주셨다. 나는 자식들을 교육시키는 데도 어머님에 비해 낙제생이다. 자식들에 대해서도 어머님처럼 집요하게 독립심을 불어넣어 주지도 못하고, 철저한 우정관도 심어 주지 못한 것 같다'((사모곡))에서 풍성한 독창성이 비범한 재능을 창출한 것으로 평가되지 아니할 수 없다. 그러기에 애상조의 추억의 스펙트럼은, 조명할수록 성배(聖杯)에 담긴 최후 만찬의 술처럼 도취경으로 이끈다. 그 순간마다 드센 극복의 철리는 투명하기 이를 데 없다. '오리나무 그늘에 누워 워즈워스의 〈초원의 빛〉 읊조리지는 못하지만 많은 사람들에게 밀른의 해학과 소포클레스의 진지한 인생의 이야기를 보내며 살아갈 것이다. 그리고 부화기에 달걀을 넣어 둔 채 떠나려는 나를 붙들고 그렇게 서운해 하던 친구를 찾아갈 것이다. (…) 앞으로의 길이 암만 고되고 험할지라도 활자와 같이 걸어온 그 길을 토대삼아 남은 생을 보람 있게 살리라'(《생의 여울에서》)의 명료한 지향점이 있기에 더욱 그러하다.

윤형두는 한 길로만 간다. 걸어온 길이 그러한 이상 더욱 자신 만만하게 '한 길을 가라. 그러면 깨달음이 있을 것이다'(《한길의 미학》)라는 호소에서도 비범한 설득력이 샘솟는다. 과연 그는 책과 더불어 한 우물만 파왔고, 앞으로도 결코 흔들림이 없이 한길로 꿋꿋이 달려갈 태세가 확고하기만 하다.

이제 지천명(知天命)의 나이도 중턱을 넘고 이순(耳順)을 바라보는 처지에 무얼 더 하고픈 욕심이 있을까. '활자와 더불어 35년'이 아니라 북망산 가는 날까지 활자와 더불어 생을 즐길 수 있다면 얼마나 행복한 삶일까. (…) 책이 무엇이건대 나에게는 이다지 큰 마력으로 다가오는 것일까.

나는 책을 통해 1천 년의 삶을 살았고, 또 지금도 1천 년의 지혜를 얻고 있으며, 앞으로도 1천 년의 미래를 내다보며 책과 더불어 살아갈지도 모른다.

출판인이란 인생에 가장 필요한 지식과 학문과 예술 등 전분야를 활자매체를 통하여 뒷받침하는 문화적 속성을 가진 직업인이란 긍지를 가지고 살아갈 만도 하지 않을까. 좋은 책은 영과 혼을 살찌운다…….

—《책의 길 나의 길》에서

이러한 집념 속에서 책과 함께 3천 년의 비옥한 삶을 누리는 가운데 진리에 이르는 이성과 완덕(完德)에 이르는 양식을 길들이기에 출판활동과 문필활동을 둘 아닌 하나로, 그것도 영원한 한길로 자리 잡을 수 있게 되었다. 범우사 간행의 도서들과 윤형두의 수필 작품들은 한결같이 정신 도야의 지렛대로 공인받게 된 오늘이다.

3

윤형두의 수필문학은 금아(琴兒) 피천득(皮千得)이 찬탄한바 '애수 어린 서정' 속 '윤리적 이성'을 갈고 다듬어 표출한다. 그렇다 해서 애잔한 감수성과 명료한 도덕성과의 결합으로 자족하지도 아니한다. 윤형두에게는 긍지 넘치도록 전통사회를 누리는 복락이 있기에 "나에게는 한복이 정신이요 지조다. 그리고 수백 년 내려온 조상의 넋이요 할아버지의 교훈이다. 화학섬유로 만든 옷에 가려진 몸을 부지하고 있는 현대에 살면서 무명 한복을 입고 즐길 수 있다는 것도 얼마나 행복한가"(〈한복의 세계〉)라는 안도감의 확인이 있지만, 《다리》지 필화사건의 체험적 증언 못지않게 그릇된 역사 앞에서 준엄한 불칼을 휘두름 또한 결코 만만치 않다.

'(…) 군사정권은 30여 년의 권좌를 누렸다. 그들의 반공은 숱한 관제 빨갱이를 만들어 내었고 통일의 골마저 깊게 만들었다. 구악을 일소하고 부정부패를 척결하겠다는 사람들이 산업, 금융, 군부, 교육계에 이르기까지 온통 부정부패의 온상을 만들어 놓은 것이다. 어느 한 곳 곪지 않은 곳 없이 만신창이가 되어 버렸다. (…) 역사는 준엄하고 정직하다는데 왜 한국의 현대사는 굴절된 그대로 유착되려 하는지 모르겠다. 이제 민주당 정권을 무능하였다고 매도하고 총칼로 정권을 빼앗은 군사정권을 우러러 받드는 역사의 역리를 바로잡을 때가 된 것 같다'(〈역사의 역리〉)라든가, '이렇게 떠나는 사람들이 누렸던 권력과 명예와 부귀의 밑바탕에는 숱한 민초들의 사상적 탄압과 자유의 억압, 학벌과 지역적 차등대우, 세무사찰 등 숱한 고초가 있었다는 것을 알고나 있을까. 5월의 푸른 신록을 감옥 창살 사이로 바라보며 자유를 그리워했던, 그 수많은 침묵하고 있는 사람들을 한번쯤 생각해 보았을까'(〈말의 성찬〉)라는 지적의 생기 찬 비판정신에서 건실한 에세이의 정수에 접한다. 그러함에도 불구하고 친근감이 육화된 윤형두의 에세이 정신은 '너무 넘침도 부족함도 없이' 살아가는 자세와 '멀리 보고 걷는 자만이 큰일을 이룰 수 있다'는 평범한 진리가 어느 성구(聖句)보다 가슴에 와 닿기에 아래의 글은 더욱 절실한 감화력이 있다.

사회에 나와 명예도 지위도 돈도 다 가진 사람이 만년에는 그 모든 것을 잃어버린 경우 또한 본다. 굳게 지켜 왔던 지조를 굽히거나 명예를 잃어버리는 쓰라림을 인생의 황혼에서 맛보는 사람도 있다.

우리에겐 시작도 중요하지만 과정도 중요하며, 특히 맺음이 중요하다. (…) 그리고 가능하다면 인생 70이나, 인생 80의 나를 그리면서 사는 것이, 아침과 월초와 새해에 무엇을 하겠다고 다짐만을 하며 사는 사람보다는 더 현명한 사람일지도 모른다. 해돋이 때의 해보다 황혼의 낙조가 더욱 아름다울 수 있다.

— 〈시작과 맺음〉에서

현인의 길에 접어들려는 원숙한 인생론의 전개로 주목을 끌만하다. 출발 못지않게 마무리는 더욱 중요하다. 미덕의 극단적 승화라 할까. 실제로 참다운 것밖에는 아무것도 아름다운 것이 있을 수 없다는 고전주의 미학의 불문율에 충실한 낭만적 사도로 일관해 온 수필가 윤형두가 아니었던가.

18세기 전반 주목할 만한 미술 비평의 권위 남태응(南泰膺)은《청죽만화》에서 문장가에 신품(神品)·법품(法品)·묘품(妙品) 등 3품이 있음을 환기시켰다. 화가로는 허주(虛州)·이징(李澄)이 서예가 한석봉(韓石峯)과 함께 법품에 가깝다고 규정했는데 이제 윤형두의 수필문학이 법품의 범주에 든다면 속단일 것인가, 그의 작품은 법품의 울림 가운데서도 다라니(陀羅尼) 진언경(眞言經)의 비상한 깨우침을 촉진한다. 막힘없는 뜻을 품은 밀어로 공덕 받을 총지(總持)의 자리에 올라 있다. 그런 반면에 신묘한 공감을 자아내면서도 아직은 다소 중복되는 추억에 젖어 있다. 하지만 얼마간 동일한 소재의 반복에도 불구하고 윤형두의 수필은 언제나 인의예지(仁義禮智)의 흔들림 없는 도덕률을 알파와 오메가로 삼고 있을 따름이다. 그렇다면 지나친 도덕성 제고나 지당한 인생론은 수필문학의 고도 예술성 발현에 오히려 역행할지도 모른다. 지속적으로 깊은 공감을 얻으려면 안이한 발상은 이제 탈피하고, 보다 멀리 볼 수 있도록 높이 나는 봉황의 시각을 확보할 것을 새삼 촉구한다.

- 범우윤형두문집Ⅲ 〈아버지의 산 어머니의 바다〉 서문
1995년 초여름

소멸과 생성, 그 변증적 사유의 깊이

- 수필작가 윤형두의 수필을 중심으로 -

한상렬 평론가

1. 작가의 글쓰기

작가란 어떤 사람인가? 이런 질문은 다분히 상투적이다. 먼저 이에 대한 답변에서부터 이야기를 풀어내고자 한다.

10여 년 전(1987년)에 김병익은 "세계를 상투적으로 보기를 그치고 끊임없이 부정을 통해 새로운 창조를 도모하는 행위를 하는 사람"으로 또 "한없는 괴로움과 고통, 절망과 도전, 모험과 패배의 무거운 짐을 지겠다는 실존적 결단을 지닌 사람"[1]이라는 말로 작가에 대한 정의를 대신한 일이 있다. 이는 작가는 어떤 사람이어야 하는가를 말함이

---

1 김병익, 〈작가란 무엇인가〉, 《전망을 위한 성찰》, 문학과지성사, 1987. pp. 11-14.

겠다. 여기 그의 말에서 전자는 80년대라는 상황 즉 작가의 정체성이 위기에 부딪친 때의 대응이었기에 제쳐놓고, 필자는 후자의 경우에만 일단 관심을 가져본다. 작가는 모름지기 한없는 괴로움과 고통을 지녀야 하며, 절망과 이에 대한 도전 정신 그리고 모험과 패배의 무거운 짐을 져야 한다는 그의 언술은 오늘의 작가들에게 상당한 시사를 한다. 이를 오늘의 수필에 대응시켜 보자. 과연 오늘의 수필작가들은 이 같은 도전 정신을 지니고 있을까? 여기 이런 도전의식은 곧바로 장인 (匠人)정신과도 통한다.

그런데 무슨 연유인지 이 글의 모두(冒頭)에 바르트의 "작가의 죽음"[2]이란 말이 떠오른다. 여기서 죽은 작가란 그의 작품들이 그 자신에게로 귀속되는 완전무결하고 자족(自足)적인 작가, 작품에 존재하는 고정된 의미를 만들어내는 장본인이며 그 의미에 해당하는 작가를 말한다. 여기서 문제는 오늘의 작가는 어떤 사람이어야 하는가 하는 점에 있다. 앞서 성민엽의 말을 다시금 들어본다.

작가의 글쓰기를 헤엄에 비유한다면, 오늘의 작가는 늪 속에서 유영 (遊泳)하는 자이다. 문학과 관련되는 모든 것들이 극도로 불투명해져 있고 그 불투명한 액체성은 한없이 끈끈하기만 하다. 문화산업과 멀티미디어, 사이버 스페이스가 그리고 그것들을 움직이는 후기산업사회의 자본과 권력이 강한 접착력으로 그의 헤엄치는 동작을 옭아맨다. 그 불투명에 눈멀고 그 끈끈함에 속박되어 그의 헤엄은 너무도 힘겹다. 그러나 힘

2 성민엽, 〈21세기 작가란 무엇인가〉, 《21세기 문학이란 무엇인가》, 민음사, 1999. p. 27.

에 겨워 그가 헤엄을 멈추는 순간 그는 저 깊은 늪의 바닥으로 가라앉아 버릴 것이다. 그러고는 죽어 썩어서 늪에 동화되어버릴 것이다. 그에게 다른 선택은 없다. 오직 죽을힘을 다해 헤엄치는 수밖에는! 늪도 아니고 늪으로부터 자유롭지 않은 자, 늪 속에서 유영하는 자를 엘리트라고 부르지 말자.[3]

라고 하여, 오늘의 작가는 그 의미상 '저자(著者)'를 뜻하는 'Author'에서 장인성(匠人性)에 초점을 맞춘 의미로 보아야 한다고 말하고 있다.

　이 글의 모두에서 이같이 장황한 서술이 필요한 것은 과연 어떤 작가를 진정한 의미의 작가로 보아야 하는가 하는 문제에 대한 정지 작업의 필요에서다.

2. 초월의 의지

　카오스의 이론에 의하면, 초기값에 대한 예민한 의존성에 주목하면서 이를 비유적으로 '나비효과(Butterfly Effect)'[4]라고 표현한다. 이를 언급한 로렌츠는 "분별할 수 없을 정도로 차이가 나는 두 상태가 시간이 흘러 궁극적으로 크게 상황이 다른 상태로 발전함"을 의미한다고 말하고 있다.

　이에 의하면, 오늘 서울에서 나비 한 마리가 날갯짓을 하여 공기에 영향을 미친다. 그 결과 내일 뉴욕에 돌풍이 일어날 수 있다는 것

---

3 성민엽, 〈21세기 작가란 무엇인가〉, 《21세기 문학이란 무엇인가》, 민음사, 1999. p. 43.
4 우찬제, 〈21세기 저자와 열린 텍스트〉, 《21세기 문학이란 무엇인가》, 민음사, 1999. p. 44.

이다. 초기 조건의 미세한 차이가 종국에 가서는 아주 엄청난 차이를 낳을 수도 있다는 이론이다. 이런 이론을 갑자기 떠올리게 한 것은 필자에게 텍스트로 전해준 윤형두의 수필 작품 몇 편을 통해서였다. 비약이 심하다고 탓할 사람도 없진 않겠지만, 평소 유수한 출판사의 사장이며 수필을 창작하는 작가라는 정도로 이해하고 있었던 필자에게 있어서 그의 수필 작품 읽기는 분명 충격적인 것이었다.

이런 충격은 얼마 전 텔레비전의 '성공시대'라는 프로를 보면서 느꼈던 것과 비슷한 것이었다. 그날 방영된 성공시대의 주인공은 'Lee and DDB'라는 광고회사의 대표인 이용찬이라는 사람이었고, 그의 성공사례였다. 그런데 필자에게 다소 충격적이었던 것은 회사 앞에 세워진 '칼'의 형상이었다.

하필 회사 정문 앞에 '칼'을 세워놓았을까? 다소 의외였다. 대답은 그러했다. 평범함을 깨기 위함이라는 답변이었다. 끊임없이 자신을 날 위에 세워 갈고 다듬기 위해서라고 했다. 지금까지의 고정관념에서 벗어나고 신선한 아이디어의 창출을 위해서는 칼과 같은 강력한 에너지, 누가 보아도 생경한 느낌이 들 '칼'의 이미지는 새로운 패러다임을 의미한다. 구각(舊殼)을 제거하고 새로운 갑옷을 입기 위한 변화의 앞장섬이 아닐까 싶다. 물론 작가에게 있어 이런 변화는 다름 아닌 장인정신으로서의 무장일 것이다.

콜린 매컬로는 《가시나무 새》에서 일생에 단 한 번 우는 새가 있다고 했다. 둥지를 떠나 가장 길고 날카로운 가시를 찾아 스스로 자기 몸을 찔러 죽어가는 이 새는 그 고통을 초월하여 이윽고는 종달새나 나이팅게일도 따를 수 없는 아름다운 노래를 부른다고 하였다.

이렇게 가장 위대한 것은 위대한 고통을 통해서 얻어진다고 하는 사실, 그리하여 위대한 문학 작품은 이런 작가의 고통스런 삶을 통해 얻어진 상상과 체험의 산물임에 틀림이 없다.[5] 더구나 지금은 자기 정체성 상실의 시대라고 한다. 그렇기에 나를 찾기 위해서는 스스로의 의지를 통해 현실을 파괴하고 탈출을 모색해야 한다. 알 속의 생명이 알에서 깨어나 더 큰 생명의 세계로 나가기 위한 신비한 생명의 의미를 배워야 할 것이다. 여기 윤형두의 수필은 이 같은 작가의 의지의 산물이라 하겠다. 작가가 겪는 소멸의 이미지로 그 초월의 의지를 생성의 이미지로 보아 그의 수필은 이 양자의 포용, 즉 변증적 사유의 깊이를 보이고 있다고 하겠다.

3. 대립적 이중구조의 통합

윤형두의 수필 〈연처럼〉은 화자 자신의 꿈을 미적, 정서적으로 승화시키고 있다. 그의 소망은 줄 끊어진 연이 되고 싶은 것이다. 구봉산 너머에서 불어오는 하늬바람을 타고 갈뫼봉 너머로 날아가는 가오리연이 되어, 현해탄 너머 태평양 상공으로 아니면 아기섬 쪽으로 밀려가는 쪽배에 그림자를 늘어뜨리며 흘러가는 연이 되고자 한다. 이는 작가가 동경하는 상상의 세계이자 현실로부터의 비상을 의미한다. 그렇다면 연처럼 날고 싶다는 소망의 발단은 어디서부터 연유함일까? 여기서 연싸움이 주는 의미는 무엇일까?

---

5 졸저, 《심해어의 사랑》, 도서출판 서해, 1983. p. 223.

K군의 연과 화자의 연은 대조적이다. K의 연은 견고한 장방형의 왕연으로 고기잡이에 쓰는 질긴 주낙줄에 유리가루와 사기가루를 민 어부레풀에 섞어 발라 날을 세운 것으로 얼레도 회전이 빠른 6각이나 8각인데 반해, 화자의 연은 볼품없는 가오리연이다. 어머니의 반짇고리에서 몰래 가져온 그저 무명실에 불과하며 군데군데 이음 자국마저 있는 것이다. 얼레도 조선조에서 주워온 막대기를 사다리 모양으로 못질한 것에 불과하다.

그래 왕연은 문풍지 소리를 내며 늠름하게 하늘을 오르지만 화자의 가오리연은 광대춤을 추듯 서서히 오른다. 애당초 싸움이 될 수 없음은 말할 나위도 없다. 그래 "한두 번의 튀김으로 연줄이 얽히고 얼레가 감겼다 풀렸다 하는 소리가 몇 번 나면 가오리연은 하늘로 솟구쳤다간 백학(白鶴)처럼 멀리 사라져간다"고 했다. 당초 구조적 모순과 천형적인 결함을 타고난 가오리연의 운명은 다름 아닌 소멸의 이미지다. 상대방보다 훨씬 결함이 많은 약자임을 스스로 인정하면서 벌여야 하는 싸움, 이보다 더 비참한 싸움이 있겠는가. 대개의 경우 좌절과 낙담 속에 절망하게 마련이다. 아니면 주어진 운명에 굴복한다.

희미하게 꺼져가는 노을을 받으며 사라져간 연. 그것은 나의 무한한 동경의 꿈이었다. 아버지를 잃은 고독과 설움을 잊을 수 있고, 가난 때문에 받은 천대와 수모를 겪지 않아도 될 그런 세계로 날아갈 수 있는 연이 되고 싶었다.

그로부터 30년이 지난 요즘 나는 조롱(鳥籠)속에 갇힌 자신을 발견하기도 하고, 능력의 한계를 느끼고 자학(自虐)의 술잔을 기울이기도 한다.

어릴 때의 고독과 수모. 그 무엇 하나도 털어버리지 못한 채 더 많은 번민 속에서 살아간다.

마음이 만들어버린 속박. 눈으로 느낄 수 없는 질시와 모멸. 예기치 못했던 이별이 나를 엄습할 때면 나는 줄 끊어진 연이 되어 훨훨 하늘 여행이 하고파진다.

— 〈연처럼〉에서

이 수필은 연날리기를 매체로 하여 화자가 동경하는 세계의 모습을 상징적으로 처리하고 있다. 노을을 받으며 사라져간 연은 화자의 꿈의 대리자라 할 수 있다. 비록 상대보다 불리한 조건에서의 싸움이지만, 화자는 여기서 낙담하거나 자학이 아닌 현실 극복의 의지를 불태운다. 상실에서 오는 고독과 가난이라는 굴레, 그래 그는 어린 시절 연을 날리며 세계에의 동경에 젖는다. 이기기 위한 연싸움이 아니다. 그는 처음부터 싸움의 결과에 연연하지 아니한다. 그런 것은 화자에게 있어 아무런 의미가 없다. 아니 오히려 끊어진 연이 무한한 공간으로 날아가길 희원한다.

여기에서 날아가 버린 연, 그 상실은 소멸의 이미지다. 그러나 이를 통해 더 높은 가치를 추구하고자 하는 화자의 이상이 연날리기에는 담겨 있다. 그런 아픈 기억이 많은 세월을 넘긴 지금도 흔적처럼 남아 있다. 그래 그는 지금 "조롱 속에 갇힌 자신을 발견하며", "줄 끊어진 연이 되어 하늘을 훨훨 나는 하늘 여행이 하고파진다"고 말하고 있다. 상실감에서의 초월 의지, 바로 소멸과 생성이라는 대조적 이미지가 이 작품에서는 변증적으로 처리되고 있음을 보게 된다. 절망 속에서의 꿈꾸기라 하겠다.

이런 소멸과 생성의 대립적 이중구조의 통합화 과정을 보이고 있는 윤형두의 수필세계는 다음 수필인 〈콩과 액운〉에서 더욱 구체화되고 있다. 서두가 좀 길기는 하지만 "이 은혜로운 콩이 나에게는 마냥 액운을 수반하는 상수(常數)로서 어떤 함수관계(函數關係)로 이어져 왔으니 생각하면 묘한 아이러니가 아닐 수 없다"고 일반화한 언술을 시작으로 이 수필은 세 개의 예화의 축으로 전개되고 있다.

① 해방되던 한 해 전, 열 살 때의 이야기다. 죽어도 고향 땅에 묻히겠다는 완고한 아버지의 고집으로 하향하여 콩깻묵밥을 먹으며 몇 번인가 눈물을 떨구었던 기억이다.

② 자유당 말기의 이야기다. 공군에 지원하기 위해 노량진역에서 기차를 타려다가 불심검문을 당해 병역기피자의 혐의를 벗고 내친김에 육군에 지원하여 이후 타의에 의해 '도레미파탕'을 고정메뉴로 정하고 만 이야기다.

③ 콩과 기연(奇緣)인 식구통(食口通)의 콩밥이다. 월간 《다리》지의 필화사건으로 화자가 겪었던 100여 일간의 감방생활과 관련한 이야기다.

이들 세 개의 예화의 축은 분명 상실과 연관된다. 이는 소멸의 정서를 지닌 화소들로 '콩'이라는 소재를 의미화하여 액운과의 상관관계로 처리하고 있다. 그러나 이 또한 소멸의 이미지로 끝나지 아니하고, 생성이라는 초월적 이미지로 상쇄(相殺)된다. 절망 속에서의 꿈꾸기가 아닌가.

　　이렇게 보면 내게 있어서 콩은 은혜의 식물(植物)이라기보다는 액운과 깊은 상관관계를 맺어온 식물인 셈이다. 액운을 뿌리혹박테리아가 흡수, 새로운 고통의 암모니아염으로 바꾸어 두었다가 내게로 전하는 것 같다. 그렇다고 나는 콩깻묵으로부터 인연을 맺어온 콩을 이제 와서 버리고 피할 생각은 추호도 없다.

　　콩깻묵밥과 도레미파탕, 식구통의 콩밥, 그것들은 실로 나에게서 빼놓을 수 없는 이력(履歷)의 메뉴들이며 수난의 증거인 것이다.

　　이제 콩이 어떤 모양으로 변해서 나를 찾아오든 도리어 나는 환대할 생각이다.

　　액운을 자초하여 액풀이를 한다는 미신 같은 생각에서라기보다는 또 하나의 수난을 감내(堪耐)하기 위하여 나는 오늘도 순두부백반으로 한 끼의 점심을 때우는 것이다.

　　　　　　　　　　　　　　　　　　　　— 〈콩과 액운〉에서

　　화자에게 있어서 콩은 액운과 상관이 있는 식물이다. 그러나 그는 이 수난의 콩에 대해 우호적이다. "또 하나의 수난을 감내하기 위하여 나는 오늘도 순두부백반으로 한 끼의 점심을 때우는 것이다"라는 결미는 절망 속에서의 꿈꾸기 바로 그것이다.

　　또 다른 수필 〈병든 바다〉를 보자. 화자에게 있어 바다에 대한 생각은 그렇다. "한 바가지 푹 퍼 마시고 싶은 바다." 그런 바다지만 바다는 병들어 있다. "미역 한 폭을 캐 오는 날이면 저녁상이 푸짐하다"는 바다. 그뿐이 아니다.

> 기름 덮인 해면(海面) 위에 모이를 찾아드는 한 마리의 갈매기마저도 보이지 않는 바다. 똑딱 소리와 고동 소리의 여음(餘音)도 사라지고 탱크가 지축을 울리며 굴러가는 것 같은 전율의 소리가 온 항구를 뒤덮어버린 바다. 질피(海草) 껍질이 해변으로 밀려오고, 밀물과 파도에 섞여 정어리가 모래사장에 뒹굴며 허연 배를 드러내놓던 그런 해변을 이제는 찾아볼 수 없을 것 같다.
>
> — 〈병든 바다〉에서

그런데 그런 바다가 지금은 오염의 띠를 두르고 병들어가고 있다. 우리의 조상들이 파랗게 칠해 놓았던 바다는 기름막(油膜)으로 덮이고 바야흐로 바다의 피부는 모든 공장과 탱크와 화물선들이 쏟아놓은 기름으로 그 땀구멍을 막아간다. 바다가 갇혀버린 것이다. 그리하여 바다의 호흡은 거칠어지고 순환하는 동맥은 하나하나 끊겨나간다.

여기 바다의 죽음은 정신의 죽음을 의미한다. 화자는 죽음의 바다를 보며 그 닻처럼 내려앉은 바다에 피가 돌고 내면 속에 생명을 간직하길 소망한다. 고통의 현실에서 가오리연이 되어 푸른 하늘을 날고 싶은 동경. 그래 화자는 결미에서 "이제 그 바다는 예정의 바다가 아니다. 모든 것을 빼앗겨버린 황량한 벌판. 그러나 나는 그 요람(搖籃)의 바다를 영원히 버릴 수는 없을 것이다"라는 말로 소멸에서 생성을 희구하고 있다. 이런 절망 속에서의 꿈꾸기는 창공에 연을 날리듯 순수

지향의 정신세계라 할 것이다.

20세기 말의 현상을 이야기한 김영현의 다음과 같은 언술은 시사하는 바가 크다.

> 이제 더 이상 무언가 알 수 없는 불안, 차디찬 얼굴의 유령 같은 불안이, 이제 탁구공보다도 더 작아지고 신비할 거리도 없는 지구 위를 어슬렁거리고 있다. 핵무기와 산업 쓰레기 더미로 가득 찬 이 푸른 행성의 20세기 마지막 밤 위로 … 불안과 불확실성만이 세상을 뒤덮고 있을 뿐 … 20세기라는 이름의 영화가 끝나고 밖으로 나오는 순간, 거리에는 온통 짙은 안개가 끼어 있고 그 누구도 어디로 갈지 모른다.[6]

내일 어떤 일이 벌어질지 알 수 없는 불확실성에서 살아가는 오늘의 삶임에 틀림이 없다. 여기 상실은 소멸이지만 내일이라는 미래는 그렇다고 암담한 것은 아니다. 희망이란 이름은 과거가 아니라 언제나 미래에 있어서다. 절망도 익숙해지면 습관이 되는가. 변화와 필요함을 작가는 우회적으로 표현하고 있다고 하겠다. 절망 속에서도 한 줄기 빛과 같이 화자는 연을 날리고 싶고 무한한 동경의 꿈을 꾼다. 이는 외부의 힘이 아니라 스스로 폭발하는 힘과 같은 것이다.

윤형두의 수필 〈연처럼〉, 〈콩과 액운〉, 〈병든 바다〉는 이렇게 소멸과 생성이라는 대립적 이중구조의 통합을 통한 절망 속에서의 꿈꾸기를 보인다. 여기 그의 장인정신에 더한 수필창작의 세계를 보게 한다.

---

6 김영현, 〈민족문학의 새로운 가능성〉, 민음사, 1999. pp. 159~160.

이는 문학이 이제 몽유병과도 같은 깊은 잠에서 깨어나야 함을 보인다. 이렇게 문학이 겸손한 자리로 돌아올 때 비로소 대중의 사랑과 애호를 획득할 것이 분명하다. 다시는 유토피아적 세상이 오지 않는다 하더라도 작가는 그가 살아 있는 한 이런 꿈을 꾸어야 할 일이겠다.

4. 마무리 하면서

한 작가의 작품 경향을 한두 편의 작품을 통해 단정하는 일은 그 논의 자체가 무모하기 짝이 없는 일이다. 그럼에도 불구하고 이 글은 작가 스스로 선별한 몇 작품을 통해 살펴볼 수밖에 없는 한계를 지닌 채 논의가 진행되었다. 주어진 텍스트의 한계를 간과하면서 필자는 수필작가 윤형두의 수필 세 편의 의미를 추적해보고자 했다.

그 결과 수필 〈연처럼〉과 〈콩과 액운〉 그리고 〈병든 바다〉가 동일한 의미망(意味網) 안에서 구축되고 있음을 발견하게 하였다. 즉 소멸과 생성이라는 대립적 이중구조를 작가는 변증법적으로 통합 처리함으로써 새 세계에 대한 갈망을 보여주고 있다고 보았다. 특히 그의 '절망 속에 꿈꾸기'는 작가의 순수지향의 세계라고 하겠다. 결국 윤형두의 수필 쓰기는 김병익의 말과 같이 "괴로움과 고통, 절망과 도전, 모험과 패배의 무거운 짐"을 지겠다는 실존적 결단으로 볼 수 있으며, 이는 연을 날리고자 하는 초월의 의지로 구현하고 있음을 보게 한다. 물론 앞서의 지적과 같이 그의 수필 쓰기가 이 같은 사유의 깊이로만 나타나 있는 것은 아니다.

즉 〈책이 있는 공간〉에서는 출판계에 몸담고 있는 작가의 소재상의 특이함이 나타나며, 〈월출산 천황봉〉과 같은 기행수필에서는 범사(凡事)를 벗어나고자 하는 작가의 소망이 담겨져 있음을 본다. 이들 수필들은 독립적 성격을 지니고 있지만, 굳이 공유하는 의미망 안에 포용할 수 있다는 점에서 그 수필이 추구하고자 하는 세계의 모습을 간파하게 한다.

《수필과비평》 제50호, 2000. 11-12월호.

찬사(讚辭)

피천득 수필가

범우사 창업 20년에 즈음하여 축사를 전달한다. 긴 세월을 두고 여러 부분에 걸쳐 다양한 좋은 책들을 펴내고 지금은 기초가 튼튼한 출판사가 되었으니 경하할 일이다.

그러나 내가 범우사보다 더 큰 관심을 갖는 것은 윤형두 대표다. 범우 문고로 인연이 맺어졌지만 그와 나는 출판업자와 저자의 관계뿐만 아니라 사제지간이나 글 친구 같은 사이다.

그의 성품은 강직하면서 온유 겸허하고 그의 글은 윤리적 이성과 애수어린 서정을 아울러 지니고 있다.

그는 솔직한 사람이다.

"내 딴엔 착한 일을 하였다고 한, 마음의 뒷맛은 어쩐지 위선을 한 것 같은 어색함이 입 안을 씁쓰름하게 하여 준다."─〈서리꾼 시절〉

그가 우리 집에 박연구 씨와 왔을 때 두 분에게 헌책을 준 일이 있다. 그에게 준 책은 아리시마 타케오(有島武郎)의 작품 선집이었다. 그는 그날 회상을 이렇게 썼다.

"……내가 일본에서 태어났다는 것을 아시고 계신지라 내가 일본어를 꽤 잘하리라 생각하시고 그 책을 주셨던 것 같다. 나는 그 자리에서 솔직히 선생님이 주신 책을 읽을 만큼 일어에 능숙하지 못합니다 라고 말씀 드리려다 꾹 참고 말았다."

그의 자유 소탈한 특징은 천품이기도 하겠지만 어렸을 때의 환경에서 오지 않았나 한다. 서울 그것도 종로구 수송동 골목에서 소년 시절을 보낸 나는 남해 바닷가에서 자란 그를 몹시 부러워한다. 우리에게는 고향을 선택할 자유가 없다. 햇빛과 바다, 그 밖에는 그에게 가진 것이 없었을 것이다. 그러나 그는 아무도 부러워하지 않았으리라.

그는 옳은 것을 지키려고 노력하며 살아가는 사람이다.

"그리하여 많은 벗과 친지들이 '여기 인간답게 살다 간 한 무덤이 있다'고 비명(碑銘)을 써 주면서 못내 죽음을 아쉬워하는 내가 되어 보자."

이 비명은 윤동주 서시(序詩) 첫 두 줄에 거의 가깝다.

그의 수필 〈연(鳶)처럼〉은 그의 서정성을 잘 나타낸 글이다. 나는 이 글을 읽었을 때 로버트 프로스트(Robert Frost)의 〈자작나무(Birches)〉를 연상하였다. 그의 〈연(鳶)처럼〉은 이렇게 시작된다.

"나는 소년 시절에 연을 즐겨 띄웠다. 바닷바람이 휘몰아쳐오는 갯가의 공터와 모래사장과 파란 보리밭 위에서 '연퇴김'과 연 싸움을 즐겼다."

프로스트의 〈자작나무〉에는 이런 대목이 있다.

"나도 한때 자작나무를 타던 소년이었다/그리고 그 시절을 꿈 꿀 때가 있다/내가 심려해 지쳤을 때/그리고 인생이 길없는 숲속과 너무나 같을 때/얼굴이 달고 거미줄에 간지러울 때/눈하나가 작은 나뭇가지에 스쳐 눈물이 흐를 때/나는 잠시 세상을 떠났다가 다시 돌아와 새 시작을 하고 싶다."

〈연(鳶)처럼〉에서는, "마음이 만들어 버린 속박, 눈으로 느낄 수 없는 질시와 모멸, 예기치 못했던 이별이 나를 엄습할 때면 나는 줄 끊어진 연이 되어 훨훨 하늘여행이 하고파진다. 그 옛날 그 하늘에 깜박이던 연처럼……."

범우사가 나날이 발전하고 펭귄(Penguin)이나 이와나미(岩波) 같은 명성 있는 문고를 내어 우리나라 문화에 큰 공헌을 하기 바란다. 그리고 그 무엇보다도 인간 윤형두가 세파에 꺾이거나 찌들지 않고 강직과 서정을 아울러 보존하며 언제나 그 소탈한 웃음을 웃는 얼굴이기 바란다.

출판 사업과 수필문학 사이에서

김태길 金泰吉, 서울대학교 명예교수

그를 처음 만난 것은 약 20년 전 어느 시상식에서였다. 그는 자신을 '범우사 대표'라고 소개하였다. 범우사라는 출판사의 대표라면 일종의 기업인이라는 말이 된다. 나는 기업에 종사한다는 그에 대해서 그 당시 별다른 관심이 없었다.

그 뒤에 우연히 그의 글을 읽게 되었다. 지성과 서정을 아울러 담고 있는 선비의 글이었다. 기업가 또는 장사꾼으로서의 체취를 느끼기 어려운 그의 아름다운 글을 읽은 뒤에 내 마음속에 자리를 잡은 것은 출판사 사장으로서의 윤 아무개가 아니라 수필가로서의 윤 아무개였다.

1981년 10월에 수필문우회(隨筆文友會)가 창립되었을 때, 우리는 윤형두님을 창립 동인으로 맞아들였고, 윤 동인은 초대 간사직을 기꺼이 맡아 주었다. 문우회의 동인이요 그 모임의 간사와 회장직을 나누어 맡은 그와 나는 갑자기 가까운 사이가 된 기분이었다.

수필문우회의 첫 월례 합평회(月例合評會)를 우리는 동학사(東鶴寺)에서 가졌고, 숙소는 유성의 어느 온천 호텔로 정했다. 우리는 공중 목욕탕에서 알몸으로 만나게 되었고, 겉모습이나마 서로 모든 것을 보여 주는 사이가 되기도 하였다. 그때가 11월 중순 아니면 하순쯤이었다고 기억되는데 윤 간사는 아랫도리 내복을 입고 있었다. 40대 중반을 겨우 넘은 젊은 나이에 벌써부터 아랫도리 내의를 입고 다니느냐고 말했더니, 그는 "부끄럽습니다"라고 간단히 응수하였다.

이제 생각하니 정작 부끄러운 것은 나 자신이었다. 남자는 아랫도리를 차게 해야 한다는 속설을 철석같이 믿고 아래 내의를 입지 않았던 나는 일종의 우월감을 가지고 그런 말을 했던 것인데, 여기에는 두 가지 어리석음이 있었다. 첫째로 남자는 아랫도리를 차게 해야 한다는 것은 근거 없는 속설에 불과하며, 남녀 모두 아랫도리를 따뜻하게 해야 한다는 것이 도리어 옳은 주장이다. 둘째로 내의를 입지 않고 견딜 수 있는 것은 습관의 덕분이며, 건강하다는 증거로 보기는 어렵다.

최근에 윤형두 동인을 오래간만에 만났다. 얼굴이 검게 타고 체중이 많이 준 것으로 보였다. 등산을 많이 하느냐고 물었더니, 킬리만자로의 고봉을 정복하고 돌아온 지가 얼마 안 된다고 하였다. 이제는 그도 환갑이다. 환갑 나이에 킬리만자로에 등반했다면 그것은 보통 건강이 아니라는 증거다. 14년 전에 아래 내복 안 입은 것을 보고 한마디 한 나는 몹시 어리석었고, "부끄럽습니다"라고 간단하게 대답한 그는 매우 슬기롭고 여유로웠다는 것을 새삼 느꼈다.

창립 초기에는 월례 모임에 열심히 나오던 윤형두 동인은 한동안 나타나지 않았다. 출판학을 본격적으로 공부하기 위하여 대학원에 다니기도 하고 대한출판문화협회의 간부가 되어 활동하느라고 몹시 바빴던 것으로 알고 있다. 월례 모임에는 나오지 않은 동안에도 수필은 가끔 써서 발표하곤 하였다. 그 전에는 서정적 수필이 많았던 것으로 기억된다. 근자에는 지적(知的) 성격의 사회 현실에 대한 발언이 자주 눈에 띄었다.

모든 분야가 전문화의 추세를 보이고 있는 오늘의 상황에서, 수필도 높은 수준에 이르자면 어느 정도 전문성을 가질 필요가 있다. 그러나 수필 쓰기가 생계를 위한 전문적 직업이 되기는 어려운 것이 오늘의 현실이다. 쉽게 말해서 수필은 돈벌이와는 거리가 먼 문학의 분야이다. 그러므로 수필가는 수필 이외의 어떤 본업을 따로 가질 필요가 있다. 전업 주부의 경우는 가정생활이 그 본업에 해당한다.

수필은 문장으로 그리는 일종의 자화상이라는 것이 우리들의 통념이다. 글만 보아도 그 사람이 어떤 사람인가를 여실히 알아볼 수 있는 수필을 우리는 좋은 수필로 평가한다. 자신의 모습을 적나라하게 드러내 보여 주는 수필을 우리는 좋아한다.

직업은 그 사람의 모습에 결정적 영향을 준다. 더러 예외는 있지만, 훈장에게서는 훈장의 냄새가 풍기고, 검사에게서는 검사다운 특색이 나타나며, 시인에게서는 시인에게 흔히 있는 어떤 풍모를 느끼게된다. 기업인에게는 기업인으로서의 면모가 있음직하다.

학자는 학자로서의 자신을 글로 나타내는 일에 별다른 주저를 느끼지 않는다. 예술가의 경우도 그렇고 가정 주부의 경우도 그렇다. 그러나 기업인의 경우는 사정이 약간 복잡하지 않을까 염려스럽다. 국제적으로 알려질 정도로 성공한 대기업가의 경우는 자신의 자랑스러운 모습을 직접 또는 간접으로 그리는 일이 즐거울 것이다. 그러나 아직 그 경지에 이르지 못한 기업인의 경우는 기업인으로서의 자화상을 그리는 일에 어떤 거부감 비슷한 것을 느끼는 경향이 있는 것으로 보인다. 이것은 윤형두 사장을 두고 하는 말이 아니라 일반적 경향을 두고 하는 말이다.

우리 나라 수필가들 사이에서는 지금도 "수필은 선비의 글이요 관조의 문학이다"라는 주장이 은연중에 널리 받아들여지고 있다. 옛날 선비들 가운데 세속의 영욕을 떠나서 인생을 관조한 사람들이 많았고, 그러한 선인들의 산문이 높이 평가되어 왔다. 이러한 전통이 아직도 살아 있어서, 선비스럽고 관조적인 글이 수필로서 일품이라는 생각을 가진 사람들이 많은 것으로 보인다.

한편 우리 나라에는 아직도 상업에 속하는 직업에 대하여 부정적 시각을 가진 사람들이 적지 않다. 자기 자신 돈에 대한 애착이 강한 사람들까지도 남이 돈벌이에 열중하는 것을 탐탁치 않게 여기는 경향을 보인다. '장사꾼'이라는 말이 풍기는 낮잡아 보는 듯한 느낌이 그러한 경향을 반영한다. 우리의 현실은 크게 달라졌는데도, 우리들의 의식은 옛날의 테두리를 여전히 맴돌고 있는 것이다.

선비스럽고 관조적인 글만이 좋은 수필이라면, 기업인으로서도 성공하고 수필가로서도 높은 수준에 이르기는 어렵다는 결론을 피하기 어렵다. 선비스럽고 관조적인 사람이 기업에 성공하기에는 오늘의 경제 현장은 너무나 치열한 경쟁 상황이며, 선비스럽지도 관조적이지도 않은 사람이 그러한 글을 쓴다면 위선(僞善)이 개입할 여지가 있기 때문이다.

나는 "수필은 선비의 글이요 관조의 문학"이라는 말을 믿지 않는다. 선비가 아니라도 좋은 수필을 쓸 수 있으며, 앉아서 인생을 관조하기보다는 삶의 현장으로 뛰어들어 열심히 사는 모습이 수필의 좋은 소재가 될 수도 있다. 이렇게 볼 때, 기업인으로서 대성하는 길과 수필가로서 높은 경지에 이르는 길은 양립할 수 있을 뿐 아니라 서로 도울 수도 있는 일이다.

윤형두님은 이미 한국 출판계에서도 확고한 위치를 얻었으며, 수필가로서도 널리 알려졌다. 금년은 그가 회갑을 맞는 해다. 그의 오늘을 축하하는 동시에 앞으로 더욱 큰 발자취를 남길 것을 기원하고자 한다. 그는 남다른 건강을 가졌다. 앞으로도 출판과 수필 두 분야에 있어서 더욱 크게 성취할 능력과 시간은 충분하다.

출판 사업에서 더욱 대성하기 위해서는 잘 팔리는 책을 많이 출판하여 큰 돈을 버는 일보다도 좋은 책을 많이 내어 우리 나라의 정신 풍토에 이바지하는 것이 더욱 중요할 것이다. 수필가로서 더욱 큰 발자취를 남기기 위해서는 수필의 소재를 기업의 체험에서 구하는 것이 도움이 될 것이다. 돈과 옳은 길 사이에서 경험하게 되는 내면의 갈등이라든가 기업의 이상과 현실의 괴리 등을 소재로 삼고 자신의 모습을 진솔하게 그린다면, 이제까지 아무도 이루지 못한 새로운 경지를 개척하는 결과가 될 것이다. 윤형두님의 건강과 건필 그리고 행운을 거듭 축원한다.

뜨겁고 정직한 고해(告解)

한승헌 韓勝憲. 변호사·전 감사원장

1

"나는 문학을 고백(告白)이라고 해석한다. 그런 해석이 편협하다고
할지라도 그렇게밖에 풀이할 길이 없다."

일찍이 헤세는 자신의 일기에서 이런 말을 남겼다지만, 문학 중에
서도 수필처럼 자기 고백적인 요소가 강한 글은 없을 것이다. 고백의
가치는 진실에 있고 정직에 있다 할진대, 글과 사람의 합일 여부야말
로 고백이 주는 감동을 좌우한다.

윤형두(尹炯斗)의 수필 속에는 '고백의 정직성'이라는 강점이 언제
나 버티고 있다. 수채화처럼 차분하고 겸손한 글이면서도 자석처럼
사람을 끄는 인력을 갖는다. '글은 곧 사람'이라는 말에는 글만 가지고

그 사람을 판단해도 좋을 만큼 우선 정직하게 써야 한다는 약속이 전제되어야 한다. 윤형두는 바로 이러한 요청을 잊지 않고 글을 쓴다. 글을 통한 위선이 범람하는 세상에서 그만큼 담백한 글을 쓴다는 것은 쉬운 일이 아니다. 여기에는 글재주의 문제가 아니라 도덕성의 문제가 보다 크게 작용한다. 그는 온갖 격랑과 인고(忍苦) 속에서 한 시대를 보는 안목을 가꾸어 왔으며 그러면서도 거창한 소리 대신 겸허한 목소리로 일관해 왔다. 이 점이 그의 매력이요 강점이다.

2

실인즉 윤형두는 오래 전부터 문필(文筆)과의 인연을 맺고 살아왔다. 일찍이 자유당 때 그가 《신세계》라는 종합지의 기자로서 일했다는 것을 기억하는 사람은 많지 않을 것이다. 고등학교 시절에 그가 문예부장을 지냈다는 사실을 아는 사람은 더욱이나 많지 않을 듯하다. 저 유명한 월간 《다리》지의 주간으로 일하면서 그가 옥고를 치른 것만은 널리 알려져 있다. 그가 창립한 '범우사'는 이미 13년의 연륜(2000년 현재 34주년)을 거듭하면서 문학적인 공헌에 앞장서 왔다.

이처럼 문화 매체 속에서 남의 글을 널리 펴 주면서도 자신의 이름으로 글을 발표하는 데는 신중과 겸양이 지나쳤다.

이 책에 수록된 글을 통하여 확인할 수 있듯이 그는 잡문 냄새를 배제하며 진지하게 글을 쓴다. 이미 여러 곳에 많은 글을 발표하여, 잠재된 역량을 확인받았으며, 한국수필가협회의 이사로도 활약하고 있는 참이다. 그러면서도 그는 문사(文士)로 자처하기를 싫어한다. 자기 이름 곁에 '수필가'라는 칭호를 넣기보다는 '범우사 대표'라고 표시해 주기를 바란다. 윤형두는 범우사 대표라는 출판인으로서의 비중 때문에 수필가로서는 오히려 좀 늦게 그리고 좀 덜 알려지지 않았는가 하는 아쉬움을 준다.

3

인간 윤형두―그는 어린 시절부터 처절한 현실과 맞부딪히며 살아온 사람이다. 침략자의 땅에서 초등학교에 들어가 마늘 냄새 때문에 수모를 겪어야 했고, B-29의 폭음에 쫓기며 현해탄을 건너와야 했던 상처받은 소년이었다. 고국 땅 남쪽 하늘 밑 돌산(突山) 바닷가에서 그는 해일(海溢)만큼이나 거센 현실의 광란을 체험하였고 6·25후의 무작정 상경 이후에는 더욱이나 황량한 세태와 싸워야 했다. 그의 괴로움은 대단했지만 결코 좌절하지는 않았고 또 야합(野合)하지도 않았다. 1971년의 '월간《다리》지 사건'으로 옥고를 치르는 등 갖가지 수난 속에서 그는 오히려 강인한 야인의 모습을 확립해 나갔던 것이다.

이와 같은 젊은 날의 고난은 훗날 그의 수필 세계에 비옥(肥沃)한 토질을 마련해 주었다. 산화(酸化)된 토양에 화학 비료만 써 가며 거두어들인 쭉정이 같은 글이 아니라, 자신의 체험과 심장에서 우러난 참 글을 쓸 수 있었던 까닭이 여기에 있다.

그는 콩(大豆)과의 기연(奇緣)을 말하는 수필에서 일제 말엽의 콩깻묵밥, 군대생활 때의 도레미파탕, 그리고 교도소 식구통의 콩밥 등을 회상하면서 이런 글을 남기고 있다.

그것들은 실로 나에게서 빼놓을 수 없는 이력(履歷)의 메뉴들이며 수난의 증거인 것이다.

이제 콩이 어떤 모양으로 변해서 나를 찾아오든 도리어 나는 환대할 생각이다.

액운을 자초하여 액풀이를 한다는 미신 같은 생각에서라기보다는 또 하나의 수난을 감내(堪耐)하기 위하여 나는 오늘도 순두부 백반으로 한 끼의 점심을 때우는 것이다.

— 〈콩과 액운〉에서

그는 자기 앞에 밀어닥치는 상황을 피하지 않고, 도리어 이와 맞서고 극복하면서 기어코 자신을 견지(堅持)하겠다는 생각으로 살아가고 있는 것이다. 그렇다고 야성적인 의지를 거칠게 드러내는 일은 없고 오히려 그는 온유한 자세로서 경직을 우회할 줄 아는 성품이다. 부드러우면서도 질기다는 점에서 마치 명주(明紬)를 연상케 하는 바가 있다. 이 점은 그의 글에도 숨김없이 그대로 나타나 있다.

4

윤형두의 수필은 회상을 축(軸)으로 삼아 쓰이는 경우가 많다. 지난날을 반추(反芻)하는 회상의 자세는 다분히 섬세하고 정경스러워 여성적인 잔잔함을 간직하기도 하는데, 글의 종착(終着)이 가까워지면 강렬한 열망의 배접(背接)이 자연스러이 남성다운 획(劃)으로 화하는 것이다.

회상이란 것은 자칫하면 감상과 사촌 간쯤으로 주저앉기 쉬운 법인데도 그의 수필에서는 오히려 현실을 보다 강렬히 투사하고 그 속의 자신을 관조하는 촉매로써 활용되고 있다. 그가 즐겨하는 '과거에의 여행'은 언제나 귀로의 가방을 가벼운 상태로 놔두지 않는다.

출발할 때는 당의정(糖衣錠)같은 미문(美文)으로 동승자(독자)를 매혹시킨다.

줄 끊어진 연이 되고 싶다.

구봉산(九鳳山) 너머에서 불어오는 하늬바람을 타고 높이높이 날다 줄이 끊어진 연이 되고 싶다.

꼬리를 길게 늘어뜨린 채 갈뫼봉 너머로 날아가 버린 가오리연이 되고 싶다.

바다의 해심(海深)을 헤엄쳐 가는 가오리처럼 현해탄을 지나, 검푸른 파도가 끝없이 펼쳐져 있는 태평양 창공을 날아가는 연이 되고 싶다.

장군도(將軍島)의 썰물에 밀려 아기섬 쪽으로 밀려가는 쪽배에 그림자를 늘어뜨리며 서서히 하늘 위로 흘러가는 연이 되고 싶다.

— 〈연(鳶)처럼〉에서

이렇게 낭만적인 듯이 출발한 그의 '회상 여행'은 어떤 모습으로 귀환하는가.

마음이 만들어 버린 속박, 눈으로 느낄 수 없는 질시와 모멸, 예기치 못했던 이별이 나를 엄습할 때면 나는 줄 끊어진 연이 되어 훨훨 하늘 여행이 하고파진다.

　　그 옛날 그 하늘에 깜박이던 연처럼…….

　　그러나 나에겐 이제 가오리연을 띄울 푸른 보리밭도, 연실을 훔쳐낼 어머니의 반짇고리도 없다.

— 〈연(鳶)처럼〉에서

　　결국은 문명이라는 이름 아래 소중한 제 모습을 잃어버린 오늘 이 시대의 증세를 가차 없이 경고하고 나선다.

　　한 바가지 푹 퍼 마시고 싶은 바다. 파래가 나풀거리는 밑창에는 깨끗한 자갈이 깔려 있다. 파도가 일면 수많은 포말(泡沫)이 밀려갔다 밀려온다.

— 〈병든 바다〉에서

　　이 글도 마침내는 '기름 덮인 해면 위에 모이를 찾아드는 한 마리의 갈매기마저도 보이지 않는 바다'를 안타까워하고서,

　　넓고 푸른 꿈을 키워 주던 바다. 너와 내가 뒹굴던 바다. 한없이 너그럽게 포용해 주던 바다. 그렇게도 티없이 순수하던 바다. 이제 그 바다는 전의 바다가 아니다. 모든 것을 빼앗겨 버린 황량(荒凉)한 벌판. 그러나 나는 그 요람(搖籃)의 바다를 영원히 버릴 수는 없을 것이다.

— 〈병든 바다〉에서

녹슬어 가는 세속(世俗)을 두고도 반성과 비평을 주저하고 살아가는 우리들에게는 그의 글 첫머리를 장식하는 정서라는 캡슐 속에 실인즉 효능 높은 약이 담겨져 있음을 뒤늦게서야 알게 된다. 그의 투약은 설교냄새가 없어서 한층 긴 여운을 남긴다.

5

무릇 정신이나 의식이란 것은 수필을 수필답게 하는 요소의 하나임에 틀림없지만 그것만으로는 부족한 것이다. 문학의 한 형식으로서의 수필다운 표현력이 또한 중요하다. 윤형두는 바로 이 점에서도 우리를 안심시켜 주고 있다.

문학적인 표현이 결여된 글은 논설이나 잡문이 될 수밖에 없다는 상식을 되새겨 볼 때, 그의 수필은 문학적인 필치를 잘 살리고 있다는 점에서도 독자의 마음을 사기에 충분하다.

앞에서 인용한 〈병든 바다〉의 첫머리에서 이미 우리는 이 점을 확인할 기회를 가졌지만, 한둘의 글을 더 들어보자.

나는 이 배 위에서 노을을 본다. 바다는 고요히 불붙기 시작하고 그 붉은 빛깔은 바다 깊숙이 침잠(沈潛)한다.

— 〈10월의 바다〉에서

넓적한 예상표와 천 원짜리의 종합권에서 백 원짜리의 보통 마권에 이르기까지 그 많은 지폐(紙幣)의 잔해(殘骸)들이 뒹굴기 시작한다.

이 많은 종이의 휘날림 속에서 많은 사람들의 인생을 읽는다.

— 〈경마〉에서

마치 한 편의 단편 소설을 대하는 듯한 느낌을 주면서도 미문이 범하기 쉬운 공소(空疎)에 빠지지 않는 견실함을 보여준다.

윤형두의 회상에서는 바다와 어머니가 해류(海流)처럼 흘러가고 있다. 생각하면 그것들은 우리 모두의 모태이자 고향이다. 그러기에 그의 글은 사적인 회고 이상의 의미를 지닌다.

바다에 관한 글은 앞서 이미 예문으로 인용된 데에서도 단면이 드러나 있으니까 부연하지 않거니와, 그가 어머니를 두고서 밝힌 사모(思母)의 글들은 세대의 차가 어쩌고 하는 요즘 사람들에게 많은 가책을 자생(自生)시키기에 충분하다.

6

그의 어머님에 대한 효성은 생전뿐 아니라 타계하신 뒤에도 매우 뜨겁고 진하다. 나는 그가 요즈음도 쉬는 날이면 혼자서 자주 신세계 공원 묘지의 어머님 묘소를 다녀오곤 하는 것을 알고 있다. 그러기에 어머니를 향한 그의 마음이 저절로 글이 되고 있음을 눈여겨보며 삶과 글이 아울러 진지하고 거짓 없음에 우정 이상의 경의를 보내는 것이다.

그의 글에서 좀 정직하지 못한 대목이 전혀 없는 것은 아니다. 그 예를 하나 옮겨 본다.

나는 번뇌와 욕심이 없는 무구삼매(無垢三昧)의 어린 시절을 잃어버
리고 위선과 가면의 무도장 같은 현세에 영합하며 무기력하게 어영부영
살아왔다.

　　　　　　　　　　　　　　　　　　　　　— 〈서리꾼 시절〉에서

내가 알기에 그는 현세에 영합하거나 무기력하게 살아왔다기보다
는 그 반대의 길을 걷다가 고생을 사서한 사람이다. 앞서 언급한 《다
리》지 사건 이외에도 그는 60년대 초반부터 출판계에 투신한 뒤, 남이
내기를 주저하는 책들을 간행한 것이 화근이 되어 물(物)·심(心)·신
(身) 3면으로 곤욕과 피해를 입은 적이 한두 번이 아니다. 입으로는 '업
자'를 자처하면서도 외로운 시도를 버리지 못함이 그의 성품이다.

한 세대를 화려하게 풍미하지는 못할망정 비록 백두(白頭)이나마 역
사 앞에 떳떳하게 살고 싶은 것이 내 작은 소망이고, 그 소망이 욕심으로
넘치는 일이 없도록 자신을 꾸준히 지키는 것이 오늘의 내가 해야 할 일
이란 생각이 더욱 강렬해짐은 어인 일일까.

　　　　　　　　　　　　　　　　　　　　　　— 〈가문〉에서

이 같은 스스로의 다짐은 다른 글에서도 어렵지 않게 산견(散見)되
고 있다. 가령 왜놈의 주구가 되지 않고 '조그만 지위이지만' 거절할
수 있었던 아버지를 회상하면서,

나도 죽을 때까지 권력이나 명예 때문에 불의와 부정에 영합하지 않

는 그런 아버지가 될 수 있을까?

— 〈회상 속의 아버지〉에서

라고 자계(自戒)를 게을리 하지 않는다.

7

그는 외로운 인간이며 지녀야 할 '최소한의 양심'을 고수하기 위하여 남들이 외면하는 괴로움을 경험하고 스스로의 다짐을 글로써 선언하고 있는 것이다.

그의 머릿속에 자리 잡은 비판 정신은 항용 그냥 넘어갈 법한 일에도 지나치지를 못하고 심지어는 자기 조상에 대해서도 예외를 두지 않을 정도이다.

그의 선조 한 분이 구한말에 감찰 겸 병조참의의 벼슬을 하였다는 기록을 대하고도 그는 조상 자랑을 내세우는 대신,

한말(韓末)의 매관매직(賣官賣職)이 심하던 때 혹시 논밭을 팔아서 벼슬을 사신 것이나 아닐까 하는 의혹에 미치면 가승(家乘)을 만들고 싶은 의욕이 삽시간에 사라진다.

국운이 기울고 나라를 빼앗기는 어려운 상황에 처해 차라리 조부님이 일개 무명의 의병(義兵)이라도 되어…… 〈복수가〉를 목청껏 불러대는 정의의 투사이기라도 하셨다면 얼마나 자랑스러우리.

— 〈가문〉에서

나라가 기우는 때에 고관대작을 누리기보다는 의병이 되어 주었더라면 하고 선조를 아쉬워함은 확실히 이례적인 생각이다. 의(義)의 저울로서 사람을 평가하는 마당에는 이미 30여 년 전에 작고하신 조부님까지도 '특례'의 대상으로 모시지를 않는다.

내 딴엔 착한 일을 하였다고 한 다음의 뒷맛은 어쩐지 위선(僞善)을 한 것 같은 어색함이 입안을 씁쓰름하게 하여 준다.

— 〈서리꾼 시절〉에서

통속적(通俗的)인 관념을 벗어나려는 그의 이 같은 고백은 자기 엄폐에 열중하는 우리 인간에게 겸허한 자기 성찰을 암시해 준다.

인간 윤형두는 바로 그러한 삶의 자세 때문에 손해도 많이 입었다. 하지만 그 '손해'의 의미를 세속의 저울로 간단히 셈하는 것은 성급하다. 생의 참된 결산은 훗날에 이루어지는 것이다. '여기 인간답게 살다 간 한 무덤이 있다'라는 비명(碑銘)을 스스로 희망하면서 '오늘 죽어도 후회는 없는 삶'을 기약하는 그의 다짐을 우리는 신뢰해도 좋을 것이다.

이 책은 단순한 수상집(隨想集)을 넘어서, 독자 앞에 드리는 그의 고해요 정직한 각서(覺書)라고 믿기 때문이다.

-범우수필선 〈바다가 보이는 창〉 찬하의 글
1979년 10월

수필가 윤형두

- 팔순을 축하하며 -

임헌영 任軒永. 문학평론가·중앙대 교수

사람들은 저녁놀을 보는 것보다는 해돋이를 보기를 좋아한다. 그러
나 어제의 저녁이 있었기 때문에 오늘 아침 해가 뜨는 것이다. 황혼 빛이
타오르게 붉었던 그 다음날 태양이 작열하듯이, 지난날의 역사 위에 그
에 따르는 미래가 설정되는 것이다.

— 윤형두, 〈내일의 해돋이를 보기 위해〉,《1966~1991 범우25년사(초)》,

범우사. 1991 게재

1. 이민족 속에서 깨우친 민족의식

범우사가 창립한 것은 1966년 8월 3일로 윤형두 회장이 31세 때(정
확한 생일은 1935년 12월 27일, 음력 동짓달 보름 오전 10시)였다. 5 · 16군사쿠데

타가 제3공화국으로 변신하여 서투른 독재체제를 갖춘 지 3년째인 이 무렵의 한국사회는 분단 이후 엄청난 사회적인 격변이 진행되던 시기였다. 한일협정과 월남파병(둘 다 1965년)으로 신 중산층이 대두하면서 우리 사회는 본격적인 주간지의 등장과 이에 따른 저급한 대중문화의 확산, '마이 카'란 술어의 등장, 골프 선망 등등으로 알 수 있듯이 이른바 김지하가 담시 〈오적(五賊)〉(1970)에서 풍자했던 군사정권에 의한 신악(新惡)이 팽배하던 시대였다. 물론 경제개발 5개년 계획에 의한 근대화가 추진되긴 했으나 초기에는 실패만 거듭하던 시절이라 윤형두 회장의 수필 곳곳에 보이는 '찌든 가난'이 일상화되어 있었던 때였다.

왜 하필 이때 윤 회장은 다른 유망 직종을 제치고 출판에 손을 대기 시작했을까. 이 무렵의 꿈은 수필 〈생의 여울에서〉, 〈아는 길을 걷겠다〉, 〈회상〉(이상 모두 윤형두 화갑기념 자전 에세이 《아버지의 산 어머니의 바다》, 범우사, 1995, 수록. 이하 별다른 전거가 없는 글은 다 이 책에서의 인용임) 등에서 소략하게 밝혀주고 있다. 친구 동생이 경영하던 학습지 출판사 사원으로 있으면서 출범한 범우사를 그는 "작가가 되지 못한 꿈을 문인들의 작품집을 출간하면서 달래어 보고, 학자가 되지 못한 한을 명저 등을 출간하면서 풀어 보려고 어렵게 험준한 출판사업을 시작한 것이다"고 했다. 옛일이니까 이렇게 담담해질 수 있겠지만 사실 이 무렵까지 인생행로를 되짚어보면 범우사란 간판을 올린 것은 그의 원대한 포부의 첫발임을 알 수 있다.

30세까지의 인간 윤형두에 대해서는 그 자신의 기록에 의존하는 수밖에 없는데, 다행스럽게도 그는 화갑기념 에세이에서 진솔하게 털어놓아 주변사람들의 궁금증을 풀어 준다. 그가 태어난 곳은 일본 고베(神戶)의 지금 산노미야(三宮)역 부근의 바다가 보이는 이층집이었다. 기록에 의하면 그의 아버지는 고향 돌산 은적암(隱寂菴)에서 학승으로 있기도 했지만 '방랑벽이 심했던 분'으로 "한국에서 정처 없이 떠돌아다니시다 일본으로 건너 가서는 그곳에서도 역시 떠돌이 생활을 계속하시다가 서른이 되어서야 고베라는 곳에 잠깐 정착을 하시면서 어머님과 결혼"한 것이다. 어머니는 "현해탄을 건너온 사진 한 장을 보고 아버님과의 혼약을 결정"하고는 결혼 후, "육지를 한 번 밟아보지 못한 섬처녀는 아버님을 따라 여수항에서 연락선을 타고 현해탄을 건너 일본에 가셨다."

당시 그의 아버지는 "선반기 한 대와 자전거포를 겸한 공장"(다나카 철공소)을 경영했는데, 그나마도 어머니에게 맡기고는 일본 각지를 방랑하다 위장병을 얻어 귀가했다. 마침 "어머님의 외삼촌 되시는 분이 일본여자와 결혼하여 도쿄에서 살고 계셨는데 그분의 덕으로 일본 제2육군병원에 청소도구를 납품할 수 있는 이권을 얻게 되어" 윤씨 일가는 가나가와(神奈川)현 사가미하라(相模原)란 곳으로 이사, 윤 소년은 거기서 '초등학교' 3학년까지 다니게 되었다.

조선인 생도는 혼자라서 일본 아이들로부터 마늘과 김치냄새가 난다고 아무도 짝이 되려 하지 않았던 건 당시 우리 동포 누구나 겪었던 설움인데, 윤 회장은 "그 분풀이로 일본아이들과 싸우고 그들의 신을 모시는 진자(神社) 지붕 위에 방뇨를 하는 등 소란을 피우기도 하였다. 그래서 나에게는 일본인에 대한 적개심 같은 것이 항시 잠재되어 있다"고 회고한다.

소년기의 이 원체험은 윤 회장의 생애에서 매우 중요한 예후가 되는데 그것은 여순사건을 비롯한 민족분단 시대를 살면서 '민족'에 대한 체질적인 동질감을 지탱시켜 주도록 만든 계기가 되었다. 1970년 대 후반쯤 국제 펜클럽 회원들이 함께 갔던 전방 땅굴 시찰 때 윤 회장은 귀경 길 버스에서 나에게 슬그머니 돌 한 개를 내보였다. 우리 땅 어디선가 흔히 볼 수 있는 돌멩이 하나여서 나는 대수롭잖게 봐 넘기려는데, 그는 "이게 바로 북녘 땅 돌입니다. 내가 태어나서 북한 땅을 직접 대하기는 이게 처음입니다"고 감격스럽게 이야기했다.

듣고 보니 슬그머니 부아가 치밀었다. 똑같이 땅굴 속으로 들어갔다 나왔는데 그새 땅굴 속에서 북방 한계선을 차단시키고자 막아둔 돌덩이에서 어떻게 경비병들의 눈을 피해 돌 한 개를 가져 나왔는지 모를 일이다 싶어 그 소매치기 솜씨에도 샘이 났지만 그보다 더 심통 사나운 것은 분단문제라면 아무래도 내가 더 고뇌하던 주제가 아닌가 싶었는데, 정작 그런 현장에서 분단의 아픔을 육화시키는 기교에서 뒤졌다는 생각 때문이었다. 훨씬 나중 일이지만 그는 백두산엘 가서도 어찌어찌하여 돌을 가져왔노라고 슬그머니 정보를 흘려 그 민족애와 밀반입 솜씨를 동시에 과시했을 때도 비슷한 느낌을 가졌다.

물론 이런 걸 사소한 일로 치부해 버릴 수도 있다. 그러나 윤 회장이 여순사건과 6·25를 어떻게 조신하며 넘겼는지를 안다면 이게 예삿일이 아니란 걸 감지할 수 있으며, 더구나 범우사가 분단문제에 어떻게 대처해 왔느냐는 점까지 고려한다면 그의 민족의식의 뿌리와 향방을 이해하는 데 도움이 될 것이다. 바로 가나가와에서의 초등학교 3년까지 겪었던 차별대우의 원체험이 그의 뇌세포에 각인된 것이 오늘의 윤 회장의 민족의식의 원천이 아닐까 생각하는 소이연이다.

2. 귀국, 향학, 그리고 입지의 시기

1944년 윤 회장의 아버지는 일제의 패망 기미를 눈치챘을 뿐만 아니라 격심해져 가는 미군기의 폭격을 피해 귀국의 결단을 내린다. 번창해 가던 사업을 버리다시피 하고 귀국길에 오른 윤씨 일가는 승주군 별량면에 자리를 잡았고, 소년 윤형두는 벌교 남초등학교엘 다녔다. 해방 후 윤씨 일가는 "여수에서 노 젓는 나룻배를 타고 20여 분쯤 가면 닿을 수 있는 '돌산(突山)'이란 섬의 '나룻곶이'에 터를 잡는다. 30여 호도 되지 않는 이 마을에서 이 소년은 여수 서초등학교를 거쳐, 낮에는 조선소에서 잔심부름을 해주고 밤에는 공부를 하고자 섬마을에서 나룻배를 타고 여수로 건너가 야간 중학엘 다녔다.

귀국 후 아버지의 건강은 더욱 악화되었는데 거기에다 손댄 사업마다 잘 되질 않아 고생하다가 1946년 타계, 어머니마저 수산업에 손을 댔다가 실패하여 집안이 몹시 어려웠다.

"홀몸이 된 어머님은 손재봉틀로 삯바느질을 하거나 조선소에 배를 고치러 온 사람들의 밥을 지어주는 일들로 간신히 어려운 살림을 꾸려 나가셨다." 이런 환경 속에서 그는 용케도 순천농림중학교(1951), 농림고교 축산과를 졸업(1954)했다. 축산에 대한 꿈에 부풀기도 했지만 그럴만한 땅도 재원도 없었던 그에게는 실의와 낙담 속에서 새 진로를 찾고자 상경(1955), 동국대 법학과에 들어가는 한편 월간《신세계》편집부, 월간《고시계》편집장 대리 등등 닥치는 대로의 직종에 투신할 수밖에 없었다. 그러던 중 월간《법제》편집장, 입대(1958), 제대(60), 시골에서 축산사업이나 하려고 손대고 있을 때 사월혁명이 일어났다.

　돌산 섬사람 윤형두 청년에게도 행운의 길이 트일 기미가 있어 집권 민주당보《민주정치》의 편집일을 맡게 되어 야당 정치인들과 긴밀해지게 되었는데, 그 가교역을 해 준 게 김상현 전 의원과 김대중 전 대통령이었다. 인간 윤형두에게는 인생의 진로가 순조롭게 풀릴 수 있었던 바로 이 시기에 5·16이 발발했는데, 인재가 아쉬웠던 군부세력은 그에게 집요한 유혹의 손길을 뻗었으나 이 섬 출신의 의리의 사나이는 피신하여 동대문 뒷골목에서 헌 책방 점원으로부터 시작하여 차근차근 기초를 쌓아 삼우당 서점 경영을 거쳐 도서출판 범우사를 창립했다.

　이 각고한 시절의 고생담은 김상현 의원의 〈함께 걸은 40년〉과 정을병의 〈성공한 출판인, 아직도 시간은 많다〉(모두 윤형두 선생 화갑기념문집《한 출판인의 초상》, 범우사, 1994 게재)에 잘 나타나 있다. 이 글에 의하면 당시 어려웠던 시절에 윤회장은 친구들의 후원자이자 보호자 역할을 착실히 해주었는데, 인간의 운명은 이상하게 그런 위치가 지금도 계속되고 있는 것 같다. 정말 인간은 주는 사람과 받는 사람이 따로 있는 것인가 하는 생각이 윤회장을 대할 때마다 들곤 하는데 그 출발점이 아마 그가 가장 어려웠던 시절에 시작되었다는 걸 알면 인생은 운명론을 전적으로 거부할 수만은 없을 것이다.

　이 청년기에 윤형두는 적어도 민주주의와 사회정의에 대하여 투철한 신념을 지니게 된 것 같다. 그는 민주당 기관지 일을 했기 때문에 5·16세력의 유혹에 빠지지 않은 것이 아니라 이미 그 자신이 지녔던 바탕에서 권력에 추종하는 자질이나 성향은 찾을 수 없었는데, 거기에다 민주당과의 인연은 더욱 그를 이런 분야에 대한 결벽증으로 굳어지는 계기를 만들어 버렸다. 나중 그는 몇 차례에 걸쳐 회유와 협박에 의한 세속적인 '행운'의 기회가 반복되었지만 단 한 번도 그의 기품을 흔들리게 할 수는 없었다. 〈5·16이 나던 때〉란 글에서 읽을 수 있는 공작정치로부터의 피신, 월간 《다리》지 사건을 전후한 위협, 그리고 김대중 대통령후보와의 관계 때문에 겪었던 각종 위험, 김상현 의원과의 얽힘 등등 많은 사건들이 그의 주변을 맴돌며 그의 운명의 수레바퀴를 바꾸고자 했으나 그는 가난한 출판쟁이로 남아 오늘에 이르고 있다.

범우사의 초창기에 그는 잡지 《신세계》의 주간을 겸하고 있었다. 당시 편집부에 근무했던 이정림은 〈계단을 내려오던 남자〉에서 잡지사 주간직은 이름만 걸어놓고 자신의 출판에 전념하던 윤형두의 모습을 "먼 곳을 바라보는 것 같은, 그래서 왠지 잿빛 그늘이 어린 듯이 보이는 그 눈은 내게 강한 인상을 심어 주었던 것"이라고 회고했는데, 이 무렵 그는 《치계(齒界)》라는 잡지에도 관여하고 있었다.

서대문구 냉천동에서 출발했던 범우사의 상표는 독수리였는데, 나는 처음부터 그 독수리를 무척 좋아했다. 성조기에 나오는 독수리와는 달리 내가 그 이미지에서 연상했던 것은 영원한 이상주의자 트로츠키의 별명이었던 '붉은 독수리'같은 것이었는데, 그때로서는 꽤나 투쟁적으로 보였다. '투쟁적'이라고 하면 지금의 윤 회장과는 걸맞지 않을 것 같지만 초기의 범우사는 오히려 그런 쪽이었다고 볼 수 있는데, 당시 한국 출판계란 보수성 일변도로 '책'의 개념도 제대로 안 섰던 상황이었던지라 범우사는 상표 하나만으로도 불온하게 보일 지경이었다.

이 무렵 작가 정을병 형의 소개로 알게 된 윤형두 회장은 아무리 뜯어봐도 돈 모을 사람으로보다는 인정 깊은 정치 후보생이 아닐까 하는 생각을 심어 주었다. 아니나 다를까, 그는 이내 김대중·김상현 의원의 노선을 대변했던 월간지《다리》를 창간, 그 초대 주간을 맡았다(1970). 그 동안 범우사는 중구 남대문로 3가에서 종로구 도렴동, 그리고 도렴동 115 삼육빌딩으로 옮겨 안착하게 되었고, 어느새 양주동 외 지음《사향의 념》, 정을병 소설《아테나이의 비명》, 김광섭 시집《성북동 비둘기》, 강인섭 시집《녹슨 경의선》등과《유선 통신 자격고시 문제집》《자동차 정비와 고장 수리》등을 출판했다. 그리고 내 기억으로는 뒤의 두 가지 기술서적이 범우사 유지에 큰 도움을 주었다.

개인사적으로 이 무렵의 윤 회장은 상경 직후 상도동에서의 토굴 생활, 도시락 공장 다락방, 자취, 하숙, 사글세방 등등을 전전하다가 삼선교 단칸방 셋집에서 봉천동 산동네 꼭대기의 단독주택으로 이사를 하였다. 1969년이었다. 필자도 몇 번 가 본 적이 있는 이 집에서 윤 회장은 범우사와 세 남매를 키워 오늘에 이르렀다. 그러니까 윤 회장과 범우사의 역사에서 1970년을 전후한 시기는 일대 전환기인 셈인데, 개인적으로는 봉천동 시대요, 출판사로는 광화문 시대의 개막이자 역사의 회오리에 휩쓸려 들어가기 시작한 때이기도 했다.

3. 정치적 회오리와 출판에의 외길

1969년 3선 개헌으로 재집권의 길을 연 박정희는 1971년 대통령 선거를 앞두고 사회적인 갈등을 폭력으로 진압하면서 노골적인 야당 탄압을 자행하기에 이르렀다. 집권 군부 세력과 사쿠라 야당 유진산 계열은 노골적으로 만만한 김영삼을 야당 대통령후보로 점 찍어두고 투사형 야당 후보에게는 온갖 방해책동을 감행하던 때였다. 그런데 예상을 뒤엎고 김대중 의원이 야당 대통령 후보로 확정되자 그 홍보 전략 책임은 김상현 의원이 주도하던 월간《다리》가 주축이 되어 진행할 수밖에 없었다. 주변에 대한 감시와 회유와 탄압은 점점 노골화되어 갔다. 범우사는 딱하게도 그때《다리》사와 같은 사무실을 썼다. 발행인이 별도로 있었지만 실제로《다리》의 모든 일은 윤 사장(주간 직책)이 진행했는데, 거기에다 그는 김대중의《내가 걷는 70년대》《희망에 찬 대중의 시대를 구현하자》《빛나는 민권의 승리를 구가하자》등등의 저서를 범우사가 출판했다. 여기에다 전 국회의장인 김수한 의원의《이런 장관은 사표를 내라》는 초강경 국회 발언록까지 냈는데, 당시의 출판계 풍조로는 상상할 수 없는 반골의 돌출이었다.

여기에다 기름을 부은 것은《다리》지였다. 처음에는〈너와 나의 대화의 가교〉로 창간했던 이 잡지가 1971년부터는 전위적인 정치 사회 비판·이론지로 부상하여 국내 비판적인 지식인의 본거지가 되었다. 함석헌·지학순·조향록 등 종교계, 이병린·이병용·한승헌 등 법조계, 김동길·리영희·조용범·장을병·박현채 등 학계, 천관우·송건호 등 언론계, 김지하·남정현 등 문학계 여러 인사들이 주요 필진으로 참여했던《다리》지는 학원가와 노동. 빈민·운동권(그때는 이런 술어가 생기지도 않았다)에서 광범위한 독자층을 형성해 가고 있었다. 그때 비판적인 잡지로는《창조》와《씨알의 소리》등이 있었는데, 가장 현장감 강한 정치현실을 비판하기로는 역시《다리》였던 것 같다.

바로 이 잡지에 실린 글 〈사회참여를 통한 학생운동〉을 빌미로 당국은 윤형두 발행인과 필자 임중빈을 구속(1971년 2월)했는데, 그해 4월 27일이 대통령 선거라는 사실을 기억한다면 그 사건이 무엇을 뜻하는 지는 쉽게 알 수 있을 것이다. 1974년 대법원으로부터 무죄판결을 받은 이 사건은 유신독재 직전의 정치사건으로 평가받고 있는데 여기에 대해서는 윤형두 회장 자신의 글 〈언론·출판탄압에 대한 최초의 무죄사건〉(한승헌 변호사 변론사건 실록《분단시대의 피고들》, 범우사. 1994 게재)을 참고하는 게 좋을 것 같다.

투옥은 윤형두 사장에게 더 뚜렷한 인생관과 역사관을 심어 준 듯 하다. 이후 범우사의 출판 방향이나 이념은 일관된 휴머니즘에 기초 하는 것을 볼 수 있다. 1971년 여름《다리》지로 직장을 옮겨간 필자는 그때 출옥 직후인 1971년 9월부터《다리》지 발행인을 맡은 윤 사장과 고락을 함께 하는 처지가 되었다. 편집실에서 라면으로 끼니를 때우 며 잡지를 만들던 시절이라 그 어려움 속에서도 윤 사장은 어머님 회 갑을 여수까지 내려가 성대히 치렀고, 직원들의 '가난'을 기아선상으 로 빠지지 않게끔 잘 대처해 주었다. 더구나 사람 좋아하는 김상현 의 원은 지금의 코리아나호텔 자리에 있던 국회에서 급한 필자(리영희 교 수라든가)의 원고료를 갖고 광화문 지하도를 건너오다가 아는 인사를 만나면 곧장 술집으로 가버리는 일이 빈번했는데, 그럴 때마다 윤 사 장은 해결사처럼 잘 대처해 주었다. 이때 일을 회상하며 리영희 선생 은 생전에 술자리에서 농 삼아 내 원고료 어느 술집으로 갔냐고 한바 탕 웃기곤 했었다. 박창근 편집장, 편집부의 윤길한, 경리의 김양현,

영업의 서정연 제씨가 이 무렵의 다리사 주축이었다.

　이 무렵 범우사의 출판은 냉전에서 화해를 끌어내기 위한 사회과
학서적과 국내의 인권관련 책이 주종을 이뤘다. 앞의 목적을 위하여
범우사는 빌리 브란트와 다나카 가쿠에이의 저서나 전기를, 뒤의 것
으로는 한승헌 변호사의《법과 인간의 항변》, 진보당 관련자 이상두의
《옥창·너머 푸른 하늘이》등을 냈다. 특히 그때 윤 사장은 빌리 브란트
의 동방정책에 매료당해 틈만 나면 그 이야기를 꺼내곤 했던 기억이
새롭다. 사실 동서독의 통일은 브란트로부터 시작되었는데, 그때 우리
나라에서는 이를 주시하는 것조차 무척 인색했을 정도가 아니라 불온
하게 보았다. 그 책도 별로 팔리지는 못했지만 윤 사장의 출판인으로
서의 탁견은 엿볼 수 있는 일이었다. 다나카 일본 수상은 말년에 부패
의 대명사처럼 더럽혀져 버린 정치가이지만, 실상은 냉전 구도 속에
서 미국보다 먼저 중국과 수교하려 했던 야망이 돋보여 윤사장의 시
선을 끌어《인간 다나카》란 책을 낸 것 같다. 출판계에서 중공에 시선
을 돌린 선두주자였던 범우사는 바네트의《미국과 중공》이란 안 팔리
는 책을 내기도 했다.

　또 하나 곤욕을 치른 책이 있다. 김동길의《길은 우리 앞에 있다》
란 시론집은 그 당시 유일한 판금도서로 대학가에 일대 선풍을 일으
켰는데, 여기에 대해서는 김학민의 글(〈홍소령에 대한 추억〉, 윤형두 선생 화
갑기념문집《한 출판인의 초상》, 범우사, 1995 게재)에 자세히 나온다.

　범우사가 출판사로 자리잡기 시작한 것은 1972년 10월 유신 이후
로 볼 수 있다. 그 전에는《다리》지와 사무실을 함께 하면서 윤사장 자
신도 두 쪽 사장 역할 하기에 분주했었는데, 정작 10월 유신 선포 이

후 김상현 의원은 투옥당해 버리고, 필자와 윤 사장은 잠시 피신했다가 현실로 돌아와 각자의 진로로 나아가지 않을 수 없었다. 윤 사장은 본격적인 출판에 투신하기로 결심코 '범우 고전 시리즈' 제1권으로 토마스 모어의 《유토피아》를 냈는데, 이건 매우 상징적이다. 그 숱한 고전 중 어째서 모어의 《유토피아》가 첫 권이 되느냐는 것은 우연이라기보다는 윤 사장의 철학이 낳은 필연의 결과로 해석하는 게 더 합리적이다. 그리고 나중에 너무나 유명하게 된 루이제 린저, 보부아르, 그리고 볼테르, 러셀, 토인비의 저서 등등이 풍기는 이미지에서 누구나 자유주의적 민족주의자 윤형두를 떠올리지 않을 수 없었다. 국내 문학 분야에서도 1970년대의 문제작 신상웅의 장편소설 《심야의 정담(鼎談)》을 비롯해 조정래·김초혜 부부의 첫 저서인 《어떤 전설》이 범우사에서 나왔다는 사실도 인간사회의 인연을 실감케 만든다.

이 시기에 또 빼어 놓을 수 없는 업적으로 이미륵의 《압록강은 흐른다》를 발굴, 완역해낸 것을 들어야 한다. 한편 윤형두 사장이 수필가로 등단함으로써 박연구와의 관계가 더욱 돈독해져 범우사의 출판기획 중 수필의 비중이 높아져 한국 출판계에서 가장 격조있는 수필문학 출간 출판사로 발돋움하는 계기가 되기도 했다.

개인적으로 이때 윤 사장은 국제앰네스티 한국위원회에 가입하여 재무이사 등을 맡으면서 적극적으로 활동했는데, 이 부분은 우리 민주화운동사에서 완벽하게 복원시킬 필요가 있다. 유신독재 아래서 투옥자가 급증할 때 이에 대처했던 1970년대의 전 기간에 걸쳐 이 조직의 활약은 실로 눈부셨다. 70년대 후반기와 80년대 초의 쟁쟁한 여러 인사들의 상당수가 앰네스티를 거쳐 갔으며, 당시 투옥되었던 인사 치고 이 단체의 직간접적인 도움을 받지 않은 분은 없었을 정도였다. 윤현 당시 앰네스티 전무와 윤형두 사장, 그리고 한승헌 변호사를 비롯한 몇몇 분들이 이 운동의 주축을 이뤘었는데, 이런 시민운동이 맥을 잇지 못한 것은 못내 아쉽다.

범우사 초기의 번역진이었던 황문수, 홍경호, 최혁순, 이상두 제씨의 영향력도 컸겠지만 범우사는 일정하게 인류의 평화와 자유를 제창하는 이념을 고수하면서 대중적인 문예물과 특히 노벨상 수상작의 번역에는 손빠른 대처로 상업적인 성공을 거두기도 했다. 개인사에서 윤형두 사장은 고려대 경영대학원을 수료했고, 범우 사상신서 제1권으로 프롬의 《자유로부터의 도피》를, 소설문고로는 제1권 《메밀꽃 필 무렵》을 내기도 했다.

이래서 1978년 10월 범우사가 마포구 신수동 출판단지로 이사를 떠날 때까지가 이른바 윤형두 사장과 범우사의 대약진기라고 부를 만하다.

4. 마포 시대의 범우사

마포시대의 범우사는 이미 창립 12주년을 맞아 출판한 책이 약 500종에 육박하려던 때였다. 시리즈만 해도 범우사상신서, 범우 문예신서, 범우고전선, 범우 전기선, 범우 사르비아문고, 범우 소설문고, 범우 에세이문고, 범우 한국문학선, 범우 영화TV소설, 범우 논픽션, 범우 명작 다이제스트 등이 번갈아 쏟아져 나와 독자들은 이제 범우사의 책만 봐도 교양함양에 지장이 없다고 할 정도로 종합출판을 지향하는 단계에 이르렀다. 그 뒤에도 범우사는 범우비평판 세계문학선을 내는 등 각종 시리즈를 보완하여 오늘에 이르렀는데, 어떤 것은 이미 150권을 돌파했으니 이제는 4,000여 종의 도서가 항시 전국에서 독자의 손길을 기다리는 단행본 출판사로 군림하게 되었다.

마포시대의 범우사는 크게 두 시기로 나눠 볼 수 있는데 그 전반기는 출판단지 안에 있던 시기이며 후반부는 오늘의 구수동 빌딩으로 옮겨간 1989년 5월 31일 이후 오늘까지다. 이미 마포 시대로 접어들면서 범우사는 한국 출판계 굴지의 출판사로 부상했기에 구태여 이 시기를 둘로 나눌 필요도 없을 정도로 그 기본 이념이나 출판사의 위치는 확고하나 다만 외형적으로 더 커졌다는 사실은 지적되어야 할 것 같다.

신수동 출판단지 시기에 윤 회장은 출판업계의 각종 단체의 위원이나 이사, 혹은 이사장, 회장 등등 직책을 맡는 한편, 서울시문화상을 받는 등 출판관련 업적이 사회적으로 가시화되기 시작했다. 개인사에서 중요한 사항으로는 중앙대 신문방송대학원에서 문학석사 학위를 받은 사실인데 이후 그는 중앙대, 동국대, 서강대, 경희대, 연세대 등에서 언론·출판관련 대학원에서 강좌를 맡는 등 이른바 출판학을 정착시켜 대학에다 해당 학과를 설치토록 하는 캠페인을 벌리는 등 한편, 첫 수필집《넓고 넓은 바닷가에》를 낸 이후 수필집과 이론서, 연구 논문 등 저서도 목록을 만들기에 바쁠 정도로 속속 생산해냈다.

이제 윤 회장은 한 출판인만이 아니라 경영 전문 연구가이자 출판학자로, 그리고 뛰어난 수필가에다 사회사업가, 등산가, 여행가를 겸하여 백발을 휘날리며 청춘을 구가하는 우리 문화계의 한 자수성가의 표본을 이루고 있다. 그런 윤 회장이 아직도 범우사를 통해 못 이룬 꿈이 있을까. 인간의 포부가 위대하다면 역시 더 하고픈 일이 남아 있을 것이다. 그러나 웬만큼은 이뤘다고도 할 수 있다.

윤 회장과 함께 한 많은 주변 인사들은 범우사가 이제 제3의 도약기를 맞아야 한다고 말하기도 했다. 그간 범우사는 제2의 도약기를 통해 오늘의 성장을 이룩했는데, 그것은 순전히 인간 윤형두의 개인적인 업적으로 돌릴 성질의 것이다. 그리고 그 가능성은 민족의식과 민주주의 의식의 바탕에다 휴머니즘적 가치관과 실천력을 갖춘 윤 사장이 급변해 온 우리 사회의 가치관에 적절히 효과적으로 대처해 올 수 있었던 때문이라 하겠다. 윤 회장과 비슷한 시기에 출발했던 많은 출판인들이 변화하는 시대적인 가치관에 대응하지 못한 채 출판업 자체를 포기해 버렸거나 영세화해 버린 예를 보더라도 그의 대응력이 우연이 아니라 뿌리 깊은 민족과 민주주의에 대한 신념이 바탕한 것임을 느낄 수 있다.

이제 범우사는 제3의 도약을 위하여 윤 회장의 후계 구도를 잡을 때인 셈인데 그것은 장자 윤재민 사장의 부상으로 일단락된다. 다른 산업과는 달리 출판산업은 2세에로의 대물림이 거의 불가능한 것으로 알려져 있는데, 현암사와 민음사의 성공사례 등등에서 새로운 시도가 성공 중에 있다. 범우사의 백년지대계가 이제 제3의 도약을 기다리고 있다. 그것은 윤 회장처럼 가난으로부터의 자수성가 형식이 아닌 풍요로부터의 정보화 산업이라는 일대 전환을 뜻하기도 한다.

지난 2003년 12월에 범우사는 주식회사로 전환, 범우출판 장학회도 범우출판 문화재단으로 등록을 마쳐 새로운 전환기를 맞아 그 첫 작품으로 〈범우비평판 한국문학〉을 기획, 출간을 시작했다. 2009년에 전 50권을 완간한 〈범우비평판 한국문학〉은 기존의 한국문학전집 속에 들어있지 않은 문학인을 처음으로 발굴해낸 일대 업적에 속할 것이다.

2004년 12월 18일, 범우사는 파주 출판신도시로 이주, 이제 윤형두 회장의 필생의 꿈은 현실화되었다. 더구나 대한출판문화협회 회장직까지 지낸 경력이 추가되면서 윤 회장의 활약은 이제 중국과 일본을 비롯한 아시아는 물론이고 세계적인 출판인으로 그 명성을 얻게되었다. 이로써 세속적으로 인간의 노력을 통해 이룩할 수 있는 일은 윤 회장이 다 이룩하지 않았을까 싶다. 달리 어떤 꿈이 남아 있을까. 아마 있다면 필연코 이룩할 수 있으리라.

팔순을 맞이하고서도 활약할 수 있다는 건 인생의 영광이다. 그 영광이 오래하기를 축원한다.

윤형두의 수필세계

김태환 金台煥. 교육자

윤형두의 수필에서는 짭조름한 미역 냄새가 난다. 해조음(海潮音)이 들린다.

그의 수필은 아담한 수족관(水族館)이다. '밀쟁이, 볼락, 노래미, 각시고기'들이 헤엄치는 그의 바다에선 언제나 '갈퀴봉'이 보이고, '물이랑'을 스치는 '하늬바람'이 불고, '아기섬'쪽에 '가오리연'이 '하느작거린다'. 그의 바다는 해동(海童)들의 놀이터요, 교실이다. 그의 바다는 드뷔시의 관념적인 바다가 아니다. 오히려 벤자민 브리튼의 4개의 간주곡 같은 바다다. 생활의 바다다. 그에게 모든 것을 가르쳐준 바다, 참을성도 노여움도 가르쳐준 그런 바다다.

그 넓고 넓은 바다가 자유스런 나의 영역(領域)이 된다면, 나는 이 순간이라도 훨훨 춤추며 그 바다로 떠나고 싶다.

끝도 없고 가도 없는 그 검푸른 바다 가운데에 서서 나는 목청을 돋우고 못다 한 절규를 하고 싶다. 만세를 부르고 싶다.

— 〈망해(望海)〉에서

그래서 산에 오를 때에도 늘 그는 배낭에 생선 횟감을 준비한다.

수락산정(水落山頂)을 넘어 백운동(白雲洞) 계곡에서 꽃게탕 별미를 즐기는 그를 우리가 가끔 발견할 수 있는 것도 이 때문이다. 그가 삼막사(三幕寺) 가는 길에 정상 가까이의 애서(愛書)바위에서 바라보는 곳도 바다다. 멀리 군자만(君子灣) 쪽의, 시계(視界) 안에 들어오는 흐릿한 바다를 그는 향수 어린 눈으로 바라보는 것이다.

그의 수필은 또한 모국어의 전시장이다. 그것은 아주 고운 꽃밭이다. 우리 고유어가 이리 아름다울 수 있을까. 밀쟁이, 노래미, 갈퀴, 하늬바람, 가오리— 이들은 그대로 시요, 음악이다. 그에게 오면 한자어조차 신비한 미감으로 나타난다. 해표(海表), 잔광(殘光), 풍배(風杯), 자운영(紫雲英), 전마선(傳馬船), 화경(花梗) 등의 어휘는 그대로 흐르는 물소리다. 즐겨 쓰는 그의 모국어도 유년기와 소년기의 한때를 일본에서 보내고 고국에 돌아와 익힌 것들이다. 예서 태어나서 자란 내가 부끄럽다. 그만큼 고유어를 구사 못하기 때문이다. 그는 거창하게 '국어 사랑 나라 사랑'을 외치지 않는다. 오직 일상을 통하여 그것을 실천할 뿐이다. 조센징이라는 '신사(神祀) 지붕에다 오줌을 갈긴' 소년 윤형두가 이제 조국의 품에서 장년이 되어 나라 사랑을 실천하는 것은 하나도 이상하지가 않다. 그래서 그는 이렇게 말하고 있다.

함께 귀국선을 타고 오셨던 양친은 이미 고인이 되어 이 땅에 묻히셨다. 나 혼자 외로이 남아 세 자녀를 키우고 있다. 이 아들딸이 자라 노후의 나를 버리고 먼 나라로 떠날망정 나는 이 땅에 영원히 안주할 것이다.

10여 년 전에 떠난 친구가 몇천 정보의 땅을 사놓고 나에게 여비와 초청장을 보낼지라도 나는 결코 이곳을 떠나지 않을 것이다.

— 〈우둔한 마음〉에서

그의 수필에선 참신한 비유가 넘친다. 빛나는 상상력이 우리를 매료시킨다.

초록빛 짧은 화경에는 '팥알 같은 꽃망울'이 맺힌다. 안개에 싸인 '연주봉 꼭지가 새순처럼 돋는다'. 서울대학교 쪽의 '왕방울 같은 외등' 몇 개. 이 선명한 이미지는 그가 이미 훌륭한 모더니스트임을 말해 준다. 그가 얼마나 애정으로 모국어를 갈고 닦았는가, 그가 또 어떻게 예민하고 주의 깊게 사물을 관찰해 왔는가를 넉넉히 짐작할 수 있다.

'백운대 쪽에서 소나기를 몰고 오는 동남풍에 하느작거리는 향나무 가지'에서는 또 훌륭한 상상력의 세계에 들어서게 한다. 그의 서정적 상상의 세계에 들어선 우리는 절로 은근한 미소를 띤다. 그 미소는 번득이는 위트나 유머에서 오는 것이 아니다. 오히려 그의 빛나는 상상력에 매료된 나머지 느끼게 되는 일종의 경이감에서 온다는 편이 옳을 것이다. 사실 그의 수필에는 위트나 유머가 많지 않다. 그만큼 그의 생활이 신산(辛酸)했고 절박하였다. 한가한 감정의 유희가 허락되지 않았던 것이다.

그는 문장작법을 공부한 일이 없다고 말한다. 그가 틀에 박힌 문장공부를 했다면 이런 개성적인 글을 못 썼을지 모른다. 그는 천래(天來)의 문장가인 것이다. 다음 몇 줄은 그가 틀에서 벗어났기 때문에 가능한 소산이다.

그러나 나에겐 이제 가오리연을 띄울 푸른 보리밭도, 연실을 훔쳐낼 어머니의 반짇고리도 없다.

— 〈연(鳶)처럼〉에서

오늘 날씨가 그때 남영동 굴다리를 지나 '전원' 뮤직홀을 찾아가던 날씨하고 같다. 춘추복을 입기에는 이르지만 코트는 벗어야 할 그런 날씨다.

— 〈옷에 얽힌 이야기〉에서

그의 수필에는 이런 멋진 결말이 많다. 오 헨리나 김동석의 글을 몇 줄 읽는 감흥에 젖는다. 의표(意表)를 찌르는 그의 화술에 우리는 그만 압도된다. 한편 그의 수필에는 잔잔한 애수가 흐른다.

4일째 되던 날, 어머님은 많은 여한을 남긴 채 운명하셨다. 하얀 가운을 입은 그녀가 어느덧 내 옆에 와서 묵념을 하고 있었다. 그 매정하리만큼 이지적인 눈엔 눈물이 맺혀 있었다.

— 〈그때 그 의사〉에서

논어의 애이불비(哀而不悲) 그런 경지다. 의리와 순정(純情)의 사람인 그가 어려운 친구를 찾아 인천에 갔던 날, '어느 사이에 반백이 되어버린 머리 위에 촉촉이 비가 내리는' 풍경도 결코 즐거운 것은 아니다. 맑은 애수, 우리에게 위안을 주는 그런 애수인 것이다. 진실로 슬픔을 초극한 사람만이 가질 수 있는 그런 경지의 애수다.

'범선의 돛대만이 잔물결에 흔들리고, 죽음과 같은 고요와 어둠이 밀물처럼 밀려오던' 소년 시절의 설움도, 이제 장년이 된 그의 반백 위에 내리는 암수(暗愁)의 빗방울도 다 그러한 깨끗한 애수인 것이다.

그의 수필에서는 또 기도 소리가 들린다. 부모와 아내와 자식에 대한 기도 소리가 들린다. 나라와 겨레를 위하여 드리는 나직한 목소리, 그러나 뜨거운 기도 소리가 들린다.

그가 그의 아내에 대하여 좀 소홀해지려 할 때, 그는 그 옛날 아내에게서 받은 한 권의 책을 펴든다. 그리고 스스로를 채찍질하여 기도하고 있다. 눈물겨웠던 지난날을 돌아다보며 그는 늘 새로운 다짐을 한다.

어느 날 문득 버스 안의 젊은이들의 대화를 듣고 그는 자책에 사로잡힌다. 그러고는 또 이렇게 기도하고 있다.

비록 국가와 의(義)를 위하여 자신을 희생하는 숭고한 정신을 심어주는 아버지가 되지는 못할지라도, 자식을 이해하고 자식과 모든 일을 스스럼없이 상의할 수 있는 아버지가 되어야 하지 않을까 생각해본다.

— 〈부끄러운 아버지〉에서

그의 기도는 결코 특별한 것이 아니다. 다만 그 기도가 용기 있는 자의 진실한 것이기 때문에, 그렇게 실천했고 또 그렇게 실천할 수 있는 사람의 기도이기 때문에 우리를 감동시킨다.

그가 회상 속에 그리는 아버지나, 끝내 유언 한 말씀 못 남기고 운명하신 어머님에 대한 안타까움, 그리고 알맞은 날, 서울 서부역을 떠나 신세계 공원묘지로 떠나는 그의 모습에서 망극(罔極)의 아픔과 그 기도 소리를 들을 수 있다.

"불의와 부정에 영합하지 않는 그런 아버지가 될 수 있을까" 하고 반문하는 그의 기도에서 정직하게 살아가려는 한 의지의 인간상을 본다.

> 아버지를 잃은 고독과 설움을 잊을 수 있고, 가난 때문에 받은 천대와 수모를 겪지 않아도 될 그런 세계로 날아갈 수 있는 연이 되고 싶었다.
> — 〈연(鳶)처럼〉에서

이제 그 소년 시절의 기도는 아름다운 추억이 되었다. 그런 기도가 하늘의 응답으로 성취된 지금, 그는 또 다른 제목으로 신 앞에 무릎을 꿇는다.

"어떤 일에도 얽매이지 않는 자만이 진실로 삶과 죽음의 고뇌에서 벗어난다(一切無碍人 一道出生死)"는 경지에 이르고자 한다. 그리고 그의 수필에서는 웃음소리가 들린다. 천진난만한 웃음이다.

그의 소년 시절의 친구들, 순원이, 종진이, 종남이, 일태―이런 서리꾼들의 웃음소리가 함께 들려온다. 그는 순정의 사람인지라 또한 천진스럽다. "오늘같이 하얀 눈이 펑펑 내리는 날이면, 나는 남창을 열고 고향집과 고향 산에 피어 있는 빨간 동백꽃을 그리게 되는" 그런 동심의 사람이다. 관악산에 금년 첫눈이 내렸을 때 "김형, 눈 봐요, 첫눈이야!" 하던 게 바로 그다. 무지개를 보면 가슴이 뛴다. 워즈워스를 이 거리에서 만나는 것이 얼마나 희한한 일인가. 얼마나 신명나는 일인가. 요즘 같은 세상에 성화(聖畵)의 천사를 만나는 경이가 아닐 수 없다. "모깃불 곁에 앉아 별을 헤아리던 소녀"를 회상하는 그에게서, 그리고 머리는 반백일지라도 빨간 동안(童顔)을 가진 그를 생각하면 가까이에서 금방 그의 밝은 웃음소리가 들릴 것 같다. 이렇듯 동심인 그에게서 또 서릿발 같은 지조를 발견하게 되는 것은 놀라움이 아닐 수 없다.

그의 수필에서는 항상 깨어 있는 사람의 숨소리가 들린다. 사색하고 참회하는 목소리가 들린다.

아직도 다 털어놓지 못한 내 지난날의 부끄러운 한 조각을 들춰내고는 그래도 못다 그린 나의 자화상을 다시 한 번 돌이켜본다.

— 〈못다 그린 자화상〉에서

안으로만 안으로만 자기 스스로를 다스리는 성찰의 나날을 그는 보내고 있다. 그러나 이 장황한 설(說)이 무슨 의미가 있겠는가. 그의 수필이야말로 자못 유력한 증인인 바에야.

- 범우윤형두문집Ⅰ 〈넓고 넓은 바닷가에서〉
1985년 12월

태어난 바다 떠나야 할 바다

– 윤형두 수필집 《아버지의 산 어머니의 바다》에 부쳐 –

이정림 李正林, 수필평론가

1. 서두

수필은 체험의 문학이다. 그러나 한담설화(閑談屑話)가 곧 수필일 수는 없다. 범우(汎友) 윤형두 선생의 글이 주목을 받았던 이유는 그 체험이 장삼이사(張三李四)의 한담과는 분명 다르다는 점에 있었다.

그가 수필을 쓰기 시작한 70년대는 작품성이 뛰어난 글들을 의욕적으로 발표하던 시기였다. 그의 작품 세계는 남달랐으며, 수필에 임하는 자세 또한 누구보다도 진지하였다. 그는 수필이 결코 한유(閑裕)의 문학일 수만은 없음을 증명해 준 작가였다. 그런 의미에서 그의 70년대는 수필에 아낌없이 '동정(童貞)'을 바친 순수의 시대였고 전성기였으며 완숙기였다 해도 지나침이 없을 것이다.

그러나 이제 그의 수필에서는 70년대의 그 열정은 보이지 않는다. 그것은 어쩌면 자연스러운 현상일 수 있겠으나, 그의 초기 작품들에 대한 인상을 강하게 갖고 있는 독자들에게는 일말의 아쉬움이 될 수도 있을 것이다.

주로 80년대 후기와 90년대 초기의 작품들로 구성된《아버지의 산 어머니의 바다》에서는 네 개의 큰 줄기가 보인다. 하나는 그의 정신적 지주였던 어머니에 대한 이야기이고, 나머지는 그의 천직이 된 출판과 '한길'에 대한 소신, 그리고 정(情)의 울타리가 되어 준 친구들에 관한 이야기가 그것이다.

2. 어머니 – 그 세찬 격랑의 바다

"어머니는 아이에게 최초의 실재다."(딜타이)라는 말이 있다. 그 '최초의 실재'인 어머니가 자식에게 미치는 영향은 거의 절대적이다. 그 어머니를 위해 자식은 이렇게 비명(碑銘)을 써 드렸다. "여기 외아들을 위하여 홀로 강하게 살다 가신 한 어머니의 무덤이 있다"(〈思母曲〉).

"갯물이 휘날려 지붕을 덮는 바닷가 초가집에서 태어나"(《아버지의 산 어머니의 바다》)신 어머니는 평생을 바다와 같은 삶을 살았던 분이다. 바다의 생리란 결코 평온하지만은 않듯이, 어머니의 삶 역시 안온하지만은 않았다. 어부가 바다와 맞서며 살아가자면 더없이 강인해져야 하는 것처럼, 어머니 역시 세상의 풍파와 싸워 가자면 강하지 않으면 안 되었을 것이다. 더구나 홀몸으로 아들을 키워야 하는 어머니라고 한다면. "성난 파도가 밀려와 튼튼한 방파제를 때려 치는 그 격랑의 모습은 마치 어머니가 그 숱한 세상사와 싸워 온 모습처럼 보였다"(윗글)고, 아들은 훗날 마음 아프게 회고한다.

바다는 어느 때 보면 놀라울 정도로 순한 모습을 하고 있다. 그러나 외아들의 어머니는 한시도 나약해서는 안 되었다. 그러기에 사는 것이 힘들어 도움을 청하러 온 아들도 매정하게 뿌리쳐 돌려보내야 하는 어머니가 될 수밖에 없었다. "너는 내가 도와주면 나에게 항상 기대려는 마음을 갖게 되어 너 스스로 일어설 수 없기 때문에 지금 도와주지 않는 것이다"(《思母曲》). 이렇게 말은 하지만 돌아서 가는 자식의 뒷모습을 보며 눈물짓지 않을 어머니가 세상에 어디 있으랴.

무학(無學)이면서도 현세에 영합하기보다 철저한 반골(反骨) 정신으로 일관하셨던 어머니였기에 아들은 "배신이라는 말보다 양심이라는 말"(《5.16이 나던 때》)을 더 좋아하게 되었다. 그러기에 당대의 실세와 손만 잡았더라면 그도 시대의 풍랑을 잘 넘길 수 있었을 것을, '바다의 아들'은 끝내 그 유혹을 받아들일 수 없었고, 따라서 그에게는 많은 정치적인 시련이 몰아쳐 오게 된다.

그런 강인한 어머니가 아들에게 바란 것은 그저 "우리나라에서 일곱 번째로 큰 섬의 가장 큰 면이었던 고향 돌산의 면장이라도 되어서 금의환향하는 것"(《아버지의 산 어머니의 바다》)이었다. 어머니의 소박한 소망에 비해 아들이 이룩한 성공이 크다 한들, 어찌 어머니의 꿈을 이루어 드리지 못한 죄스러움을 면할 수 있을 것인가.

이제 그런 어머니는 가시고 아들은 늙었다. "나는 바다를 무척 좋아했다. 그러나 50을 넘으면서부터 바다와 같은 격랑의 감정은 차차 사라지고 산과 같은 부동과 침묵의 세계가 나에게 다가왔다"(윗글). 그에게 산은 곧 아버지다. 외향적인 성격을 지녔던 어머니에 비해 아버지는 내향적이었고, "산처럼 침묵 하시면서도 무언의 행동으로 교육을 시키셨던 분이다"(윗글). 그러기에 그는 "바다와 같은 어머니로부터 태어나서 산과 같은 아버지의 곁으로 돌아갈 것이라는 생각을"(윗글) 하게 되었는지도 모른다.

나는 이제껏 어머니의 바다와 같은 삶에 영향을 받고 따르며 살아왔다. 모진 격랑을 헤치고 썰물과 밀물의 소용돌이 속에서도 억센 몸부림으로 참고 살아 왔다. 거센 파도에 온몸을 송두리째 맡기기도 하고 또한 부딪쳐 침몰하기도 하면서, 어지간히 내가 바라던 피안에 닿았다.

이제 산의 지혜를 배울 때가 된 것 같다. 침묵하면서도 삼라만상을 포용하는 장엄한 그 뜻을 알아야겠다.

산과 같은 아버지, 바다와 같은 어머니.

나는 이제 산과 같은 아버지가 될 나이가 된 것 같다.

— 〈아버지의 산 어머니의 바다〉

3. 출판 - 그 하얀 우유 운반차

범우는 어느 신문 기자와의 인터뷰에서 이렇게 말했다. "출판인의 길을 걷다가 출판인으로 종신(終身)하고 그렇게 땅에 묻힌 뒤 비문에 '출판인 윤형두(尹炯斗)'로 기록되었으면" 한다고.

그에게도 중학교 시절에는 여느 시골 소년처럼 목장 주인이 되고 싶은 낭만적인 꿈이 있었다. 그러나 그런 소박한 꿈은 성장하면서 좀 더 현실적인 포부로 바뀌게 되는데, 그에게는 그 꿈을 이룰 수도 있었던 계기가 꼭 한번 왔었다. 제대 후 그는 복학할 형편이 되지 못해 고향에서 친구와 기계를 들여놓고 종란(種卵)을 부화하기 시작한다. 그러면서 부화 사업이 잘 되면 양계를 겸하고, 그것이 성공하면 산양(山羊)을 방목하고……. 종란 한 개에서 시작한 꿈은 눈덩이처럼 커져, 그는 곧 목장 주인이 되는 상상에 더없이 행복해 하던 때가 있었다.

그러던 어느 날, 사월혁명이 일어났다. 혁명의 열기는 그가 있는 바닷가 초가집에까지 불어 닥쳐왔다. 매일같이 속히 상경하라는 친구와 선배의 전보를 받고 그는 "도시와 돈에 대한 유혹과 명예에 대한 동경 때문에 부화기와 친구를 버리고 서울로 올라오고" 만다(〈生의 여울에서〉).

그러나 서울은 낭만이 가득한 초원이 아니었다. 목장의 주인이 되지 못한 청년은 초원이 아닌 서울의 콘크리트 바닥에서 삶의 냉혹함을 맛보아야 했다. 생존을 위해서라면 그는 무엇이든지 했다. 그런 한편 월급도 제대로 나오지 않는 기자 생활을 하면서 가까이 하게 된 활자, 그 활자에 대한 매력에 흠뻑 빠져들기 시작한다. 고향 섬에서 부화기와 친구를 미련 없이 버리고 상경한 것은 돈과 명예에 대한 동경 때문이었다. 그러나 활자에 대하여 매력을 갖는다는 것은 그가 꿈꾸었던 부(富)나 명예와는 거리가 있어 보인다. 그리하여 그는 마침내 작가도 학자도 정치인도 아닌 출판인이 되고 만다. "작가가 되지 못한 꿈을 문인들의 작품집을 출간하면서 달래어 보고, 학자가 되지 못한 한(恨)을 명저 등을 출판하면서 풀어 보려고 어렵고 험준한 출판사업을 시작한 것이다"(윗글).

이제는 "헤어날 수도 빠져 나올 수도 없이 책사(冊絲)에 꽁꽁 묶인 몸이 되었"(〈'활자와 더불어 25년' 그 후〉)지만, 또 "책을 통해 1000년의 삶을 살았고 또 지금도 책 속에서 1000년의 지혜를 얻고 있으며 앞으로도 1000년의 미래를 내다보며 책과 더불어 살아"(윗글)가리라는 것을 너무도 잘 알면서도, 그는 중학교 시절 자운영(紫雲英) 꽃밭에서 꿈꾸었던 하나의 환상을 지울 수가 없다.

책을 가득 실은 픽업이 굴러간다. "2000년대를 향하여 꾸준하게 양서를"이라는 캐치프레이즈를 달고 시내를 누비고 다닌다. 그러나 나는 가끔 하얀 우유 운반차가 미루나무가 서 있는 방책(防柵) 쳐진 목장 길을 경쾌한 클랙슨을 울리며 달려오고 있는 환상에 젖을 때가 있다.

오리나무 그늘에 누워 워즈워스의 〈초원의 빛〉을 읊조리지는 못하지만, 많은 사람들에게 밀른의 해학(諧謔)과 소포클레스의 진지한 인생의 이야기를 보내며 살아갈 것이다. 그리고 부화기에 달걀을 넣어 둔 채 떠나려는 나를 붙들고 그렇게 서운해 하던 친구를 찾아갈 것이다. 찾아가 이렇게 말하리라.

"많은 사람들에게 우유와 달걀 같은 칼로리 많은 육체적인 영양분은 못 주겠지만, 좋은 책을 많이 출판하여 정신적인 자양분을 주는 것으로 너에게 속죄하겠다"고.

— 〈生의 여울에서〉

4. 한길 - 그 숱한 욕망의 종착역

시몬느 베이유는 "욕망이란 일종의 지향(指向)이며, 무엇인가를 향한, 즉 자기가 존재하고 있지 않는 지점을 향한 움직임"이라 하였다. 사람은 "자기가 존재하고 있지 않은" 어떤 지점, 즉 존재하고 싶은 그 무엇을 위하여 부단히 노력한다. 그 노력은 "존재하고 싶은 그 무엇"을 많이 가진 사람일수록 더욱 치열하게 마련이다.

범우 역시 누구보다도 그 욕망의 지수가 높은 사람이다. 그것은 그가 남보다 욕심이 많아서가 아니라 누구보다도 "존재하고 있지 않은 것"이 많았기 때문이다. 어렸을 때는 "끼니를 거르지 않을 만큼만 되었으면 하는 것이 소원"(《욕망의 간이역》)이었고, 중학교 때는 "멋있는 기선의 선장이 되어야겠다는 생각에 잠을 설치곤 했다"(《回想》). 그러나 고등학교를 졸업한 후에는 대학만 졸업할 수 있으면(그는 9년 만에 대학을 졸업했다) 더 바랄 것이 없을 것 같았고, 결혼한 후에는 그저 사글세방이나 면했으면 하는 것이 가난한 가장의 꿈이었다.

그도 한때는 출세의 지름길처럼 보이는 판검사가 되려는 꿈을 가져 보았을 것이다. 그러나 법학은 천성에 맞지 않고, 정치는 생리에 맞지 않음을 알게 되었을 뿐이다. 그러면서도 웬일인지 교정을 보고 편집을 하고 책을 만드는 일만은 그렇게 즐겁고 보람찰 수가 없었으니, 출판인의 자질도 아마 타고나는 모양이다.

그는 그렇게 출판업에 뛰어들어 35년, 그 짧지 않은 세월을 혼신을 다하여 "자전거 페달을 밟고 있다." 그렇게 한길을 달려오다 보면 이젠 한눈 같은 것은 팔지 않을 법도 한데, 그는 아직도 "존재하고 있지 않는 지점을 향한" 갈등에 혼란스러워 한다.

　　(이렇게) 출판인으로서 긴 뿌리를 내렸지만 가끔 마음이 흔들릴 때
가 있다. "출판을 위해 꾸준하게 한 길을"이라는 구호를 매번 뇌까리지만
어머니가 바라던 관리에의 꿈, 정상적인 공부를 하지 못한 여한 때문에
(생긴) 학문에 대한 허욕, 정치의 계절이 되면 (……) 신문 정치면의 7포
인트 활자를 (……) 샅샅이 읽어 가는 정치 지향의 무모한 관심, 불후의
명수필이나 시 한 편을 남겨 보겠다고 매년 정초면 일기장에 다짐해 보
는 헛된 망상, 이 모든 욕망들을 가지치기해 보려 자신과의 투쟁을 부단
히 하고 있다.

— 〈회상(回想)〉

　　그는 "그것은 분명 유혹이요, 자기를 잃어버리는 노릇이라는 것
을"(《나의 좌우명》) 너무나 잘 알고 있다. 그러면서도 "앞으로도 과욕 때
문에, 오만 때문에 또는 허영 때문에 책과 더불어 사는 생활을 떠나
한눈을 팔게 될까 두렵다"(윗글)고 고백한다. "착한 마음으로 한 길을
가라"던 그 옛날 초등학교 시절의 선생님 말씀 때문이 아니라 "내 인
생의 그릇에 비해서 너무도 과분하게 많은 것이 담겨져 있"(《욕망의 간
이역》)음을 잘 아는 그이기에, 35년의 한 길은 곧 숱한 욕망의 종착역
이 될 수밖에 없는 것이다.

5. 친구-그 인간과 인간 간의 성공

"순경(順境)에서 벗을 찾기는 쉽지만 역경(逆境)에서 벗을 찾기는 어렵다"(에픽테토스)는 말이 있다. 그런데 소설가 정을병(鄭乙炳)은 친구 윤형두를 가리켜 "우정의 대부(代父)"라 했다. 그렇다면 그는 무엇으로 친구를 사귈 수 있었을까.

친구를 사귄다는 것은 의지와 필요를 기초로 한다. 그러나 그에게는 자신의 의지와 필요 이전에 어머니의 선견지명이 있었다. 아버지도 없고 형제도 없는 가난한 외아들이 모진 세파와 맞서 세상을 살아가자면 무엇보다도 친구가 있어야 한다는 것을 어머니는 일찍이 내다보셨던 것이다. 그래서 "부모 팔아 친구를 산다"(〈思母曲〉)는 말의 중요성을 역설하시게 되었고, 아들은 어머니의 그 교훈에 따르듯 친구를 좋아하게 되었다. 그리하여 동대문 5가(→종로 5가 ?)에서 헌책방을 할 때도 그는 옥호를 '삼우당(三友堂)'이라 지었고, 안정된 직장을 갖고 싶어 차린 출판사의 이름에도 벗우자를 넣어 '범우사(汎友社)'라 했으며, '돌산(突山)'이라 했던 자호(自號)도 어느 사이 '범우(汎友)'로 바꾸었을 만큼 친구는 그의 인생에서 중요한 의미를 갖게 된다. 그는 "성공 중에서도 가장 큰 성공은 재물이나 지위보다도 좋은 인간을 얻는 것"(〈아는 길을 가겠다〉)이라 여기게 되었고, 마침내 "인간 대 인간의 성공"이야말로 '최대의 성공'(〈인간과 인간 간의 성공〉)이라는 확신을 갖게 되었다.

그러면서도 그는 끝없이 친구에게 고마워하는 마음을 버리지 않는데, 그런 겸손한 자세가 그로 하여금 '우정의 대부'라는 말을 듣게 한 원인이 되지 않았을까 생각해 본다.

내가 여기 있다는 것, 그리고 남 못지않게 인생을 열심히 살아갈 수 있다는 것, 그것은 나에게 진실한 이웃이 있기 때문이다. 온갖 고난과 시련이 수없이 몰아쳐 오고 패배와 좌절의 늪에서 허덕일 때에도 나를 이끌어 주는 따뜻한 인간관계가 그 고통을 극복해 나갈 힘을 준다.

꿋꿋한 절개를 상징하는 대나무도 홀로 생존할 수 없듯이 희생하며 감싸주는 인간애 의해 그래도 아름다운 인간세(人間世)가 이어져 가는지도 모른다.

— 〈인간과 인간 간의 성공〉

그는 자신의 친구, 자신의 이웃이 "대나무와 소나무 숲"이었음을 또한 고마워한다. "지조와 신념을 지키며 험난한 한 세대를 깨끗하게 살아온 선비들을 주변에 모시고 온 셈"이라고 자평하면서, "볕이 나면 해바라기처럼 영리를 향해 방향을 바꾸고, 어려움이 닥치면(……) 살살 피해 다니며 아세(阿世)하는 무리들과 어울리지 않고 살아온 것"(《회갑을 넘기며》)을 다행한 일로 여긴다.

그러나 그의 우정은 아직도 가난했던 시절의 그 눈물겨운 감동에서 헤어나지 못하고 있는 듯이 보인다. 어린 시절, 친구에게 따뜻한 밥 한 그릇을 서슴없이 내주었던 그 온정과 은혜(《밥 한 그릇의 온정》), 영하 10도가 넘는 냉방에서 자기의 이불을 덮어 주었던 친구의 그 "질화로 같은 따뜻한 우정"(《인간과 인간 간의 성공》)……. 그는 그런 아름다운 우정을 결코 잊을 수가 없는 것이다. 그들이 없었던들 어떻게 춥고 배고팠던 날들을 이겨 낼 수 있었을까. 좋은 친구들을 가졌다는 것, 그것이 정녕 최대의 성공이라면, 그는 그런 의미에서도 성공한 사람이라 할 수 있을 것이다.

6. 결미

범우 윤형두 선생은 신랑 신부에게나 신입 사원들에게 꼭 들려주는 말이 있다. 이른바 '잔디밭 철학'이다. 잔디밭 철학이란 한마디로 "앉기 좋고 그늘 좋고 물 좋은 곳은 없다"(《잔디밭 철학》)는 것이다.

우리들은 인생을 살아가면서 멀리 보이는 아름다운 잔디밭을 동경하며 살아가고 있다. 그러나 막상 그곳에 가 보면 잔디가 잘 자란 곳은 개똥이 있거나 돌멩이가 있다. 좀 앉을 만하다고 해서 앉아 보면 햇볕은 따가운데 그늘이 없고 목은 마른데 물이 없다. 그러니 오늘 이 자리에서 백년가약을 맺은 두 사람은 멀리 있는 잔디밭만 바라보며 살 것이 아니라 현실적으로 존재하고 있는 잔디밭에서 개똥을 치우고 나무를 심고 우물도 파며 자신들의 세계를 하나하나 개척해 나가야 한다.

― (윗글)

그의 반평생은 "앉기 좋고 그늘 좋고 물 좋은 잔디밭"을 만들기 위해 혼신의 노력을 기울인 '개척'의 시간이었다. 그 시간들은 한마디로 모진 풍랑과의 싸움이었고, 삶의 그물을 들어올리기 위해 해풍과 씨름해야 했던 힘겨운 세월이었다.

그는 그 모태(母胎)와 같은 바다를 떠날 때가 왔음을 안다. 결코 순하지만은 않았던 바다, 그래서 더욱 도전의 의지를 불태우게 했던 바다-. 그러나 세월이 어부를 늙게 하듯이, 세월은 그의 가슴속에서 그 열정을 가라앉혔다.

이제 그는 침묵으로써 모든 것을 말하는 산의 지혜를 배우고자 한다. 동(動)에서 정(靜)으로 가는 것, 그것은 하나를 버리고 하나를 취하는 것이 아니라 그 둘의 아름다운 공존을 의미한다. 그는 이제야말로 바다와 산의 진정한 아들이 되는 것이다.

– 범우윤형두문집Ⅲ 〈아버지의 산 어머니의 바다〉 추천사

2001년 6월

나를 그리되 우리의 문제로

박연구 朴演求. 수필가

  나는 평소 윤형에게 출판인이라는 이미지가 너무 강하기 때문에 문학인으로서는 손해를 본다고 말해왔다. 졸편집(拙編輯)의 수필잡지에라도 청탁을 하면 "내가 무슨 글을 쓰느냐"고 사양을 하는 것이었지만, 억지로라도 쓰게 하면 반드시 문제작이란 평을 받았던 것이다. 〈콩과 액운〉〈연처럼〉〈10월의 바다〉〈경마〉〈인고의 주름〉 등의 수필이 웅변으로 말해주고 있다고 생각한다.

  "푸드덕, 꿩 한 마리가 낮게 날아 숲속으로 사라지고 동녘 하늘에 걸린 구름은 연보랏빛이 은은하다. 그리고 안개에 싸인 연주봉(戀主峯) 꼭지가 새순처럼 돋는다."

  그가 쓴 수필 중에서 한 대문을 옮겨보았거니와, 나는 "연주봉 꼭지가 새순처럼 돋는다"는 구절을 보고 "어디서 베낀 것 아니냐"고 탄사를 마지않은 적도 있다. 새벽 산책을 나가본 이는, 특히 관악산을 올라본 이는 나의 말이 조금도 틀리지 않다는 걸 점두(點頭)하리라 믿는다.

"어디서 베낀 것 아니냐"고 한 말에 대해서 설명을 붙인다면, 바로 "천공(天工)의 묘(妙)를 빼앗았다—奪天工之藝"는 표현이 되리라. 사실 자연은 그지없이 아름다운 것이고, 그 아름다운 자연을 어떻게 포착하느냐에 따라서 예술의 값어치가 결정되는 것이 아닌가 한다.

내가 보기엔 윤형은 천부적으로 문재(文才)를 타고난 것으로 생각된다. 단적으로 말해서 중·고교 때부터 글을 썼다고 하는 것부터가 문학의 길에서도 대성을 할 수 있는 바탕이 되어 있는 사람이었지만, 시대를 바라보는 그의 시각은 그 한 가지에만 머무를 수 없었던 것이다. 윤형의 행적(行蹟)을 지실(知悉)하고 있는 이들은 나의 이 말을 바로 수긍해줄 것으로 믿는다.

문학을 한다고 하는 것은 이를테면 독방(獨房)의 작업이다. 그러므로 윤형이 그 독방의 작업에만 그치지 않고 문학인을 위해서, 더 나아가 우리 사회의 문화향상을 위해서 이바지한 바에 대해서는 다른 이들도 적잖이 언급한 것으로 알고 있는 만큼 나로서는 다만 나 개인과의 관계에 대한 것만 쓸까 한다.

내가 윤형을 처음 만난 것은 그가 월간《신세계》의 주간으로 있을 때였던 것으로 기억된다. 1967년이니까, 꽤 오래 전의 이야기가 되겠다.

그보다 앞서 나는 1963년 월간《신세계》가 실시한 제1회 신인 작품상에 수필이 입선된 바 있었지만, 곧 폐간이 되는 바람에 미아처럼 버려진 꼴이 되어 작품 활동도 제대로 하지 못하고 지내다가, 동일한 제호의 월간지가 다시 창간된 것을 알고 어찌나 반갑던지 지체 않고 잡지사를 찾아갔던 것이 윤형과의 해후(邂逅)였던 셈이다.

나중에 알게 된 사실이지만, 그는 그 전해(1966년)에 도서출판 범우사를 등록하여 사장이면서 잡지사의 주간 자리를 맡고 있었던 것이다. 그날 이후 윤형은 관여하게 된 잡지마다에 나에게 작품 발표의 기회를 마련해주었던 것이고, 지금도 그가 경영하고 있는 출판사 기획의 하나인 '범우에세이문고' 상임 편집위원의 일을 맡겨주어 수필문학과 더불어 사는 사람으로서의 기쁨의 세월을 보내고 있는 중이다.

나는 윤형을 어디까지나 문학의 길에서 동행자(同行者)라고 여겨왔으므로, 작품집 내는 일을 여러 번 권유했다. 그때마다 번번이 "내가 무슨 작가라고" 하면서 사양했으나, "범우사를 창업한 지도 17주년이나 되었고, 본격적으로 작품 활동을 한 지도 10여 년이 되었으며, 인생의 나이테도 지천명의 고개에 이르렀으니, 윤형의 앨범 한 권 만든다는 생각으로 그간에 발표한 것들을 묶어보자"고 해서 그의 첫 수필집이 탄생을 보게 된 것이다.

"해풍이 일고 날이 저물어 나룻배가 끊어지면, 옷을 벗어 책과 함께 보자기에 싸서 머리에 얹고 허리끈으로 질끈 매고서는 헤엄을 쳐 집으로 돌아온다."

그는 소년기(少年期)를 바다와 더불어 보냈다고 하는데, 수필 가운데도 특히 바다 이야기가 많다. 지금 인용한 대문만 해도 그가 초등학교를 다닐 적에 체험한 것을 쓴 것인데, 그의 강인한 의지력은 그때부터 길러진 것이 아닐까 한다. 이런 의지의 표현도 그의 수필 도처에서 발견할 수 있다. 그의 수필세계는 '나'를 그리되 결국은 시각(視角)을 '우리'의 문제로 돌려서 고뇌와 비판과 애정을 담아 쓴 것인 만큼 독자에게 감응(感應)되는 열도(熱度)도 크리라고 생각한다.

각설하고, 이번 그의 수필집 출간은, 그를 아는 이들은 물론이려니와 수필을 사랑하는 모든 사람들에게 반가운 소식이 될 것이라 믿는다.

1983년 8월

《넓고 넓은 바닷가에》를 읽고 나서

신동한 申東漢, 문학평론가

출판인 윤형두(尹炯斗)를 안 지는 20년이 다 되어간다. 또 그의 글을 읽고 이 친구는 앞으로 수필가로서도 일가(一家)를 이룰 수 있겠구나 하고 느꼈던 것은 10여 년 전 《수필문학》지에서 〈콩과 액운〉이라는 수필을 읽은 데서였다.

그 무렵, 나는 그 잡지에 수필 월평을 써주고 있었기 때문에 그 글을 관심을 가지고 읽고, 다음날 월평에서 수필로서 뛰어난 작품이라는 걸 말한 기억이 아직도 새롭다.

사실 글이란 아무나 붓을 들면 써질 것 같으면서도 마음대로 되지 않는 것이 사실이다. 그러기 때문에 일생을 문필에 투신한 사람들도 글 한 줄에 피맺히는 고통을 느끼게 되는 것이다.

나는 또 그의 끈질긴 출판 경영의 투지와 집념에 탄복하고 있다.

그의 수필집을 읽어보면 알 수 있겠지만 적수공권(赤手空拳)으로 출발한 그의 출판 사업은 가짓수만으로도 8백여 종- 감히 다른 출판사가 흉내 낼 수 없는 반석(磐石)의 자리에 앉아 있다.

윤형두는 확실히 출판계의 기재(奇才)다. 그것은 그의 수필 쓰는 필력(筆力)에서 더욱 빛을 발한다. 과문의 탓인지는 모르겠으나 출판업을 흔들리지 않게 끌고 나가면서, 글도 멋있게 쓰는 사람을 윤형두 말고는 찾아볼 수 없다.

이것은 과찬이 아니다. 내가 이렇게 쓴다고 해서 윤형두가 나에게 술을 더 사줄 택도 없다. 솔직한 나의 느낌일 뿐이다.

그는 앞뒤를 서투르지 않게 잴 줄 아는 사나이다. 그러기 때문에 짜임새 있는 글도 쓸 수 있는 것이다. 또 오늘의 출판계의 아성(牙城) 범우사도 꾸며놓은 것이다.

이 수필집의 뒷부분에 보면 출판과 서적에 관한 글이 적지 않게 수록되어 있다. 그는 출판의 경영자이면서 그에 대한 이론가이기도 하다. 나날이 새로운 면모로 발전해가고 있는 범우사의 저력을 짐작케 하고도 남음이 있다.

서로 사귀어오는 지 20년 가까운 세월에 나는 그의 고향인 여수 앞바다에 있는 돌산섬에도 가본 일이 있다. 그것은 아마 그의 자당(慈堂)의 회갑연 때가 아니었던가 싶다.

그의 수필을 보면 유난히 어머니에 관한 글이 많다. 그만큼 그는 효자였고 정이 두터운 사나이인 것이다.

나는 윤형두의 수필집을 받아 읽고 나서 새삼스럽게 지난날을 회상할 수 있는 한때를 가질 수 있었다. 그것은 모두가 즐거운 것뿐이었지 어두운 것은 아무것도 없다.

　윤형두의 글과 책장사가 앞으로도 더욱 번창하고 발전하기를 빌
뿐이다.

1984년 1월

작가를 말한다

정을병 鄭乙炳, 소설가

　　윤형두와 나는 오십에 이르도록 같은 문화인으로서 글을 쓰는 일을 좋아하고, 책을 읽는 일을 좋아해왔으며, 앞으로도 죽을 때까지 그런 생활이 계속될 것이다. 다만 그는 책을 직접 만드는 일에, 나는 소설을 만드는 일에 종사하는 직업을 갖게 되었으나, 그도 역시 글을 쓰는 일이 직업이고 나도 역시 책을 만드는 일이 직업일 수도 있으니까 그나 내가 하는 일은 결국 똑같은 셈이다.

　　오랜 친구가 같은 일에 종사한다는 것은 여간 즐거운 일이 아니다. 누구보다도 이해가 빠르고, 언제나 서로 도울 수 있는 기본적인 자세가 이루어져 있기 때문에 초현실적인 관계가 항상 유지되고 있다.

　　그러나 그와 나는 성격적으로는 상당히 차이가 있다. 그는 조용하고 다정한 편이지만, 나는 성질이 급하고 거친 편이다. 나는 큰소리를 치면서 항상 지는 편이지만, 그는 나지막한 소리로 말하면서 항상 이기는 편이다. 나는 주머니가 항상 비어 있지만, 그는 주머니가 항상 차 있고, 나는 뛰어가다가 금방 지쳐버리지만, 그는 천천히 걸어 결코 지치는 일이 없는 사람이다. 이런 성격적인 차이가 우리들에게 긴 우정을 마련해준 것이 아닐까.

우리가 처음 만난 곳은 조금 기이한 데였다. 1956년도로 생각되는데…… 한남동 근처에 있던 기피자 수용소가 바로 그곳이다. 당시만 해도 질서가 문란할 때여서, 길을 가다가 신분증만 제대로 가지고 있지 않으면 병역기피자로 마구 잡아가곤 했다. 나도 기피자로서 잡혀가 있었고 윤형두는 나보다 약 일주일쯤 뒤에 같은 수용소로 잡혀왔다.

말이 수용소지 시설이 있는 것이 아니고, 콘센트 건축물에 땅바닥에는 가마니를 깔아놓았고, 문 쪽에 드럼통 반쪽짜리가 똥통으로 놓여 있었다. 처음 잡혀오면 영락없이 똥통 근처에 쭈그리고 앉게 되어 있는데, 아주 고약한 자리였다. 물론 나도 처음에는 그런 곳에 앉아 있었지만, 날이 지나면서 고참이 되어 나중에는 맨 안쪽, 비교적 자리가 좋은 곳을 차지하고 앉아 있었다. 그때 윤형두가 신입생으로 들어왔는데, 어쩐지 좋은 인상의 사나이가 들어와서 어리둥절하고 있어 내가 그를 불러서 내 곁으로 데리고 왔다. 이미 그때는 집으로 연락이 되어서 기피자가 아니라는 것이 곧 판명이 날 무렵이어서, 나는 마음도 안정되어 있었고 또 돈이나 음식도 들어오고 있어서, 새로 들어오는 사람처럼 초췌한 형편은 아니었다.

우리는 곧 친해졌다. 그도 나도 같은 대학생이었고, 그는 여수 돌산 섬놈이고 나는 남해 섬놈인데다가 서로가 몹시 가난했고, 그러다 보니 엉터리 직장도 가지고 있는, 매우 비슷한 처지에 놓여 있었다.

수용소 생활은 며칠 안 됐지만 몹시 험악하였다. 그때의 자세한 내용은 나의 졸작 〈철조망과 의지〉 속에 잘 나타나 있다.

나는 곧 밖으로 풀려나게 되었고, 나올 적에는 그에게서 부탁을 하나 받고 나왔다. 직장으로 연락하여, 기피자가 아니라는 증명을 해 주도록…….

나는 충무로 3가쯤에 있는 그의 잡지사로 가서 이 사실을 전해준 것으로 기억되는데, 아마도 그 직장에는 시인 전봉건 씨와 박성룡 씨가 있었던 것으로 기억된다.

그 후 얼마 되지 않아서 그가 나의 직장으로 찾아왔다. 역시 그도 풀려났던 것이다. 그때부터 우리는 빈번히 만나게 되었다.

그에게는 많은 친구들이 있었다. 내가 오늘날까지 알고 있는 친구 중에는 그를 통해서 그 무렵에 만난 친구들이 상당히 많이 있다. 김상현, 주봉로, 유원균 등이 그렇다.

우리는 직장생활을 하고 있다고는 하지만, 당시의 직장이라는 것은 항상 반 휴업상태여서, 월급이 나올 때도 있고 안 나올 때도 있었다. 그러니 우리는 모두가 가난뱅이여서, 돈이 있을 적에는 몇 푼 있었지만, 없을 적에는 버스비조차도 없어서 집에 갈 적에는 걸어가야 할 정도였다.

그 당시 윤형두는 유원균과 상도동의 처마 밑 방을 하나 빌려서 자취를 하고 있었는데 매일같이 친구들이 4, 5명씩 식객으로 몰려들곤 했다. 물론 그럴 적에는 시내에서 상도동까지 항상 걸어갔다. 끼니도 제대로 때우지 못해 돈이 생기면 남대문시장으로 가서 꿀꿀이죽이라는 것을 한 사발씩 같이 들이킬 때도 있었다.

나중에 우리는 셋이서 원효로로 하숙을 옮겼다. 나도 하숙생으로 끼어들기는 했지만, 경제적으로는 전연 자신이 없었다. 나는 이부자리 같은 것이 하나도 없어서 형두가 가지고 온 이부자리를 함께 쓰고 있었다.

하숙집은 매일 밤 초만원이었다. 별의별 친구들이 다 와서 자고 가곤 했다. 심지어는 똥을 푸러 다니던 일꾼들을 데리고 가서 잔 일까지 있었다. 아침에 일어나 보니 냄새가 고약했다. 가만히 방 안을 휘둘러보니 똥 푸러 다니는 놈들이 몇 놈 자고 있었다. 내가 간밤에 술을 마시다가 하숙집까지 데리고 왔던 것이다.

나의 이런 생활에 피해를 보는 쪽은 항상 윤형두와 유원균이었다.

더 고약한 일도 있었다. 형두가 연애를 하려다가 군에 자원입대를 해버렸다. 이 아가씨가 애인을 버리고 내게로 슬금슬금 나타나는 것이었다. 우리는 사랑에 빠졌다. 물론 하숙집으로까지 데리고 와서 형두의 푹신한 이불 속에서 자기까지 했다. 옆에는 유원균을 비롯한 친구들이 자고 있었지만, 그런 걸 신경 쓸 우리가 아니었다.

결국 나는 형두의 애인을 가로챈 놈이 되어버렸고(사실은 그게 아니지만) 그가 남겨놓고 간 그의 이부자리 속에서 실컷 사랑을 속삭인 셈이 되었다.

오늘날에도 형두는 이 이야기를 하면서 이부자리를 내놓으라는 것이다. 사실 그 후에 애인도 도망을 갔고, 이부자리도 도망을 갔다. 어디로 어떻게 해서 없어졌는지 알 수가 없다. 나중에 나는 하숙비가 너무 많이 밀리게 되자 모든 것을 고스란히 하숙집에다 놓아두고 도망을 쳤다. 이부자리를 챙겨가지고 갈 처지가 못 되었다.

나중에야 유원균을 통해서 그 이부자리를 찾았던가 어쨌던가 잘 기억이 나지 않는다.

그러나 형두는 나만 만나면 그 이부자리를 내놓으라고 아우성이었다. 그건 명주솜으로 만든 것이고, 어머니가 시집오실 때 가지고 왔던 귀중한 것이라고 했다. 그러나 결국 나는 그걸 찾아내지 못했고, 여태까지 이불 한 채가 빚으로 남아 있다.

그는 군대에 갔다 와서는 동대문과 적선동에서 책방을 한 것으로 기억되고, 그 무렵 나는 사설학원 강사로 이곳저곳을 기웃거리고 다닐 때가 아니었던가 생각한다. 역시 따분할 때였다. 그래서 우리는 그의 친구 한치선이라는 사람과 셋이서 브라질로 이민 갈 것을 작정하고 열심히 브라질어 공부며 그곳의 지리와 역사, 사회 공부를 했다. 그러나 결국 우리는 한국에 대한 미련을 버리지 못해서 떠나지 못했고 한치선이라는 친구만 브라질로 떠났다. 지금은 브라질에서 거부가 되었는데, 가끔 우리는 그때 브라질로 갈걸, 하고 농담을 할 때도 있었다.

그는 성질이 차분하고 로맨틱해서 우리 친구들 중에서 가장 빨리 결혼을 했다. 어떤 인연인지는 몰라도 청주 아가씨와 결혼하게 되어, 나는 그를 따라 청주에 가서 결혼식에 참석을 했다. 바로 신부집에서 피로연을 베풀었기 때문에 매우 인상적이었다. 동네 사람들이 다 모인 자리였다. 내가 유행가를 불렀는데, 무려 50곡 이상을 불러서 동네 사람들을 놀라게 했다. 청주가 생긴 이래로 저렇게 엉터리 노래를 많이 부르는 놈은 첨 봤다는 것이었다.

　김상현이 자유당의 거물 임흥순과 겨루어서 국회의원에 당선이 되자, 곧《다리》지를 창간하게 되었고 형두가 주간의 자리를 차지하게 되었다. 《다리》지를 통해 당시의 학계와 문화계의 사람들이 많이 모여들었고, 좋은 글도 많이 실었다. 그러나 박 대통령의 장기집권 의도와 관련해서 《다리》지 사건'이 생기게 되었다. 형두는 당연히 그 연루자로서 서대문으로 잡혀갔다. 고생이 많았음은 말할 것도 없다. 그러나 나는 변변히 그를 보러 가지도 못했고, 그를 도울 수도 없었다. 지금 생각하면 몹시 미안하고 부끄러운 일이지만 나는 또 약간 그런 무심한 데가 있는 사람이라 어쩔 수가 없는 일이었다.

　그는 옥고를 치르고 나왔을 때는 유명인사가 되어 있었고 뜻있는 사람이 되어 있었지만, 생활은 오히려 도탄에 빠져 있었다. 한 푼의 돈도 없을 적이었다. 그러나 그는 인덕이 있고, 좋은 친구들을 많이 가지고 있어서 출판사업을 시작할 수 있었다. 문동지와 '삼우당' 이라는 간판을 가지고 첫 고동을 울렸는데, 내 졸작《개새끼들》이 선택되었다. 지금 범우사의 전신인 셈이다. 그 후에 다시《아테나이의 비명》을 출판했고, 다른 작품들도 서서히 책으로 내기 시작했다.

　그러나 사정은 몹시 어려웠다. 사무실 하나도 제대로 가질 수가 없어서 이곳저곳으로 옮겨 다니며 고생을 했으나 그는 지칠 줄 모르고 일에 몰두했다. 물론 출판사업이 아니라고 하더라도 그가 성공시킬 수 있는 사업은 많았지만, 그는 출판이 아니면 생존이 없는 것처럼 진지하게 책 내는 일에 매달렸다. 그로부터 10년—이때가 윤형두로서는 가장 보람 있는 시간이 아니었을까? 가장 열심히 일하고 회사 커가

는 즐거움을 가장 절실하게 느끼던 시절이 아니었을까, 하는 생각이
든다.

그의 꾸준한 노력으로 범우사는 랭킹 A클래스의 출판사가 되었
다. 발간 서적의 종류나 수량이나 매상고가 현재로서는 국내 최고 수
준에 이르러 출판재벌이 되어가고 있다. 옛날 우리가 한 푼도 없이 남
대문시장에서 꿀꿀이죽을 먹고, 한강 다리를 걸어서 다니던 시절을
생각하면 황제도 부럽지 않은 성공을 거둔 셈이다.

그래도 그는 자만하거나 거드름을 피우거나 향락을 하려 하지 않
고 여전히 그의 순박한 성격 그대로 공부를 하며, 글을 쓰며, 책을 내
는 일에 종사하고 있다. 동국대를 졸업하고, 또 고려대 경영대학원에
서 공부를 계속했다. 그런가 하면…… 우리가 젊을 때 가장 좋은 것으
로 생각하던 글 쓰는 일도 게을리하지 않아, 벌써 여러 편의 명품들
을 세상에 내어놓고 있다. 그의 글들은 성격대로 아담하고 서정적이
며 또한 내향적이다. 애써 미문을 만들려고는 하지 않지만 원래 문재
가 있어서 저절로 미문이 되고 있으며, 조용한 자기성찰의 낮은 목소
리는 오히려 남에게 설득력을 발휘하고 있다.

그는 아무리 조그마한 것도 싫어하지 않으며, 아무리 하찮은 것도
정성으로 받아들이는 덕성을 지니고 있으며, 친구들의 일이라면 궂은
일이나 좋은 일이나를 가리지 않고 따뜻한 우정으로 참여를 하고 있
어서 마치 '우정의 대부(代父)'와 같은 역할을 맡고 있는 셈이다.

좀 아쉬운 일이 있다면…… 그는 매사에 너무 조심스러워서 다이
내밀하지 못하다는 점이다. 이런 조심스러움은 때로는 좋은 점도 되
지만 때로는 너무 답답할 때도 없지 않으니, 이것은 특히 새로운 문화

풍토를 조성해야 하는 출판사업의 입장에서는 반드시 비장의 무기만은 아니라는 점도 인식하지 않으면 안 될 것이다.

우리의 만남은 어언 30년을 넘어서고 있다. 그러나 우리는 처음 만났을 때나 지금이나, 젊어서나 늙어서나, 돈이 있을 적이나 없을 적이나 소박한 친구이고, 또 그 소박함을 자랑으로 여기고 있으며, 그 우정의 영원함을 또한 즐거움으로 생각하고 있기는 피차가 마찬가지다.

이번에 내게 되는 그의 수필집《넓고 넓은 바닷가에》에는 지난날의 그의 모습이 다 담겨 있다고 보겠는데, 그 중에는 친구들 이야기도 적잖이 들어 있어서 내가 한 이야기를 좀더 실감나게 읽을 수 있을 것이다. 출판인 윤형두가 아닌 수필가 윤형두의 면모를 접하게 될 줄 믿는다. 그의 작품집에 이와 같은 글을 쓰게 된 것을 무척이나 유쾌하게 생각하며, 그가 경영하고 있는 출판사업은 물론 그의 문필작업도 꾸준하게 이어지기를 비는 마음 간절할 따름이다.

1983년 8월

윤형두의 작품을 말한다

임헌영 任軒永, 문학평론가·중앙대 교수

두뇌로 쓴 글과 심장으로 쓴 글이 있다. 두뇌로 쓴 글은 당연히 두 뇌로 들어오고 심장으로 써진 글은 심장의 고동을 통하여 감전된다. 그리고 두뇌로 써진 글은 읽는 이에게 약간의 경계심과 뇌세포의 갑 호비상이 내려진 가운데서 비판과 수용의 양 극점을 전파탐지기의 바 늘처럼 선회하며 부분적으로 전달된다.

이와는 달리 심장으로 써진 글은 마치 대지의 봄기운에 뜨는 종달 새처럼, 진한 포도주의 감미로운 취기처럼, 그리고 어둠을 잘라먹는 태양처럼 독자의 가슴으로 스며든다.

윤형두의 수필은 이렇게 볼 때, 심장으로 써진 글들이다. 저자의 글은 바다가 보이는, 가파르지 않은 언덕길을 산책하는 외로운 사나 이를 연상케 한다. 그 사나이는 검붉은 대지를 닮은 얼굴과 야망에 이 글거리는 눈을 지니고 있을 것이다. 그러면서도 그는 서두르지 않고 흘러간 옛 노래를 부르며 하늘과 바다를 번갈아 바라보며 성실하게 살아온 자신의 삶과 허망함, 그리고 좌절과 갈등을 되새김질하는지도 모른다. 이 가을의 사나이는 연령에 비하여 유난히 흰 머리칼을 갈댓잎처럼 바람에 휘날리며 차마 못다 한 한(恨)을 찾고 또 찾아 우리 모두의 주위를 맴돌고 있을 것이다.

아마 그 사나이는 인간 윤형두라고 해도 좋고, 윤형두의 수필세계라고 불러도 좋을 것이다.

저자의 수필은 바다 냄새가 난다. 여기서의 바다란 비린내가 섞인 선창과 땀 흘리는 부두노동자들의 분노라기보다는 무역항도 어항도 피서지도 아닌, 그저 평범한 바다 그것을 뜻한다.

그래서 윤형두의 수필은 어느 곳에서나 해조음(海潮音)이 들린다. 그것은 분노에 찬 파도가 아니라 섬사람들의 고뇌의 한숨으로 생긴 잔잔하고도 저력이 있는 파문을 연상케 한다.

그러나 저자의 바다에는 갈매기가 날지 않는다. 그런 낭만을 지니기엔 그의 주변이 너무나 불행하고 고난에 차 있기 때문이며, 또한 이 점이 윤형두 수필의 가장 큰 매력이기도 하다. 저자는 이런 바다의 모습을 〈병든 바다〉〈10월의 바다〉 등에서 서정적으로 묘사한다.

> 한 바가지 푹 퍼 마시고 싶은 바다. 파래가 나풀거리는 밑창에는 깨끗한 자갈이 깔려 있다. 잔잔한 파도가 일면 수많은 포말(泡沫)이 밀려갔다 밀려온다.
>
> — 〈병든 바다〉에서

바다에서 살아본 사람만이 가슴 깊이 즐길 수 있는 요소를 저자는 계속 추적한다. "10월의 바다는 나 홀로 즐기는 바다다"라면서 그 맑고 밝던 바다가 병들어가고 있는 공해현장을 비판한다.

아마 바다의 교훈에서 저자는 사회정의와 인간애의 정신을 이어받았는지도 모른다. 그만큼 저자에게 바다란 수필의 배경을 넘어선 기본적인 사회인식의 바탕이 되고 있기 때문이다.

윤형두의 글은 바다 다음에는 어머니에 대한 회상이다. 〈나의 어머니〉를 위시해서 〈인고(忍苦)의 주름〉 그리고 〈회상 속의 아버지〉 등에서 저자는 개인적인 한 어머니로서의 모습을 그리기보다 모든 한국의 가난한 농어촌 어머니상으로서의 모성(母性)을 부각시켜주고 있다.

방랑벽의 아버지가 일찍 돌아가신 이후의 자식에 대한 교훈과 애정으로서의 모성은 사회적인 격변기를 살아온 '우리 모두의 어머니가 겪은 고난' 바로 그것의 상징으로 인식된다. 뿐만 아니라, 일본 신사(神社) 지붕에다 오줌을 싸서 시끄럽게 한 아들에게 꾸중 한 마디 않는 장면과 시내 서커스 구경을 다녀온 아들을 호되게 꾸짖는 어머니상은 매우 감동적이기까지 하다.

바다와 어머니에게 익힌 인간애와 삶의 깊은 폭은 수필가 윤형두에게 자연과 세계를 관조하는 여유와 그러면서도 불의에 굽히지 않는 투지력을 길러주고 있다. 아마 이런 저자의 생활철학이 가장 재미있게 담긴 글 중의 하나가 〈콩과 액운〉일 것이다.

콩에 얽힌 저자 자신의 세 가지 추억담을 사회적 변모와 관련시켜 글은 담담하면서도 분노가 숨겨져 있음을 느끼게 한다. 콩의 첫 번째 나쁜 기억은 일제 말기의 콩깻묵밥을 먹던 것으로 회상된다. 좋은 양식은 다 빼앗기고 제일 나쁜 것만 먹어야 했던 어린 시절의 추억은 아무리 개인의식이 강한 사람이라도 민족의식을 깨우치기에 충분한 조건이 될 것이다.

두 번째 콩의 회상은 자유당 말기에 겪은 군에서의 '도레미파탕'으로 많은 젊은이들이 체험한 문제의 추억이다. 가장 심각한 고통은 세 번째의 콩과의 기연으로, 저자는 이것을 세칭 월간《다리》지 사건으로 경험한다. 교도소 안에서의 콩은 정상적인 식사 가운데 가장 영양가 높은 것으로 앞의 두 가지 추억과는 좀 색다른 것이나 그 반대로 제일 고통스런 회상일 것이다.

이런 사회의식의 영역 깊숙이 잠입한 글과는 대조적으로 저자는 가냘픈 서정적 소묘(素描)에 붓을 꽤 많이 들고 있다.

〈동설란(冬雪蘭)〉〈본무실(本無實)〉 등은 마치 자연애호가의 감각을 느끼게 하는 분위기를 심어준다. 여기서 저자는 등산, 산책 그리고 몇 포기의 화초 가꾸기가 얼마나 속세의 찌든 생활을 활기 있게 만드는가를 체험적으로 서술해준다.

이런 계열의 글 가운데 삶의 고뇌를 상징해주는 것이 〈연(鳶)처럼〉과 〈경마〉다.

　　줄 끊어진 연이 되고 싶다.
　　구봉산(九鳳山) 너머에서 불어오는 하늬바람을 타고 높이높이 날다 줄이 끊어진 연이 되고 싶다.
　　꼬리를 길게 늘어뜨린 채 갈뫼봉 너머로 날아 가버린 가오리연이 되고 싶다.

바다의 해심(海深)을 헤엄쳐가는 가오리처럼 현해탄을 지나, 검푸른 파도가 끝없이 펼쳐있는 태평양 창공을 날아가는 연이 되고 싶다. 장군도(將軍島)의 썰물에 밀려 아기섬 쪽으로 밀려가는 쪽배에 그림자를 늘어뜨리며 서서히 하늘 위로 흘러가는 연이 되고 싶다.

— 〈연(鳶)처럼〉에서

이 글을 읽으면 누구나 연이 되고 싶을 것이다. 그것도 지상(地上)에서 끈으로 조종당하는 연이 아니라 '줄 끊어진 연'으로 변하고 싶을 것이다.

그렇다. 많은 사람들이 연에 대하여 쓰면서도 그것을 날리는 입장에서 바라보았다. 자신은 날지 못하니까 이를 조종하는 입장에서 자기의 꿈을 대신해서 실행하는 양 부럽게 본 것이다. 그런데 저자의 이 글은 줄을 부정한다. 즉 조종당하는 것을 부인한 점에 묘미가 있고, 항상 감독받고 지시받아오던 현대사회의 조직적 일원인 많은 사람들은 이것을 부러워하는 것이다.

어떤 면에서 보면 우리 모두는 허공에 뜬 하나의 연에 불과한, 위험하기 짝이 없는 삶을 영위하고 있다고 볼 수 있다. 다만 우리는 모두가 눈에 보이지 않는 실로 연결되어 마치 자유로이 창공을 나는 듯하면서도 굳이 묶여 있을 뿐이다. 연처럼, 줄 끊어진 연처럼 자유로운 삶은 비단 수필가 윤형두만의 꿈은 아니리라.

이와 대조적으로 〈경마〉는 초연한 삶이 아닌 세속에 휩쓸려가는 평범하고 때 묻은 생활의 인생 세태를 느끼게 한다.

"인생이란 출마표도 예상표도 없이 달리고 있는 말과 같다고, 그리고 또한 승부를 예측할 수 없는 경마장의 마권이라고……" 하는 삶의 관측과 자세는 이미 바다와 어머니와 산에서 익혀온 저자의 원숙한 모습을 재현시켜준다.

이렇게 의미를 찾으며 살아가면서도 결국은 허망한 삶의 실체밖에 만질 수 없다는 비극은 물론 윤형두 개인의 것만이 아니다. 누구나 결국은 대지에 누워야 하며, 그러고 나면 한 줄 묘비명으로밖에 남지 않는다는 것은 평범하면서도 절실한 교훈이 된다.

그래서 저자는 〈비명(碑銘)〉에서 이렇게 쓴다.

오늘 죽어도 후회 없는 삶을 살아보자. 그리고 페스탈로치의 비망록에 쓰인 대로 항시 내 무덤 앞에 새겨질 비명을 의식하며 보람 있는 생을 영위하여보자.

그리하여 많은 벗과 친지들이 "여기 인간답게 살다 간 한 무덤이 있다"고 비명을 새겨주면서 못내 죽음을 아쉬워하는 내가 되어보자고.

밀물처럼 마음의 모래밭을 적시는 심장으로 쓰인 저자의 글에서 바다 같은 관용과 삶의 자세와, 그리고 연 같은 초연함과 경마 같은 치열성과 허망을 거쳐, 저마다 하나의 '묘비명'을 준비하는 마음새를 지니게 된다면, 하고 바란다.

1983년 8월

윤형두의 수필 〈월출산 천황봉〉을 읽고

김진악 金鎭嶽, 전 배제대학교 교수

산에 오른다. 아직 어둠이 가시기 전이다. 사월 첫 주의 꽃샘바람이 시샘이라도 하듯 강하고 차다. 월출산 장군봉에 그믐달이 쪽배처럼 걸려 있다. 달 뜨는 산[月出山]에 달 지는 봉[月沒峰]이 하나쯤 있을 법한데 그런 산봉우리는 없다.

한 발짝 한 발짝 산길을 따라 위로 발을 옮긴다. 냉기가 옷깃에 와 닿는다. 푸른 하늘이 바위산 사이로 얼굴을 비춘다. 그 푸름의 가장자리에 닿기라도 할 듯 발걸음을 재빨리 옮긴다.

요염한 여인의 몸 냄새가 풍긴다. 코끝을 세우고 곁눈질을 해보니 동백꽃이 화사하게 피었다. 신우대 사이로 바람이 일고 그 바람에 동백 향이 일렁거려 온통 산을 뒤덮었다. 진달래도 어울렸다. 연분홍색의 진달래와 붉은 동백 그리고 푸른 주목나무가 겹겹이 산자락에 쌓였다. 얼마쯤 갔을까, 안내판 너머로 작은 절이 하나 나타난다. 천황사(天皇寺)란 이름이 어울리지 않게 아주 작은 사찰이다.

대웅전 앞에 서서 합장을 했다. 불심(佛心)이라기보다 무념(無念)이다. 산등성이에 올라 산 아래를 굽어보니 호수에 햇살이 출렁인다. 제법 높이 올라왔다. 가파른 오름길에 철제 사다리가 놓여있다. 난간 철제 손잡이에 손을 댄다. 자연의 산뜻함과 온화함이 가시고 문명의 냉엄하고 섬칫한 한기(寒氣)가 느껴진다. 등산로 표시의 붉고 푸르고 노란 리본이 펄렁인다. 어릴 때 동네 뒤켠에 있었던 무당집에 늘어져있던 천 조각을 본 것처럼 을씨년스럽게 소름이 돋는다. 솟은 바위 위에 쉬고 있는 등산객을 만났다. 말을 걸었다. 서울에서 밤 12시에 우등버스를 타고 왔다는 말만을 남기고 갈대에 스쳐 가는 바람처럼 앞 달려간다.

월출산의 명소라는 구름다리에 닿았다. 고소공포증 때문에 동행을 마다하고 계곡길로 등반하고 있는 친구가 생각났다. 그는 지금 어디쯤 갔을까. 항시 매사에 앞 달렸던 친구니 산행길도 앞섰겠지 하고 마음을 놓았다. 천길 낭떠러지에 쇠줄로 엮어 놓은 다리가 절묘하다. 거센 산바람 때문에 흔들림이 심하다. 하늘에 떠있는 것 같은 몸 가벼움이 느껴진다. 푸른 하늘에 맞닿을 것 같은 기분이다.

다리를 내려서자 또 철제 난간을 잡고 80도가 넘는 가파른 경사를 오른다. 산을 오른다기보다 사다리를 기어오르고 있는 것이다. 얼마쯤 바윗길과 사다리를 번갈아 올라가니 산등성이에 다다랐다. 눈앞에는 기봉(奇峰)과 기봉 사이로 빠끔한 푸른 하늘이 보였다. 사방을 둘러봐도 사람이 없다. 무인(無人)의 선경(仙境)에서 무엄하게 하늘을 향해 소피를 보았다. 그렇게 시원할 수가 없다.

몸이 더욱 가뿐해지는 것 같다. 푸른 하늘벽에 닿을 것 같은 마음이며 흰 구름도 손에 잡힐 것 같은 기분이다. 한 줌 구름을 손아귀에 넣고 조이면 푸른빛 물이 짜일 것만 같다. 먼 시야에 황토 흙이 보인다. 무지한 인간들이 자연을 망가뜨리고 있는 현장이다. 이 좋은 산과 들과 강을 인위적으로 파괴하고 잔디를 심고 가꾸어, 놀 곳을 만들어야 하는지 모를 일이다.

월출산의 정상인 천황봉이 이마 위에 놓였다. 10여 분 안팎이면 내 발 아래 천황봉이 엎드린다. 기암괴석으로 천의 얼굴을 가졌다는 소(小)금강, 그동안 얼마나 오르고 싶었던 산이며 봉이었던가. 그러나 고독이 몰려온다. 아무도 없어서가 아니라, 정복했다는 쾌감보다는 올라야겠다는 대상이 하나 줄었기 때문이다. 발걸음이 무척 무거워진다. 거센 바람 속에 박수소리가 들려온다. 계곡길을 타고 올랐던 일행들이 먼저 도착해 있었다. 이곳이 해발 808미터 월출산 꼭대기다. 장군봉, 사자봉, 구정봉, 향로봉 모두가 발아래 있다. 그러나 나는 세상사 밑에 있다. 옹졸하리만큼 범사(凡事)에 짓눌리며 살아왔다. 도갑사로 가는 긴 하산길을 걷는다. 갈대밭에서 산바람이 인다. 산새 한 마리가 바람 따라 북쪽으로 간다. 벌써 남풍이 불어오는 모양이다.

봄맞이도 이제 끝났구나. 이달이 지나면 푸름이 산을 덮고 월출산 위에 음력 3월 보름의 휘영청 밝은 달이 구비마다 차겠구나.

— 〈월출산(月出山) 천황봉〉 전문

윤형두는 책복을 타고난 분이다. 그는 책을 모으고 읽고 쓰고 만드는 수집가, 독서가, 수필작가, 출판인이다. 그의 책사랑 정신이 어디에 뿌리를 두고 있는지 알 수는 없으나, 그는 우리가 좋아하는 일을 하기에도 인생이 길지 않다는 철리(哲理)를 깨쳤거나, 어쩌면 원대한 자연의 호연지기에서 책의 세계를 터득한 듯도 하다.

　그는 여행을 즐기고 그때마다 기행문을 썼는데, 〈월출산 천황봉〉은 남도 명산 기행수필이다. 기행하면 백두산이나 금강산이 아니요, 국내외의 어디나 가보고 싶은 곳을 찾는 시대가 되었다.

　'어둠이 가시기 전'에 벌써 산을 오르는 등산가의 모습이 보인다. 월출산의 건너에 월몰봉(月沒峰)이 없다고 재치를 부린다. 화사한 동백꽃 향기를 요염한 여인의 몸 냄새로 착각하는 걸 보면, 이 산악인은 완전한 산사람은 아닌데, 난간 철제 손잡이에서 문명의 냉엄한 한기를 느끼는 걸 보면 반산사람 반대처사람이다. 그러니, '무인(無人)의 선경(仙境)에서 무엄하게 하늘을 향해 소피를 보고 시원하다'고 익살을 부려도 좋다. 월출산 정상에 올라서 뽐내는 게 아니고, 옹졸하리만큼 범사(凡事)에 눌려 사는 인간임을 자각하는 경지에서 산의 교훈을 얻었다.

　괜히 미사여구를 동원하지 않고 걸핏하면 흥분하지 않고 멋대로 과장하지도 않고, 그저 자연의 산천초목을 본 대로 느낀 대로 담담하게 묘사한 서경이 돋보이는 기행수필이다.

고백의 정직성을 신앙처럼 작품 속에 담는
정의와 진실의 수필가

최원현 수필가

봄인데도 바람이 차다. 햇볕은 따사롭건만 스쳐가는 바람엔 아직
도 냉기가 가득하다. 누군가를 만나러 가는 길, 그 길은 늘 가슴 두근
대는 기대감이다. 아니 만남을 위해 달려가는 길은 때로 두려움이 더
클 때도 있다.

오늘은 독자들로부터 끊임없는 사랑을 받고 있는 범우문고의 산
실인 범우사 사장실로 출판인, 수필가 윤형두 선생님을 뵈러 가는 길
이다. 내겐 범우문고 애독자의 한 사람으로서 갖는 감회도 무시할 수
없을 것 같다.

출판인, 수필가 윤형두 선생님, 토요일 오후는 유난히 바쁘지만
수필을 사랑하는 사람들을 위하여 어렵사리 시간을 냈다. 오랜만에
뵙게 되어 근황부터 여쭤봤지만 어느새 대화는 수필 이야기로 들어가

고 있었다.

　　"나는 고해성사를 하는 마음으로 수필을 씁니다. 진실은 인간이 가
장 귀중히 여겨야 할 정신적 토양입니다. 작가가 희로애락애오욕의 정
(情)을 담아내고 자기 자신을 표현하는 최종적인 목적은 더욱 높은 차원
의 진실을 갈망하고 추구하기 위해서입니다.

　　수필은 이런 진실을 담아내는 영혼의 그릇입니다. 현실을 토대로 하
여 과거와 미래를 거짓 없이 그려내야 합니다. 살아온 삶을 돌이켜보면
서 내가 얼마나 거짓 없이 사람답게 살아왔는가를 회상하고, 잘못을 뉘
우치며 참회하는 마음으로 수필을 씁니다. 또한 현실을 소재로 글을 쓸
때는 현재의 내 삶이 타인에게 누를 끼치지 않고 올바른 길을 가고 있는
지 채근하면서 내 삶의 거울을 바라보듯이 씁니다."

　　수필은 시나 소설보다 역사성, 시대성이 약하다는 말을 듣는다.
시대의 아픔, 대중의 고통을 보면서도 자신의 직접적인 체험이 아니
면 쓸 수 없다고 생각하는 수필의 한계성일까. 그래서 시인, 소설가,
수필가가 똑같이 한 시대를 살아왔으면서도 유독 수필에서만 그런 시
대성 있는 작품을 쉽게 발견할 수 없는 것일까.

　　그런데 그런 아쉬움 속에서도 우리는 한 분을 찾아낼 수 있다. 작
가이기에 앞서 출판인이고, 출판인이기에 앞서 시대적 양심이었던 수
필가 윤형두 선생, 그는 온갖 시대적 격랑과 인고(忍苦) 속에서 아픔을
감내하며 그 아픔의 현장에서 아픔의 역사로 존재해 왔고, 인간이면
지녀야 할 '최소한의 양심'을 고수하기 위하여 남들이 외면하는 괴로

움까지 경험했다. 그러면서도 그런 자신을 드러내지 않고 오히려 더욱 겸허한 목소리로 수필을 써온 분이다.

"나는 1935년 12월 27일 일본의 고베(神戶)에서 아버지 윤민식(尹珉植), 어머니 김처례(金處禮)의 아들로 태어나 일본 오노제일국민학교에 입학을 했습니다. 그러나 졸업은 여수서국민학교에서 했고, 순천농림중학교와 고등학교를 거쳐 동국대 법학과, 고려대 경영대학원, 중앙대 신문방속대학원(출판잡지 전공/문학석사)에서 공부를 했습니다. 월간《신세계》,《고시계》,《법제》등의 편집장 및 주간을 지냈고, 1966년에 현재의 범우사를 창립했으며, 월간《다리》지를 발행하다 1971년에는 징역 2년, 자격정지 2년을 구형받고(뒤에 대법원에서 무죄 확정) 옥고를 치르기도 했습니다."

윤형두 선생은 초등학교 때부터 쓰기 시작한 일기를 지금까지 쓰고 계시단다. 일본에서도 일본 아이들보다 책을 더 많이 읽는 소년이었으며, 중학생 때는 책읽기에 정신이 빠져 밥을 태워버렸다고 어머니께서 책을 아궁이에 집어 넣어버릴 정도로 책읽기에 열심이었다고 한다.

책을 사랑하는 마음은 작가가 되거나 출판인이 되는 한 길을 선택하도록 했을 것이다. 그러나 윤형두 선생은 문인을 키워내겠다는 생각에서 출판인이 되었다고 한다. 하지만 그 많은 독서량과 문학에 대한 자질은 윤형두 선생을 아주 자연스럽게 수필가 윤형두가 되게 하고도 남았다.

"초등학교 때부터 다른 성적은 보통이었지만 작문 성적은 최고였습니다. 순천농고에선 학도호국단 문예부장으로 잡지도 만들고 시도 썼으며, 출판인이 되어서도 여기저기에 글들을 자주 쓰게 되었습니다. 그러다가 1972년 김승우 선생이 발행하던 《수필문학》에 〈콩과 액운〉이란 수필을 발표하면서 수필가란 이름을 얻게 되었습니다. 내가 수필을 쓰게된 데는 특히 박연구 선생의 권유가 컸습니다."

윤형두 선생은 특히 미래에 대해 각별한 애정을 갖고 오늘을 사는 수필가이다. 곧 그것은 어떻게 사는 것이 사람답게 사는 것인가. 자기성찰과 함께 의미 있는 삶을 사는 것에 대한 끊임없는 질문이요 대답이요 다짐일 것이다.

"나는 미래를 설계하면서 글을 씁니다. 지난 과거와 현재보다 더 의미 있고 보람 있는 일을 다짐하기 위해 씁니다. 그 다짐을 먼저 예시하고 그것을 따르기 위해 노력합니다. 자신을 연마하고 채찍질하며 가능한 한 선한 길을 걸어가게 하는 스승의 역할을 해줄 수 있는 글을 쓰려고 노력합니다. 그래서 내가 쓴 글이 과연 위선이나 과장 없이 진실 그대로인지 그리고 글로 쓴 것 같은 삶을 살고 있는지, 지난날에 대한 확인과 오늘에 대한 점검, 거기에다 내일에 대한 다짐을 하기 위해 글을 씁니다. 그러므로 나는 진실을 말하고 진실을 옹오하기 위해 수필을 쓴다고 할 것입니다."

그래서 김우종 교수는 "그의 글은 글과 사람 사이에 전연 괴리(乖

離)가 없는 그 인격 자체일 뿐만 아니라 우리는 그 같은 수필의 세계를 통해서 그와 함께 인생 공부의 길을 떠나게 된다"고 했을 것이고, 박연구 선생도 "그의 수필세계는 '나'를 그리되 결국은 시각을 '우리'의 문제로 돌려서 고뇌와 비판과 애정을 담아 쓴 것인 만큼 독자에게 감응되는 열도도 크리라고 생각한다"고 했을 것이다.

선생님은 수필과 현실의 삶이 하나가 되고 곧 그것은 정직한 삶이 되어야 한다고 말씀하신다.

"서정수필보다 삶과 사회를 올곧게 이끌어가는 데 변화를 줄 수 있는 수필이어야 합니다. 수필은 진실의 문학입니다. 문학이기 때문에 가상의 세계를 그릴 수도 있겠지만 제가 고해성사를 하는 기분으로 수필을 쓴다고 했던 것처럼 나에게 있어서 수필은 과거를 돌아보며 미래를 설정하고 또 좌표를 설정함으로써 늘 정직하게 살아야겠다는 다짐의 글이 되게 합니까."

그러나 윤형두 선생님의 수필에선 교훈적이고 강한 이미지보다도 바다 냄새와 어머니에 대한 그리움내가(→그리움이) 짙게 풍긴다. 바다는 그의 내면세계를 포근히 감싸주는 모태 같은 존재로 숱한 고난의 길에서도 언제고 부담 없이 몸을 맡길 수 있는 자애롭고 포근한 품이었다. 감사원장을 지냈던 한승헌 시인(→변호사 ?)도 "윤형두의 회상에서는 바다와 어머니가 해류처럼 흘러가고 있다. 생각하면 그것들은 우리 모두의 모태이자 고향이다. 그러기에 그의 글은 사적인 회고 이상의 의미를 지닌다"고 했다.

선생은 참으로 많은 고생을 하셨다. 하지만 오히려 그 많은 아픔의 시대를 겪어 왔으면서도 오늘 이 시대가 더 어렵다고 말씀하신다.

"생활이 어려웠을 때는 잘 살아보겠다는 희망이 있었습니다. 또 정의가 필요할 때 겪었던 고통 속에서는 희망을 보았습니다. 일본에서 한국으로, 여순사건, 육이오, 민주화운동 등 참으로 많은 파란의 세월이요, 굶주림과 아픔의 시절이었습니다. 그런데 풍요로워 보이는 지금이 더 정신적 기갈의 시대이고, 사회 정의나 정신적인 면에서 더욱 황폐해 가는 것 같습니다. 내가 살아오고 겪었던 아픔과 고통의 시대보다도 오히려 희망이 보이지 않는 지금 이때가 제게는 더 살기 어려운 때라는 생각이 듭니다."

선생님께서는 주로 피천득, 김우종, 한승헌, 박연구 선생 등의 타천에 의한 〈연처럼〉, 〈콩과 액운〉, 〈아버지의 산 어머니의 바다〉, 〈시월의 바다〉, 〈월출산 천황봉〉 같은 수필을 대표작으로 들었다. 그렇다면 30여 년 전이 되겠지만 선생님께서 처음으로 수필을 발표하시던 그당시의 수필계는 어떠했을까?

"수필 전문지로는 《수필문학》과 한국수필가협회의 기관지격인 《수필문예》(1971.4.10. 창간)가 있었습니다. 《수필문예》는 6집까지 내다가 계간 《한국수필》로 다시 창간을 해서 오늘에 이르고 있고, 《수필문학》은 관동출판사의 김승우 선생이 어려움을 많이 겪으며 발간하고 있었는데, 수필문학 발전과 이런 어려움에 도움이 되어보고자 한국수필문학진흥회가 발족했지만 《수필문학》의 발간은 중단되어버렸으며, 한국수필문학진흥회에서 《수필공원》이란 동인지(비정기 간행)를 발간케 되는데 바로 정기간행물로 되어서 어쩌면 《수필문학》에서 《수필공원》으로 그리고 지금의 《에세이문학》으로 그 맥이 이어졌다고 할 수 있을 것 같습니다."

선생님께선 특히 조지훈의 〈지조론〉, 변영로의 〈명정 40년〉, 신채호의 〈역사 평론〉, 토마스 모어의 〈유토피아〉 등을 좋아하신다고 한다. 그러나 작품도 중요하지만 살아가는 삶이 더욱 중요하다는 말씀을 곁들여 주신다.

윤형두 선생님은 출판인으로서 여러 차례의 한국출판문화상과 서울시문화상을 비롯한 많은 상과 국민훈장 석류장을 받으셨다. 뿐만 아니라 수필가로서 《사노라면 잊을 날이》('79), 《넓고 넓은 바닷가에》('83), 《책의 길 나의 길》('90), 《책》('93), 《아버지의 산 어머니의 바다》('95) 등의 수필집을 내셨으며, 1991년에 현대수필문학상과 1994년에 동국문학상을 수상하셨다.

선생님께서는 우리 한국수필문학의 방향성과 출판인으로서 수많은 수필집이 발간되는 현상에 대해서도 말씀해주셨다.

"많은 것 속에서 좋은 것도 나올 수 있다고 생각합니다. 우리 수필이 양적으로 너무 양산되는 것 같다고 비판만 하는 것은 옳지 않다고 생각합니다. 엄선된 수필도 좋지만 풍요로운 수필도 좋지 않겠습니까?

또한 수필집 한 권에는 그 작가의 인생과 문학, 철학이 충족되어 있게 마련입니다. 다다익선(多多益善)이지 않겠습니까. 독자는 결코 좋지 않은 작품이나 책을 사 보지 않습니다. 결국에 가서는 좋은 작품이 많은 작가의 작품 중에서 탄생하지 않겠습니까."

그러면 잡지가 문학에 미치는 영향과 급변하는 시대 속에서 그런 변화에 대해서는 어떻게 생각하시는지요?

"잡지는 그 시대의 거울이어야 합니다. 활자만의 책에서 사진, 그림을 곁들인 책, 소리를 곁들인 책, 영상을 곁들인 책, 그렇게 책과 더불어 문학도 독자도 변해갈 것입니다. 특히 인터넷, 디지털 시대로 출판의 영역이 좁아진 것이 아니라 오히려 넓어진 것이며, 다만 종이의 책에서 다른 여러 형태의 책으로 바뀌어 가는 것인 만큼 수필가도 그런 변화에 적응하여 작품을 써야 할 것입니다. 이제는 읽는 수필에서 듣는 수필, 보는 수필로 보다 영역이 넓어진 것입니다."

윤형두 선생님께는 2남 1녀가 있으신데 모두 아버지와 함께 전문적으로 출판학을 공부한 출판학 석사들로서 범우사 부사장, 대학교수, 전문출판 기획자로 새 시대의 출판문화를 여는 주역들이었다.

범우사 사시(社是)인 "진리와 자유를 위하여, 새 시대의 새 지식을 위하여, 독서의 생활화를 위하여"처럼 진리와 지식과 생활이 조화를 이루는 삶을 위한 윤형두 선생님의 깊은 뜻은 "그래서 책방 이름이나 출판사 명칭에도 꼭 '벗 우(友)'자를 썼다. 그리고 나는 성공 중에서도 가장 큰 성공은 재물이나 지위보다도 좋은 인간을 얻는 것이라 여겨 왔다"(수필, 〈아는 길을 걷겠다〉 중)와 같이 사람을 중시하는 인간 사랑으로 부터 출발한 것이란 생각이 들어 더욱 존경스런 마음을 금할 수가 없었다.

한국수필의 새로운 방향성과 함께 변화의 시대를 살아가야 할 우리에게 누구보다도 많은 변화를 겪어 오셨던 분답게 들려주시는 한 말씀, 한 말씀은 진정 우리가 어떻게 수필가의 길을 가야 할 것이며, 변화의 시대를 살아야 할 것인가를 보다 확실하게 눈뜨게 해주셨다.

선생님의 수필 〈비명(碑銘)〉의 끝 부분이 유난히 가슴속을 파고드는 날이다.

"그리하여 많은 벗과 친지들이 '여기 인간답게 살다간 한 무덤이 있다'고 비명을 새겨주면서 못내 죽음을 아쉬워하는 내가 되어보자고."

주차장까지 나오셔서 배웅을 해주시는 선생님의 따스한 마음 때문일까? 아까까지도 쌀쌀하게만 느껴지던 날씨가 한껏 봄기운으로 넘쳐나고 있었다. 길가의 개나리가 더 이상 짙어질 수 없을 만큼 샛노랗게 피어 봄을 알리고 있었다.

《수필과비평》 2000년 5월

발표한 글

날 짜	제 목	게재지 명
1966. 5~7.	韓國政黨史(1) -《보스》中心에서 政策中心의 政黨을 바라며	大韓民主輿論
	韓國政黨史(2) -韓日合倂以前의 救國運動을 中心으로	大韓民主輿論
1966. 5~7.	解放二十年 政治日誌 1-2	大韓民主輿論
1967. 6.	無意味한 嚴肅	齒界
1968. 3.	三月에 부친다	齒界
1968. 3.	春花雜想	齒界
1968. 4.	四月	新世界
1968. 4.	좀더 나은 四月을 爲해	齒界
1968. 8.	光復節과 우리의 姿勢	齒界
1968. 9.	業績과 選擧	齒界
1969. 1. 24.	나의 酒道	慶南海日新聞
1969. 4.	多子多難	가정의벗
1969. 9.	바카스神의 受難	主婦生活
1969. 9.	寫眞은 永遠한 마음의 鄕愁	寫眞藝術
1969. 11. 7.	友情不在	慶南海日新聞

1969. 11. 14.	賞	慶南海日新聞
1969. 11. 26.	街頭檢問	慶南海日新聞
1969. 12. 5.	時間觀念	慶南海日新聞
1969. 12. 14.	日曜日 通勤時間	慶南海日新聞
1969. 12. 26.	책 한 권	慶南海日新聞
1970. 5.	알뜰한 살림을 꾸리는 모상	가정의 벗
1971. 9. 1.	册에 있는 眞理	서울경제신문
1971. 9. 14.	忘却症	서울경제신문
1971. 10.	故鄕	鄕土
1971. 11.	國民이 바라는 雜誌의 刊行	雜誌界
1972. 7.	콩과 厄運	隨筆文學
1972. 9.	가난	財政
1973. 5.	忍苦의 주름	隨筆文學
1973. 6.	가버린 친구	女性東亞
1973. 12.	나의 어머니	女性東亞
1973. 12.	他人이라는 것	自由公論
1973. 12.	아쉬움은 있어도 後悔는 없다.	月刊文學
1974. 4.	값싼 번역료의 영향	出版文化
1974. 5.	現代人과 故鄕	月刊文學
1974. 7.	옷에 얽힌 이야기	新女苑
1974. 7.	家風 따르는 아내가 되어 주면	女性東亞
1974. 8. 9.	내 나이와 不惑	새생명
1974. 9.	辯	隨筆文藝
1974. 10.	빵 조각의 因緣	健康人生
1975. 7. 17.	자위의 변	넓고 넓은 바닷가에

1975. 1.	돈표	財政
1975. 2.	회억의 크리스마스	신앙계
1975. 3. 15.	멋있는 女人像	韓國隨筆
1975. 6.	서리꾼 時節	自由公論
1975. 7.	浚이와 개	女性世界
1975. 8.	회상 속의 아버지	月刊文學
1075. 9.	碑銘	月刊文學
1975. 10.	10월의 바다	女性東亞
1975. 11.	望海	새어민
1975. 11.	출판문화의 현실…	외대학보
1975. 12.	競馬	隨筆文學
1975. 12.	독서	세대
1976. 2.	고향집	詩文學
1976. 2.	우둔한 마음	새가정
1976. 2. 1.	가오리 찜	주간경향
1976. 4.	花信	韓國文學
1976. 7.	山의 沈默	主婦生活
1976. 7.	밥 한 그릇의 온정	가정의 벗
1976. 8.	小說 속에 그려진 自畫像	女性世界
1976. 8.	回想 속의 아버지	月刊文學
1976. 8. 29.	民族藝術의 융성을 위하여	〈小作의 땅〉 팸플릿
1976. 9.	學制 모르모트	새교실
1976. 9.	野人의 마음을 지닌 여걸	主婦生活
1976. 11. 18.	나의 지난 週末	주간경향
1976. 겨울.	보내지 못한 便紙	韓國隨筆

1977.	검은 천사의 미소에 부쳐	鄭乙炳 著《검은 天使의 微笑》서문
1977. 1.	꽃 새	主婦生活
1977. 2.	田園적인 生의 여울	女性世界
1977. 2.	病든 바다	讀書生活
1977. 2.	교정쇄를 넘기면서	女性世界
1977. 4.	鳶처럼	隨筆文學
1977. 4.	冬雪蘭	小說文藝
1977. 4.	活字와 더불어 20년	內外出版界
1977. 4. 24.	잠에서 깨게 한 〈한용운 일대기〉	독서신문
1977. 5. 8.	한 권의 冊	주간경향
1977. 9.	野生花 피는 가을이 오면	女苑
1977. 9.	분별없는 과욕	隨想
1977. 10.	유도화의 내력	엘레강스
1977. 10.	서울 도서전시회에서	출판문화
1977. 10. 26.	定常軌道 찾는 圖書流通	內外經濟
1977. 11. 6.	선과 악의 갈림길	주간조선
1977. 11. 12.	잊혀지지 않는 실수	大韓辯護士協會誌
1977. 11. 21.	그때 그 의사	醫師新聞
1977. 12.	노벨평화상	女苑
1978. 2.	孝란 나에겐 恨이다	女性中央
1978. 2. 12.	존경 받는 출판인상	독서신문
1978. 3.	水落山頂의 할미꽃	山
1978. 4.	山메아리	新東亞
1978. 4.	짝사랑	女性東亞

1978. 6. 4.	한 떨기 들국화	주간女性
1978. 7. 16.	빈약한 출판산업	주간조선
1978. 8.	家門	韓國文學
1978. 8.	모깃불 곁에 앉아	女苑
1978. 8.	곧바로 걷는 길	가정의 벗
1978. 10.	부끄러운 아버지	主婦生活
1978. 10.	도서관 확충을 바라며	출판문화
1978. 11.	本無實	銀行界
1978. 12. 5.	겨울에 생각나는 作品 속의 女人	高友會報
1979. 1.	합장하고 서 있는 소년	隨想
1979. 9. 6.	불황 속의 책과 가을	동아일보
1979. 겨울.	책값 타령	종로서적
1980. 1. 20.	한글 세대가 주도하는 내실	일간스포츠
1980. 1. 20.	業界가 主導하는 會社를	독서신문
1980. 10. 27.	追想	약업신문
1980. 11.	마음껏 켜보는 기지개처럼	엘레강스
1980. 11. 2.	一松亭 푸른 솔은	일요신문
1980. 12. 11.	良書는 良心을 낳는데	주간매경
1981. 8.	비 개인 아침처럼	여성中央
1981. 10. 4.	과수원 가꾸는 마음으로	서울신문
1981. 가을.	木碑	한국수필
1982. 1.	蘭에게서 받은 소포	동아약보
1982. 2.	그 시절	건강의 벗
1982. 8.	새로 쓸 좌우명	샘터
1982. 10. 3.	未來를 向한 讀書	讀書新聞

1982. 12.	출판과 더불어 20년	책방소식
1983. 1.	돼지해에 멧돼지처럼	眞露뉴우스
1983. 1.	활자와 더불어 25년	범우지
1983. 1.	경제불황 회복과 사회안정 이룩되길	女性中央
1983. 7.	못다 그린 자화상	열매
1983. 8. 3.	野馬島의 인상	서울신문
1983. 8. 10.	出版人의 긍지	서울신문
1983. 8. 17.	골프장과 도서관	서울신문
1983. 8. 24.	독서환경	서울신문
1983. 8. 31.	出版文化의 육성	서울신문
1983. 10.	꾸준하게 한 길을	우리 집 아이들 이렇게 키운다.
1983. 11. 27.	人生讚歌	독서신문
1983. 12. 15.	문화유산	주간매경
1984. 2.	新春隨想	小說文學
1984. 3.	헌책 장사 시절	노동
1984. 3.	봄이 오는 산길에서	범우지
1984. 8.	외채와 국제저작권	범우지
1984. 6. 15	종다리 소리를 들으며	隨筆公苑
1984. 여름.	일본의 도서 유통과 도매 기구	종로서적
1984. 7.	圖書流通小論	출판문화
1984. 9.	魂의 鄕愁	건강의 벗
1984. 11.	자기로부터의 혁명	책방소식
1984. 11. 12.	끝없이 보내는 흠모	샘터
1984. 12.	현해탄을 건너며	금호문화

1984. 12.	차근차근하게 사는 삶	열매
1984. 12. 25.	1984년을 보내며	《출판문화》권두언
1985. 1. 1.	紐帶强化와 對話의 廣場	新放大學院同門會報
1985. 1. 20.	讀書人口 저변확대에 기여	독서신문
1985. 2. 10.	뉴미디어 시대와 출판	독서신문
1985. 3.	圖書流通의 改善을 위하여	圖書流通會報
1985. 3.	思母曲	2000년
1985. 4.	서점만이 아니라 출판사…	책방소식
1985. 4. 15.	잔디밭 철학	교육보험
1985. 5.	지워버릴 수 없는 아쉬움	경영신문
1985. 6.	뜨거운 삶의 여운	삼성반도체통신
1985. 여름.	장인장모	여성동아
1985. 8.	지울 수 없는 후회	아산
1985. 8.	브라질로 띄우는 편지	동아약보
1985. 9.	三幕寺 가는 길	法輪
1985. 9.	추억의 땅	동서문화
1985. 9.	청소년과 독서문화	문교행정
1985. 10. 20.	대형 도서유통기구에 대한 提言	圖書流通會報
1985. 11.	무책임한 언어	예술계 / 수필공원
1985. 11. 12.	漢陽五百年歌史	책방소식
1985. 12.	마지막 캘린더	고려화재
1986. 1. 1.	청소년의 독서 문화	圖書流通會報
1986. 2.	내가 좋아하는 法句	金剛
1986. 5.	5舍上 29房	한국문학
1986. 6.	亡者의 세월	동서문학

1986. 6.	6월의 輓歌	현대월보
1986. 8.	얼룩진 童心	한국문학
1986. 8.	욕망의 간이역	佛敎思想
1986. 8.	마라도나의 우정	통일
1986. 9.	출판물 유통과 영업사원	도서유통회보
1986. 가을.	작은 것이 아름답다	종로서적
1986. 11.	누더기 스님과 八正道	불교신문
1986. 12.	《여성》창간호를 찾아내고서	
1986. 12.	마음이 약해질 때 펼치는 책	교보문고
1987. 1.	불서(佛書)의 간행	월간 불교
1987. 1. 4.	87년은 출판르네상스의 해가 되길	讀書新聞
1987. 2. 20.	구슬이 서 말이라도 꿰어야 보배	同窓會報
1987. 3.	균형과 조화	새어민
1987. 3. 1.	문화공간으로써의 서점	독서신문
1987. 3. 29.	4년제 대학에 출판학과 설치를	독서신문
1987. 4. 26.	잊을 수 없는 사람들	한국경제신문
1987. 4. 26.	고서는 문화의 열매	독서신문
1987. 5. 20.	역사가 심판하리라	한겨레신문
1987. 5. 24.	서점원에게 교육이 필요하다	독서신문
1987. 봄.	도매기구의 현대화를 위한 제언	진명서적 창간호
1987. 6.	한국 출판계의 허와 실	한국
1987. 7.	한 출판인의 하루	범우지
1987. 9.	일본 北알프스	문학정신
1987. 9.	여섯 개의 돋보기	효성
1987. 9. 7.	출판자유의 중요성	한국방송통신대학보

1987. 9. 10.	고서의 숨결과 더불어	교보문고
1987. 10. 11.	내가 만난 글동네 사람들	일요뉴스
1988. 1.	크고 작은 소망 셋	현대문학
1988. 2.	평범한 삶 속에 보람 추구하는 현대인의 멋	엠디
1988. 2. 25	동호동락(同好同樂)	한국경제신문
1988. 3.	한 길을 가라시던 말씀	현대문학
1988. 3.	마하트마 간디傳	기아
1988. 3.	晚節	損害保險
1988. 3. 4.	불서(佛書)의 보존을 위해	봉은
1988. 7.	헤로도토스의 대여행	범우지
1988. 7.	여행은 경이로운 진실탐구	마음(종근당 사보)
1988. 7. 1.	同門會長職을 마치면서	新放大學院同門會報
1988. 7. 24.	도서유통질서 위한 지름대 다짐	讀書新聞
1988. 9.	책이 있는 공간	월간 실내장식
1988. 9. 15.	眞實軌道에만 박차를	印刷出版新報
1988. 10.	묘법연화경	法施
1989.	지식은 도둑 안 맞는 재산	독서 지도 사전
1989. 1.	창간사	출판물유통 창간호
1989. 4.	편집자의 세계	범우지
1989. 4. 18.	공약뿐인 문화정책	한겨레신문
1989. 5.	麗水縣 復縣을 위한 上疏文獻을 紹介하면서	左水營
1989. 5. 2.	금서 권하는 사회	한겨레신문
1989. 6.	자칭 검약가의 자책	
1989. 6. 30.	문화 예술紙面 확대 잘하는 일	世界日報
1989. 8.	책과 더불어 사는 삶	曉星

1989. 8. 26.	고향으로 띄우는 편지	국민일보
1989. 여름.	고서에서 만나는 선비정신	범우지
1989. 9.	내 고향 여수 돌산	새농민
1989. 9.	신기료 장수와 외제신발	소비자시대
1989. 9.	가을을 맞으며	농어촌개발
1989. 9.	望海	한사랑
1989. 10.	인간과 인간간의 성공	蒼空
1989. 10.	활자를 통한 문화입국의 꿈	불광
1989. 가을	일본출판학회 창립 20주년 축사	범우지
1989. 11.	독서와 인생	신성
1989. 12. 9.	제3회 출판학술세미나 개최에 부쳐	出版研究와 出版開發
1989. 12. 11.	産學協力으로 선진出版 이룩해야	인쇄출판신보
1990. 1.	'문화시대'에 걸맞은…	출판문화
1990. 1. 1.	우리의 밝은 내일을 위해	국민일보
1990. 1. 5.	생활의 質 다양하고 豊饒롭게…	한국경제신문
1990. 2.	한 우물을 파는 삶	동부
1990. 2. 13.	사회과학출판의 다양화	출판문화운동
1990. 2. 27.	출판계의 위상과 나아갈 길	신문방송대학원학보
1990. 3.	'활자와 더불어 25년' 그 후	범우지
1990. 3.	여성출판인	여성자신
1990. 4.	높이 나는 새가 멀리 본다	생산성본부
1990. 4.	하루를 충실하게 사는 삶	생산성본부 소식
1990. 5.	비석을 세울 만한 삶	마음
1990. 6.	王仁 박사의 후예답게	동아약보
1990. 6.	내가 겪은 6·25	월간 불교

1990. 6. 2.	80년 전 종로거리	서울경제신문
1990. 6. 9.	이데올로기의 종언	서울경제신문
1990. 6. 15.	나의 좌우명	座右銘(좁쌀책)
1990. 6. 16.	婚事	서울경제신문
1990. 6. 23.	남북 간의 도서교환	서울경제신문
1990. 6. 30.	기업인과 문화의식	서울경제신문
1990. 8.	편집기획 대행업의 활성화	출판문화
1990. 9.	채택료 부조리의 개선	간행물윤리
1990. 10.	10월이 되면	밀물(해외건설협회보)
1990. 11.	책 읽는 마음	수레바퀴
1990. 12.	나의 취미	중앙경제신문
1990. 12. 4.	藥山藥友	서울경제신문
1990. 12. 16.	讀書文化의 새 場을 연다	讀書新聞
1991. 1. 2.	세계의 명문 200선	기아
1991. 1. 27.	걸프전쟁과 이라크 문화	무등일보
1991. 2.	세 여인	월간 오픈
1991. 2. 26.	이젠 우리 것을	대한생명
1991. 봄.	보람 있고 의의 있는 새 출발을	책마을
1991. 3. 3.	지방의회와 인물	무등일보
1991. 4.	精神一到 何事不成	그루터기
1991. 4.	일과 휴식	동아그룹
1991. 4. 20.	교양의 문학	교보문고
1991. 5.	교보문고에 바란다	출판문화
1991. 5. 8.	다시 남산을 가볍게 오를 날을 그리며	동대신문
1991. 7.	나의 인생론	가정조선

1991. 7.	독일통일 전야제에	현대문학
1991. 7. 13.	大英박물관의 한국古書 한 권	세계일보
1991. 8. 16.	상상을 초월한 中國도서문화	세계일보
1991. 8. 20.	選良의 길	국회보
1991. 9.	책과 함께 한 한평생	그루터기
1991. 9.	착각 속의 출생지	월간 에세이
1991. 가을.	목민심서	청년세계
1991. 9. 27.	창사 25주년에 부쳐	범우지
1991. 10.	책과 가을	企銀
1991. 11.	삶과 취미	크라운
1991. 11.	베스트셀러를 이렇게 생각한다	서평문화
1991. 11. 12.	古書는 智요 善이요 貴이다	길
1991. 12.	1991년을 보내며	범우지
1991. 12. 25.	윗물이 맑아야	經總會報
1992. 1.	아버지의 산, 어머니의 바다	현대문학
1992. 2.	한길의 미학	밀물
1992. 봄.	옛 교과서 속의 수필 두 편	隨筆公苑
1992. 3.	정치의 계절	月刊中央
1992. 3.	새롭게 창조되는 역사	극동건설
1992. 6.	청소년은 나라의 미래	롯데
1992. 6.	군중 속의 고독	동아그룹
1992. 7.	모깃불 사랑	월간 멋
1992. 7.	사람을 가르치는 일	월간 불교
1992. 7.	한복은 지조를 상징하는 정신	행복이 가득한 집
1992. 8.	식탐 버리는 습관부터	해표가족

1992. 8.	뭉치면 발전한다	중대 신방대학원 출판잡지 전공 회보
1992. 8. 1.	햇빛과 바다와 바람과	샘터
1992. 9.	1993년은 '책의 해'로	출판문화
1992. 9.	진실의 기록이기를	협동조합 35년사
1992. 9.	동참한다는 기쁨	한덕생명 사외보
1992. 10.	回想	大一
1992. 10.	직장인과 여가선용	曉星
1992. 11.	책을 읽는 사람	가정의 벗
1992. 11.	크나큰 業報	現代文學
1992. 11.	내 나라에 대한 긍지	隨筆과 批評
1992. 12.	득롱망촉(得隴望蜀)	月刊 빌딩文化
1993. 1.	프랭클린 자서전	한기(한국전력기술)
1993. 1.	베갯머리에도 책 한 권을	起亞
1993. 1. 2.	'책의 해'를 여는 마음	책나무
1993. 1. 2.	책을 심는 마음	금성
1993. 2.	삶과 기회	現代自動車
1993. 3.	책 여행	대신생명
1993. 3.	책과 인생	대한전선
1993. 4. 10.	淸心	한국일보 〈1000字春秋〉
1993. 4. 28.	문화유산	한국일보 〈1000字春秋〉
1993. 5. 15.	역사의 逆理	한국일보 〈1000字春秋〉
1993. 6.	책은 영원한 친구	동부
1993. 6.	출생지에 얽힌 이야기	삼도
1993. 6.	南涯 安春根 선생	유공

1993. 6.	책 사랑에 바친 삶	삼양
1993. 6. 2.	말의 성찬	한국일보 〈1000字春秋〉
1993. 6. 22.	일본에 있는 한국 古書	한국일보 〈1000字春秋〉
1993. 7.	노변방초처럼 모질게 살아왔다.	한화
1993. 7. 14	巨山 도서관	한국일보 〈1000字春秋〉
1993. 8.	책의 미학	사람사는이야기
1993. 가을.	강물이 흐르는 閑村	아가방
1993. 9. 25.	범우사 창립 27주년에	범우사 창립 27주년 팸플릿
1993. 11.	百戰寄法	책의 길 나의 길
1993. 11.	저작권법과 나	책의 길 나의 길
1993. 12.	나들이	예향
1994. 3.	자기철학과 지조	소식한중
1994. 봄.	山行有情	국민투신
1994. 4.	바다	새어민
1994. 5.	다시 애서가 산악회를	애서가산악회보
1994. 6.	5 · 16이 나던 때	문학사상
1994. 6.	正道를 걷는 出版人	중대 출판인-창간호
1994. 6. 29.	'출판시장 개방과 출판정책 방향'	제6회 출판학술세미나
1994. 7.	時間과 나	신동아
1994. 7.	文庫本과 法頂스님의《무소유》	애서가산악회보
1994. 7. 15.	멀티미디어 時代에 '문고'를	범우지
1994. 9.	삶의 지혜	건강합시다
1994. 9. 24.	한 권의 책도 시류에 영합하지 않고	범우사 창립 28주년 팸플릿

1994. 10.	패러다임(석고상을 보며)	現代文學
1994. 10.	책이 있는 마음	쇳물(포항제철)
1994. 11. 3.	구텐베르크 박물관과 한국 典籍	민주평통
1994. 11. 20.	으악새나 한 곡 불러봅시다	한 辯護士의 消像
1994. 11. 20.	언론 · 출판탄압에 대한 최초의 무죄	分斷時代의 被告들
1994. 12.	고전 위에 새 지식 심는 정신	범우지
1994. 12. 10.	학회 창립 4반세기에 부쳐	'94出版學研究 卷頭言
1995. 1.	소박한 희망	삶과 도덕
1995. 1.	시작과 매듭	현대자동차
1995. 1.	묘법연화경	현대불교신문
1995. 2.	서비스란 진실된 마음	국민카드
1995. 5.	월출산 천황봉	월간 에세이
1995. 7.	책이 있는 풍경	월간 원우
1995. 7. 15.	한국출판사, 많이 생기고 많이 망한다	범우지
1995. 8. 5.	말과 글의 역사와 함께 한…	출판저널
1995. 가을.	식민지 시대의 조센진(朝鮮人)	어린이문화
1995. 9.	책을 읽는 사람이 존경받는 사회를!	범우사 창립 29주년 팸플릿
1995. 11. 12.	새해는 역사 창조의 해로	현대석유화학
1996. 7. 1.	2002년 월드컵	현대문학
1996. 9. 1.	관포지교는 못되더라도	작은행복
1996. 12. 25.	필화사건으로 1백일 넘는 감방생활	잡지예찬
1997. 6. 20.	독서와 삶의 질	白樹文學 · 여름
1998. 2. 1.	불조직지심체요절	신동아
1999. 5. 1.	함박웃음 같은 기다림	좋은생각

1999. 9. 15.	송하송	에세이문학 · 가을
2000. 5. 1.	진실 담아내기	새천년한국문학회
2000. 9. 15.	인무원려 난성대업(人無遠慮, 難成大業)	135인이 전하는 나의 삶의 철학(대학문화신문사)
2002. 3. 15.	그 여인이 남긴 노래	에세이 문학 · 봄
2002. 12. 5.	12월은 삶이다	삶과꿈
2005. 3. 25.	광복 60년과 일본	동살(2005 인동회지 창간호)

출판인 汎友 윤형두 탐색 ❶ - 수필문학

고독한 독수리의 삶

초판 1쇄 발행 2017년 9월 5일

지은이 임헌영(외)
펴낸이 윤형두
펴낸곳 종합출판 범우(주)

등록번호 제 406-2004-000012호(2004년 1월 6일)
　　　　　(10881) 경기도 파주시 광인사길 9-13(문발동)
대표전화 031)955-6900, 팩스 031)955-6905

홈페이지 www.bumwoosa.co.kr
이메일 bumwoosa1966@naver.com

ISBN 978-89-6365-226-9 04080
ISBN 978-89-6365-225-2 (세트)